股权激励

实战手册

常　坷◎著

中国铁道出版社有限公司
CHINA RAILWAY PUBLISHING HOUSE CO., LTD.

图书在版编目（CIP）数据

股权激励实战手册 / 常坷著 . —北京：中国铁道出版社有限公司，2020. 10（2022. 4 重印）

ISBN 978-7-113-27125-1

Ⅰ. ①股… Ⅱ. ①常… Ⅲ. ①股权激励 - 手册 Ⅳ. ① F272. 923-62

中国版本图书馆 CIP 数据核字（2020）第 136469 号

书　　名：股权激励实战手册
GUQUAN JILI SHIZHAN SHOUCE
作　　者：常　坷

责任编辑：吕　芠　　**编辑部电话：**（010）51873035　　**邮箱：**181729035@qq. com
封面设计：宿　萌
责任校对：王　杰
责任印制：赵星辰

出版发行：中国铁道出版社有限公司（100054，北京市西城区右安门西街 8 号）
印　　刷：中煤（北京）印务有限公司
版　　次：2020 年 10 月第 1 版　2022 年 4 月第 4 次印刷
开　　本：700 mm×1 000 mm　1/16　**印张：**18. 5　**插页：**1　**字数：**282 千
书　　号：ISBN 978-7-113-27125-1
定　　价：68. 00 元

前　言

天地无人推而自行，日月无人燃而自明，星辰无人列而自序，禽兽无人造而自生，风无人扇而自动，水无人推而自流，草木无人种而自生，不呼吸而自呼吸，不心跳而自心跳。此为“道”！它即变化之本，不生不灭，无形无象，无始无终，无所不包，其大无外，其小无内，过而变之、亘古不变。“道”主要是指万事万物运行的轨道或轨迹，理解为万事变化的场所或规律。

在企业管理中，股权激励是顶层设计不可或缺的部分，股权激励有什么“道”？它的“道”有什么作用？有什么威力？这正是本书的内容。

四大特色

（1）由浅入深，简单易懂。什么是激励？看似简单问题的背后，却有着多样性的激励支持理论。通过对 10 种激励理论的解析，原创股权激励现代理论，深度描述股权激励的内涵，并以 5 个引子案例过渡到股权激励基本模式。

（2）股权激励模型健全，原创激励方案设计七步法。本书对 8 种基本股权激励模式的机制做出说明，并以基本模型为基础，描述 10 种单一股权激励模式、5 种两两组合的股权激励模式、5 种多种组合的股权激励模式，并总结激励方案设计的 7 个步骤。

（3）内容较有深度，包含 15 个激励案例。以股权为主线，对全球股份最分散的华为、原创合伙人制度的阿里巴巴、善用股权整合的正泰等公司的创业历史做了详细描述。另外，还包含 5 个新三板挂牌公司和 5 个上市公司的激励方案。

（4）细节较全面，包含上百个与股权激励相关的问题。就股权常识、股权激励流程、激励目的、激励模式、激励对象、持股方式、激励总量和个量、激励价格、出资方式、股份来源、绩效考核、时间批次、退出机制、其他规定等要素的常见问题做了详细回答。

股权三部曲

本书是股权三部曲中的最后一部。第一本书《股权设计风险管理手册》将重点放在新项目、新公司的股权设计与风险防范上。第二本书《公司股权架构图解手册》以公司股权架构为核心，对热门公司的公司股权架构做出分析，从其公司及股权架构能窥见企业的发展路径及发展战略，是首席执行官（CEO）常备的参考手册之一。第三本书即本书《股权激励实战手册》，以股权激励方案和制度为主。股权激励主要在公司成长期或成熟期应用较多，以《上市公司股权激励管理办法》（中国证券监督管理委员会第126号令）和非上市公司常用激励模式为核心，对不同行业、不同的股权激励应用做出分析。三本书会保持一致的写作风格，希望对你在了解股权知识上会有所帮助。

读书如读人

读书如读人，反之读人也可以加深对书籍的理解，这里将自己的专业、职业经历和大家介绍一下，以便大家更好地读懂这本书。我对“知识就是力量”是深信不疑的。因此我通过不断学习拥有五个专业。我的前三个专业以管理学为主，即人力资源管理、商务管理、金融管理。第四个专业以心理学为主，因为我发现很多管理学的问题无法在管理范畴内解决，但是却可以用心理学的知识来解决，这是一门很有意思的学问。第五个专业，即我的研究生专业，以财务金融为主，专业偏管理方向，但却是金融、财务交叉的管理学科，让我对财务逻辑及核算有更高层次的理解。因此，我看待问题更多会以企业管理、战略发展、综合的角度去审视企业的股权问题。

我创办了北青博雅（北京）管理咨询有限公司，并任职首席咨询师，做股权咨询的那点事儿。2019年，通过互联网渠道共接待了2 000多家企业家用户，为数百位企业家提供了股权方面的咨询服务，积累了大量的实践经验和案例，也为本书的撰写打下了基础。

一个以股权为纽带的企业家社群

“股权定江山”是我组织的、基于一个小程序（知识星球）的付费知识社群，大家可以在群里向我提出与股权相关的问题，如股权设计、进入退出机制、股权融资、股权投资、股权众筹、股权激励、合伙人机制等。大家可以在群里做一些互动和交流。欢迎各位读者加入，也欢迎读者朋友们加我的个人微信交流、探讨股权问题。

股权定江山社群

知识星球号: 30772528

常老师个人微信

changcoo@foxmail.com

让天下没有难分的利益！

常坷

二〇二〇年七月

目录

引言

为什么要做股权激励 \2

第一部分 股权激励理念

第一章 股权激励问答

1. 什么是股权 \14
2. 什么是股权激励 \14
3. 股东拥有哪些法定权利 \15
4. 股权的两大收益是什么 \16
5. 股权激励与股权设计有什么区别 \17
6. 股权激励在顶层设计中的地位 \18
7. 如何理解股权激励的内在 \19
8. 股权激励十大要素中，最重要的要素是什么 \19
9. 企业在什么情况下需要股权激励 \20
10. 股权激励机制在大型公司中的最大作用是什么 \21
11. 股权激励对组织的影响 \21
12. 非上市公司是否可以做股权激励 \22
13. 公司刚成立，是否需要做股权激励 \22
14. 股权激励安排在 A 轮前还是 A 轮后 \22
15. 股权激励方案设计有哪些注意事项 \23
16. 是否需要和激励对象签订协议 \23
17. 股权激励失败的原因有哪些 \24
18. 股权激励失败的表现 \25
19. 什么是基于股权的商业模式设计 \26
20. 股权激励相关的法律有哪些 \26

第二章 股权激励流程

1. 一个完整的股权激励计划应当包含什么内容 \28
2. 股权激励方案一般是由谁起草，由谁管理 \29
3. 通过资管的员工持股计划管理机制 \30
4. 非上市公司股权激励方案实施的流程 \31
5. 上市公司股权激励方案实施流程 \31
6. 上市公司股权激励方案的信息披露要求是什么 \33
7. 聘请外部咨询公司做股权激励的必要性 \34
8. 咨询公司制定股权激励方案的流程 \35

第三章 股权激励理论支持

1. 委托代理理论 \37
2. 交易费用理论 \38
3. 现代收入理论 \39
4. 人力资本理论 \39
5. 博弈论 \40
6. 成就需要理论 \41
7. 双因素理论 \42
8. 期望理论 \43
9. 公平理论 \44
10. 强化理论 \45
11. 股权激励现代理论 \46

第二部分 股权激励模式

第四章 引子

【引子 1】年终奖有什么用 \49
【引子 2】改革的利器——包干 \51
【引子 3】出租车生意——人休车不休 \52
【引子 4】扭亏为盈就可以当厂长 \53
【引子 5】乔家大院百年的秘密 \54

第五章 股权激励基本模式和股权激励方案设计七步法

【基本模式 1】干股、身股、分红权 \57
【基本模式 2】期权 \59
【基本模式 3】增值权 \65
【基本模式 4】银股、期股 \67
【基本模式 5】限制性股权 \69
【基本模式 6】业绩股权 \72
【基本模式 7】虚拟股权 \74
【基本模式 8】延期支付 \76
【小结】股权激励方案设计七步法 \78

第六章 常用的股权激励单一模式

【模式 1】期权：再定价期权计划 \84
【模式 2】增值权：账面增值权模式 \85
【模式 3】干股：阿米巴独立核算 \87
【模式 4】干股：养老金保证计划 \89
【模式 5】期股：北京模式 \91
【模式 6】期股：员工储蓄股票参与计划 \92
【模式 7】期股：管理层基金间接持股 \93
【模式 8】业绩股权：关键绩效指标业绩激励模式 \94
【模式 9】虚拟股权：模拟持股计划 \96

【模式 10】限制性股权：金色降落伞计划 \97

第七章 股权激励两两组合模式

【模式 1】身股 + 银股模式 \99
【模式 2】实股 + 限制性股份模式 \101
【模式 3】期权 + 限制性股份模式 \102
【模式 4】限制性股份 + 延期支付模式 \103
【模式 5】虚拟股权 + 实股模式 \104

第八章 股权激励多种组合模式

【模式 1】期权 + 期股 + 员工持股计划 \106
【模式 2】期股 + 虚拟股权 + 延期支付 \107
【模式 3】业绩股份 + 虚拟股权转实股模式 \108
【模式 4】总公司与子公司正反持股 \109
【模式 5】干股 + 银股 + 新店投资入股 \110

第三部分 股权激励应用

第九章 股权激励的经典应用案例

【案例 1】华为的股权激励之道——用于抵御经济低潮期 \113
【案例 2】阿里巴巴的合伙人机制——用于奠定百年企业基础 \121
【案例 3】正泰的股权整合之路——用于整合 \130
【案例 4】58 同城与赶集的合并——用于连横 \136
【案例 5】对加盟商的激励——用于合纵 \139

第十章 新三板挂牌公司激励案例 \142

【案例 1】蓝氧科技期权激励模式 \143
【案例 2】黄国粮业业绩基金激励模式 \148

【案例 3】合全药业期权 + 增值权激励 \151
【案例 4】精冶源虚拟股权激励 \158
【案例 5】百合网员工持股计划 + 期权 + 期权转增值权激励 \163

第十一章 上市公司股权激励案例

【案例 1】白酒：五粮液资管员工持股计划 \171
【案例 2】国企：厦门钨业限制性股票 \176
【案例 3】银行：招商银行增值权和员工持股计划 \182
【案例 4】互联网：乐视期权和员工持股计划 \188
【案例 5】制造：美的集团业绩股票 \196

第四部分 股权激励的要素

第十二章 股权激励的十大目的

1. 企业半盈利半亏损，激励员工奋斗 \206
2. 回报员工 \206
3. 充当高智商群体的润滑剂 \207
4. 来自人性的思考 \207
5. 来自管理层的压力 \207
6. 利益调节工具 \208
7. 提升凝聚力，提高生产效率，提升薪酬竞争力，降低员工流失率 \208
8. 上市前做动员准备或投资人要求 \209
9. 初创期减少支付成本 \209
10. 面向员工融资 \209
11. 有哪些错误的股权激励目的 \209

第十三章 定激励对象 / 持股方式

1. 股权激励可以有哪些对象 \211
2. 内部激励对象应该是哪些职位 \211

3. 激励对象如何分层 \212
4. 什么样的外部人员可以被激励 \213
5. 上市公司规定了哪些人可以成为激励对象 \214
6. 法律规定哪些人不能成为激励对象 \214
7. 在非上市公司对激励对象是否有限制 \215
8. 激励对象超过 50 人、超过 200 人怎么处理 \215
9. 员工持股方式有哪些 \215
10. 持股主体有限合伙企业与壳公司的主要区别 \216

第十四章　定激励总量和个量

1. 对非上市公司的股权激励数量有何约定 \217
2. 《办法》对上市公司的股权数量约定 \217
3. 确定股权激励数量的基本原则 \218
4. 确定总量的原则是什么 \219
5. 行业中激励总量的可参考数据 \219
6. 确定个量的原则是什么 \220
7. 确定个量的方法——总分法 \221
8. 确定个量的方法——未来价值法 \222
9. 股权激励中控制权安排的问题 \223
10. 上市公司股数是如何调整的 \224

第十五章　定价格 / 估值

1. 哪些激励模式是不需要激励对象花钱购买的 \226
2. 公司估值和价格之间的关系 \227
3. 《办法》中上市公司对股权激励价格的约定 \228
4. 上市公司如何定价 \229
5. 非上市公司如何定价 \229
6. 企业估值方法——风险承受法 \230
7. 企业估值方法——市场评估定价法 \230

8. 企业估值方法——净资产法 \231
9. 企业估值方法——净现金流量折现法 \231
10. 企业估值方法——市盈率定价法 \232
11. 保本付息的价格的意义 \233
12. 在股权定价上有哪些“促销方法”\233

第十六章 定出资方式

1. 《办法》对出资方式的规定 \234
2. 非上市公司的出资方式 \235
3. 激励对象自筹资金和分期付款 \235
4. 大股东或公司贷款、质押贷款 \235
5. 年终奖抵扣、薪酬抵扣、分红抵扣 \236
6. 激励模式设计 \236

第十七章 定股份来源

1. 上市公司规定的股票来源 \237
2. 非上市公司的股份来源 \237
3. 注册股份修改与转让 \238
4. 股份预留 \238
5. 定向增发 \239
6. 无偿赠与和大股东转让 \239
7. 公司回购 \240

第十八章 定绩效考核

1. 哪些激励模式中需要做绩效考核 \241
2. 《办法》对绩效管理的规定 \242
3. 考核的三个层面是什么 \242
4. 设立绩效指标的流程和步骤是什么 \243
5. 绩效管理中会计类指标有哪些 \244

6. 市场类指标有哪些 \245
7. 非财务类指标有哪些 \245
8. 基于 BSC 的业绩指标库 \246

第十九章　定时间 / 批次

1. 有关时间的定义是什么 \248
2. 2016〔101〕号文件对激励的时间有何约定 \249
3. 《办法》对激励时间的规定有哪些 \250
4. 股权激励一般做多少批次较为适合 \250
5. 具体授予时机如何确定 \251
6. 有效期如何设置 \252

第二十章　定规定与退出机制

1. 股权激励方案涉及哪些规定 \253
2. 期权授予条件 \253
3. 行权条件有哪些规定 \253
4. 规定—失去行权资格的限制性约定有哪些情况 \254
5. 规定—继承是如何规定的 \255
6. 规定—继续有效的行权条件有哪些 \256
7. 规定—职务变更，股权如何处理 \256
8. 规定—解雇或辞职如何处理 \256
9. 对股权激励模式有什么规定 \257
10. 从员工角度看，有哪些退出方式 \257

附录

《上市公司股权激励管理办法》\260
关于修改《上市公司股权激励管理办法》的决定 \275

后记

股权发展的新机会 \277

·引　　言·

为什么要做股权激励

一、企业对股权激励的态度

美国《财富》杂志数据显示，在全球500强企业中，90%的企业实行股权激励，这说明股权激励是世界500强企业的重要管理工具。但这只代表大公司实施股权激励的必要性，对于众多非上市民营企业而言，是否有做股权激励的必要呢？

我们在正式做咨询之前，都会对创始人进行访谈和调研，在访谈和调研中的第一个问题一般是："作为创始人，你为什么要做股权激励？"通过企业家的几种典型回答，我们可以看出企业对股权激励的态度。

员工年流失率过高

2017年，北京国贸大厦。

某公司王总说："我们是做线上旅游的，与携程的商业模式类似，走线上引流、线下合作的模式，但我们没有那么大而全，走的是精品和折扣路线。整个商业模式都是基于流量的，整体的利润还是不错的。但这两年做下来，除了我的副总，其他所有员工我基本都不认识。"

"为什么都不认识呢？因为员工流失得太厉害。我们有十几个分公司，严重的时候，一个分公司的人员集体都跳槽了，有的是自己去创业了，有的是被同行挖走了。这个行业对于懂的人而言，门槛还是很低的。这种人员流失的现象过于异常，从目前的情况来看，这种流失仍在继续加剧。"

"我需要解决这个问题，我知道股权激励是一种不错的方法，我想要通过股权激励来解决这个问题。另一个解决这个问题的动机是，有风投想进来，但对我们的员工流失率问题提出了意见，要求我们做出调整，我也正好想借这个机会进行调整。不然，随着竞争越来越激烈，到后期，我们的人才和组织肯定会成为一个大问题，现在就要来解决这个问题，不能让这个问题成为后期难以解决的麻烦。"

我老了要退休，希望公司能自己运转

2016 年，北京大学向北植物园内。

某餐饮公司马总（女士）说："我今年已经 50 多岁了，到该退休的年龄了，但对我这餐饮店还是很不放心。我老公主外，负责人际关系，不擅长店内的运营管理，他认为不重要。我主内，负责管理。我们这个正宗的药膳餐饮本来在整个中国就很少，走的是高端定价的路线，主要向富商、明星、院内人士提供餐饮服务，以前是不对外开放营业的。一桌极品的菜品就能收入几万块钱，因此在之前做推荐风生水起。但后来，我们流失了很多客户。"

"因此，现在我们要进行转型，但我们的店长和员工都已经习惯了过去的工作方式，光我一个人使劲，很难改变他们的理念和行为。我老公之前一直负责人际关系，也很难改变。而我自己也老了，做很多事情有心无力。我知道股权激励能够调动员工的积极性，我希望通过股权激励的方式让员工们自己动起来，让他们自己思考改变之道。我相信我们在菜单、定价、营销方面还是有很大的改进空间。不说像以前那样赚钱，但至少能够可持续运营吧。"

"在之前，我还聘请过一名五星级酒店的高管张总来辅助管理，但待了几个月他就走了，原因是他无法改变现有人员的工作习惯。因为我们是做药膳的，药膳厨师寥寥无几，只能培养，市场上几乎没有能直接上手的厨师，因此我们的厨师是不能开除的。而这些厨师仗着自己十几年的工龄和老资历，非常不配合新来的张总，隔三岔五就吵架。我虽然也出面协调，但也无可奈何。"

"说个简单的例子，张总要求后厨所有工作的厨师不能佩戴戒指等首饰，目的是不污染菜品。但厨师长坚决反对，表示在公司几十年，从来没有这样奇怪的规矩，不服从。最终张总虽然极其看好这个项目，但纵使有一身本事却无法施展，只好无奈离开。"

"因此，我觉得借助外力来改变他们是不可能的。只有通过股权激励让他们自己改变，这是我尝试过所有方法后认为最有效的方法了。"

人家已经做到了 10 亿元，我还是千万规模

2018 年，重庆某铁器铸造厂。

李总（女士）说：“在说我们的情况之前，先说一说另一个工厂。王总的工厂和我们生产的铁器虽然不一样，但基本上是同一类企业，都以生产各种器械的零部件为主。王总 2017 年营业收入超过 10 亿元，现在的口号是要做到 100 个亿，真是发展得太快了。为什么人家发展这么快呢？因为王总挖到了一个宝贝人才——马总。”

每年，我们都有一些企业家聚会。王总在参加一次总裁分享会上遇到了马总。马总当时上台做了一个分享，主题是股权激励与业绩翻倍。而马总的理论深深吸引了王总，王总便下定决心要和马总聊一聊。会后，王总单独请马总吃饭，应该是聊得很好。最后王总就把马总挖过来当总经理了。

后来我和王总吃饭，问他因为什么看上了马总？又是怎么挖过来的？听王总说，马总的管理经验丰富，在公司管理及股权激励上非常有心得，而且马总的理论可以让公司的业绩翻倍。王总就动心了，因此就把马总挖到了他的公司。

入职前马总提出了 3 个条件：

（1）职位是总经理，公司所有事情必须听从总经理的，无论发生任何事情，王总都不得参与；

（2）购买现有公司 10% 的股份；

（3）如果公司的业绩超过 1 亿元之后，可以再次购买公司 20% 的股份。在这种条件下，王总答应了马总的要求。

马总来公司以后，没有着急上任，而是开始深度调研，结合他的调研，提出改革两步走计划。

第一步是重新梳理公司的组织架构、工作职责、工作流程和制度。经过 3 个月的落地实施，新的章程和制度基本已实施下去。

第二步实施他的“裂变式”创业计划。

公司内部有一个非常严重的问题，就是机器的迭代问题。新的机器购买占用了公司的大量资金，光一个高级设备都要上百万元，而淘汰下来的设备基本不值什么钱了，弃之可惜，留下严重影响产能。马总决定将人力效率发挥到最大，他是如何做的呢？

面向公司全体员工，马总计划成立 5 家新的子公司，子公司按照产品进行划分，总公司以现金、订单和设备入股，员工可以向总部借款以现金的形式入股。在该计划下，准备从内部招募五名子公司总经理，由子公司总经理对自己的子公司负责，总部给予管理支持。

子公司总经理承担的风险基本为零，并且持有子公司的股份，都非常愿意参与这些新设立的子公司。由于这个行业是不缺订单的，缺的是产量，分立之后，每个子公司的员工都开始拼命地干活。这样做还有一个好处就是，总部可以将淘汰的设备“卖”给员工，可以将总部瘦身，摆脱不必要的负担。两年之后，公司的产值从 1 000 万元进入 1 亿元行列；4 年之后，年产值增加到 10 亿元。

李总说：“我很羡慕王总能挖到马总。我们现在的产值还是 1 000 万元，但王总的产值已经到 10 亿元了，这个差距太大了。我们需要用股权裂变的方式让自己快速成长起来，王总就是我们最好的学习榜样。”

咨询师：“按照稳定增长的原则，公司的产值在几年内应该是稳步增长的，1 000 万元的产值没有增长的原因是什么呢？”

李总：“我们的内部控制没有做好，顶峰的时候我们的产值也超过 1 亿元。后来，一方面受到经济危机的影响，另一方面我们有一段时间应收款收不回来，所以现在就维持一个不高不低的产值。我们有很多订单，因为无力生产也无法接单，现在还欠银行几百万元。”

咨询师：“那既然王总公司是一个榜样，你们完全可以请他们的总经理马总来指导一下，或者直接照搬马总的做法？”

李总：“马总倒是请过，但人家不愿意来。我们自己也尝试过股权激励，也听过很多股权培训的课程，但实施效果不好，所以想请专业的人士来帮我们做。人家既然能做好，我相信我们也能够做好，只是我们没有把握好股权激励中的法门而已。”

股权激励总结

由此，从企业家的股权激励访谈中可以看出股权激励的几个特征。

1. 股权激励是企业做大、做强绕不开的一个话题

企业在由小到大的发展过程中，会经历组织成长的阵痛，这些阵痛包含内部人才流失严重、外部竞争激烈、积极性不高、高管无创业倾向、组织综合能力差等问题。当企业要突破原有的瓶颈而继续扩大发展的时候，股权激励就成为必不可少的手段，股权激励成为企业做大、做强的重要

工具。

2. 股权激励是改革的重要工具

改革是一个很敏感的话题，改革代表着要打破旧有的利益体系，重塑新的利益体系。而这个打破原有利益体系的行为，会为改革带来极大的阻力。如果没有处理好新旧利益体系的关系，改革多数都是会半途而废或是无疾而终。而股权激励就是改革中的一个重要工具，通过利益的重新设计，既让企业老员工获得新的利益，也给新员工预留足够的利益，让新老员工捆绑在一起，重塑利益体系，从而实现改革的顺利实施。

3. 股权激励从被动逐渐转换为主动

从以上三个案例中可以看出，企业做股权激励多数是“被迫”的，当企业遇到以往的经验无法解决“新问题”的时候，股权激励便成为一种不错的解决方案。随着股权激励知识的广泛传播，股权激励也逐渐成为企业长期激励的重要措施之一，股权激励的实施从被动慢慢走向主动。当企业将激励从被动转向主动的时候，企业与股权的故事才刚刚开始，股权激励会为企业带来更多的可能性。

二、合伙人时代与股权的用法

时代的变迁

过去，我们讲石器时代、铁器时代、蒸汽机时代；今天，我们说知识经济时代、人工智能时代、合伙人时代。在人类历史的不同阶段，总有一种先进的工具和方法引领潮流。石器时代，引以为傲的就是石器，谁拥有更尖锐、更多的石头武器，谁就能在战争中获胜；人工智能时代，谁能够找到一个细分领域，用算法替代脑力，谁就能开发出一个新的市场；合伙人时代，如果在项目上施行股权激励或合伙人机制，谁就能领先竞争对手一步。在当今这个资本、知识、技术空前繁荣的今天，合伙人开始引领时代。下面我们从经济发展来看合伙人时代的趋势。

生产经济时代。在那个产品极其匮乏的时代，只要产品能够生产出来，就能够在市场上热销。那时，只要把北方的产品贩运到南方，把南方的产品贩运到北方，就可以获得不错的收益。像收音机、手表都是当时最畅销的货品。接下来是产品经济时代。后来随着经济的不断发展，产品的种类不断丰富，人们购买产品的种类选择增多。以桶为例，桶分为铁桶和塑料桶，塑料桶更轻，性价比较高，所以其销量就会大于铁桶。铁桶在历史的长河中逐渐消失。

营销经济时代。今天的产品种类是如此之多，一个手机品牌就有成百上千种，在竞争如此激烈的市场中，谁在营销上的预算多，谁在营销创意上下足功夫，谁就能从市场中分一杯羹。我相信大家对红桃K、脑白金的广告还留有记忆，广告轰炸还是有非常不错的效果的。接下来是以客户需求为导向的时代。后来大家都开始做广告，广告的效果相差无几。企业就将注意力集中在客户需求、客户特征、消费行为上，以客户需求为导向，对公司的产品和营销创意做出调整，以动态地适应客户需求。

合伙人时代。我们发现在相同的商业模式、相同的产品和营销策略下，企业之间的盈利水平是有差异的，双方之间的差别就在于人才质量上的差异。一个由集团集权主导的项目和一个由合伙人组成团队而主导的项目，最终的效果是有差异的。股权激励的实施已经成为大公司的标配，而合伙人制度或机制的实施成为新创业公司或新项目的标配。在企业与企业的竞争中，已经不再是产品的竞争，也不是营销之间的竞争，而是人才的竞争，这也是合伙人时代能够引领潮流的原因。无论企业处于什么阶段，都不应忽视这股潮流。

股权激励的初级用法

股权激励的用法是多样的，用得好，可以达到四两拨千斤的效果。先说说股权激励的初级用法，见下表。

股权激励的初级用法

股权激励的初级用法	解释
设计出做大的基因	像平均股权没有退出机制、无动态调整的股权都是天生有缺陷的股权设计，因此股权要设计出能够做大的基因，后期的发展才能不受制于股权

续表

股权激励的初级用法	解释
为企业安全设计防线	股权设计中需要为企业设计四道防线：为合伙人设计第一道防线，为投资人设计第二道防线，为核心员工设计第三道防线，为公司治理设计第四道防线
用来融资的利器	股权融资、股权众筹、股权质押、股权增发都是用来融资的利器。足够的资金能让公司走得更远，并让公司有足够的发展空间和可能性
激励员工的工具	企业如何做强？大企业并不一定强，股权激励能够激发核心员工的热情和动力，让企业足够强。像华为、阿里巴巴都是战斗力很强的企业
整合人才	如何整合行业中最牛的人才？除了高薪外，股权也非常具有吸引力。有价值的股权和一个好的预期能够提升公司的组织能力
整合资源	一些人际关系、政府关系、场地等资源可能很难花钱解决，但用股权却可以将这些资源整合起来。释放一定比例的股权可以整合到企业稀缺的优质资源
吸引人才 留住人才	企业在行业中都有自己的行业地位和排名，提供有竞争力的薪酬、福利、股权会吸引和留住更多的员工。而员工在横向比较中，也会做出最佳选择

股权激励的高级用法

再来说说股权激励的高级用法，见下表。

股权激励的高级用法

股权激励的高级用法	解释
股权用来激发创新	创新是引领企业发展的第一动力。 没有一种商业模式在不变的情况下可以永久获胜。在电商的一片红海中，“拼多多”也能拼出一条路。这些新项目绝对离不开创新。 如何提升企业的创新能力？那就是在新项目中用合伙人机制，寻找最顶尖的人才，给到足够的股权，这样虽不是合伙人也能变成合伙人，在合伙人忘我工作的情况下，就能做到创新

续表

股权激励的高级用法	解释
股权用来发展扩张	裂变式创业、病毒式分子公司、项目跟投机制、项目独立核算中的股权设计都是用来扩张的，在扩张中不仅可以解决资金的问题，也可以解决人才的问题；最重要的是，能够完成战略的布局和执行。在一家高速成长的企业中，把股权用好，能让企业在核心竞争力更上一个层次
奠定百年企业的基础	百年企业最重要的要素是什么？ 我认为百年企业最重要的是能够保证企业领导层的先进性、创新性和迭代性。如何创建这样的领导层？我们应该学习阿里巴巴的合伙人机制，其合伙人机制与法律完美结合，合伙人会控制董事会，而合伙人有自己的选拔和迭代机制。这个合伙人会保证企业的先进性、创新性和迭代性。这种机制为阿里巴巴成为一家 102 年的企业奠定坚实的基础

所以，股权应该到底如何用，用到什么程度，需要企业家自己思考，要结合企业自身发展的阶段、行业的特征、契机和时间点去思考。

三、股权激励的成与败

光鲜的另一幕

2004 年，腾讯在中国香港上市，造就了 5 个亿万富豪、7 个千万富豪。

2005 年，百度在美国纳斯达克上市，造就了 7 个亿万富豪、51 个千万富豪、240 多个百万富豪。

2014 年，阿里巴巴在美国纽约证券交易所上市，首日收盘市值超过 2 300 亿美元，造就了上万名千万富豪，在杭州阿里巴巴总部附近行走的阿里人被称为“行走的人民币”。

而这只是股权激励正向的一面。而公司流血上市，行权价高于股价，行权总收入约等于年终奖、“公司无耻”则是另一类企业的真实写照，是股权激励负向的一面。

部分求职者在经历过多次“受骗”后，已经不再把期权作为求职条件，而是宁愿多拿一点现金。

为什么会出现这种情况？第一个原因是受大环境的影响。一方面，最近几年股民开始成熟，上市不是那么容易“圈钱”了，资本市场更加成熟。另一方面，互联网的流量期已过，真正能从夹缝中发展成为大公司的企业寥寥无几。互联网金融赴美“流血上市”就是典型的说明。当企业自身都难保的情况下，如何能够保证激励对象的利益呢？

第二个原因是中国互联网公司偏好使用期权，但期权的有效性与公司的实际价值成长性密切相关。如公司最新一轮融资估值降低、上市发行价破发、行权价过高，这都会减少激励对象的预期收益，造成激励方案的“失效”。此外，期权要求股价能够客观公允地反映出公司的实际价值。在中国，期权并不一定是最优的激励方案，中国的资本市场不够成熟，其波动也很难符合价值规律的变化，这也为期权的失败埋下了伏笔。

另外，企业在前期没有为期权可能失败准备后备方案。企业到后期的时候，创始人虽然知道期权可能失效，但再授予或重新定价将会带来公司股份支付的问题，而公司在多方利益的综合要求下，也无力对即将失效的期权做出弥补方案，只好将错就错。

第三个原因是公司在上市前的激励方案不透明。在期权激励模式中，企业会将激励的股数转换为份数，具体的转换比例是不透明的。期权协议在业内甚至被称为“小黑屋文件”，就是 HR 直接将激励对象叫到一个小房间，只告知激励对象拥有多少份期权，然后要求在文件上签字，激励对象根本没有时间看文件，也无法看懂有些纯英文的期权协议。而在后期，激励对象手中的期权可能会被“超额稀释”，导致手中持有的股份太少。

上述三种原因都为期权激励的失败埋下了伏笔！

蘑菇街创业 8 年上市的时候，迎来的不是员工的兴奋之声，而是愤怒——蘑菇街激励对象手中的 25 份期权被合并为 1 股股票，当天蘑菇街股票发行价为 14 美元。

刘继汉在加入美团网之后，先任青岛城市经理，后在总部做包销项目，之后又调任徐州公司任职。刘继汉在离职之际，回忆给王兴打电话的内容：“兴哥，我准备离开美团了，我的期权到底是不是岗位期权？”“应该是吧。”这代表着调换岗位其期权数量也发生变化，离职其期权将会失效。

蜜芽在宣布完成 1.5 亿元 D 轮融资之后，蜜芽的 4 名高管便直接辞职离开。其中的原因便是期权激励，据网传是因为期权激励的行权价格太高和退出价格不合理。与其把时间浪费在不对等回报的企业上，还不如提前为自己安排好后路。

这说明期权激励的成功是有前提的，如果没有掌握好激励之道，同样会对企业带来不少的麻烦。

成功实施股权激励的前期

1. 对激励模式有正确的认知

潜在高成长型企业适用期权，但大部分低成长型、稳定型、风险极高、有特殊战略意图的企业不适用期权。期股、业绩股份、限制性股份、干股、虚拟股权等模式都发挥出巨大的魅力，企业要选择适合自身发展的激励模式。不要陷入股权激励就是期权的误区，如上市就破发，跌破 50% 的在美国上市的互联网金融公司，更适用于限制性股份；再如“群魔乱舞”的区块链行业，实股是最适合的激励模式，其他激励方式会很“尴尬”；再如，永远不可能上市的成长型互联网公司，期权加实股激励可能更适合激励对象。

2. 适用股权激励模式的，方案要系统和科学

股权激励的所有要素中，最核心的要素是批次预估、预期激励对象数量预估、预期激励对象收益预估。这里有一个难点是“预估”，预估代表着预测未来，有些互联网企业的激励方案都是“走一步看一步”，会导致制订的激励方案不够全面、系统。更有甚者甚至直接从网上下载一个模板，这都为后期股权激励的“失控”埋下伏笔。滴滴在 2017 年共发放过两次股权，第一次行权价是 7 美元，第二次行权价为 17 美元，不到一年内行权价增加了 242%，其背后有着不可诉说的无奈。

3. 要有激励方案失败的后备方案

互联网企业的失败率高达 90%，企业失败代表着期权失效，但收益和风险是对等的。有些企业并没有失败，而是进入到一个马拉松式的长跑中，处于微妙的一种状态。此时企业的期权相当于“暂时失效”，激励对象持有的期权既无法享受分红权益，也无法退出获得收益，只能等待。此时企业应该及时拿出早就准备好的后备方案。

激励的未来

1. 期权远远没有之前有吸引力了

求职候选者从“必须要找一家给期权的公司”向“期权不是必要条件，但薪酬要好”的态度转变。从某种意义上来讲，企业家已经将期权玩“坏”了，期权方案的背后是企业家人性的表达。

能成功做到上市的是少数，大部分企业是做不成的。那么期权就是一张“废纸”。这种“高风险”的收益对赌，让一些求职候选者看得明明白白、真真切切。期权已经远远没有之前那么有吸引力了。

2. 不要把正激励做成负激励

上述部分案例，给我们发出了警告，不要把“正激励”做成“负激励”，更不要把“股权激励”做成“股权纠纷”。股权激励是一项系统的工作，激励方案承接过去，展望未来，激励当下。如果激励方案不系统或过于狭隘，则可能会将企业置于一个非常尴尬的境地，甚至会为企业带来巨大的组织阵痛。

·第一部分·

股权激励理念

第一章　股权激励问答

1. 什么是股权

国家的所有权及衍生权利被称为政权，房屋的所有权及衍生权利被称为产权，而公司的所有权及衍生权利则被称为股权。

股权是有限责任公司或股份有限公司的权利人对享有表决权、分红权、身份权、管理权的一种综合性权利的表达，如引言中马总持有某公司10%的股权。

在实际表达中，股权衍生出“股份”和“股票”这两个词汇，股权是“股份”和“股票”的统称。在非上市公司中，常用“股份”来进行表达；在上市公司中，常用“股票”来进行表达。

2. 什么是股权激励

股权激励是指公司所有权者基于一定的目的，将股权的部分或全部权利分享给利益相关者（主要以员工为主）的一种行为，从而使激励对象勤勉尽责地为公司服务，以实现公司的可持续发展、完善公司治理、有效激励公司高管的目的。股权激励可以从管理工具、利益分配、金融三个角度来理解。

（1）股权激励是一种管理工具。在整个企业的运营过程中，企业内部之间的节点资源流通、传递、扭转等，可以看作是“交易”，这些交易之间的付出是情报、沟通时间、拖延、流程、制度等“交易成本”。企业越大，其管理的交易成本就会越高。

管理是指按照一定的意志不断去推动控制某件事情，并达到预期的结果。股权激励通过利益绑定这些核心管理者，提高激励对象的积极性和主动性，从而使管理交易成本降到最低。如果项目盈利水平高，激励对象的收益就会多；如果项目盈利水平差，激励对象的收益就会少。这种一目了然的利益机制驱动着激励对象为公司和自己奋斗。因此，可以理解股权激励是一种管理工具，可以有效地降低管理成本。

（2）股权激励是一种分钱艺术。一个胖子走在有狼群的森林里，很明显狼群会对这个人虎视眈眈。同样，一个企业在发展过程中，如果创始人获得了巨大的收益，而创始人周边的高级管理人员获得的收益过于一般，会造成“横向对比”情况下的不满意和不公平，此时创始人要学会分钱的艺术，即善用股权激励对公司的部分利益做出划分，以实现原有股东和激励对象之间的利益平衡。如果利益是长期不平衡的，将会对组织造成不可忽视的负面影响，如人员流失过多、高管出走创业、公司效益下降等问题。

（3）股权激励是企业家的一种投资行为。狭义的投资是指投资人将现金投资到某个项目中，经过一段时间的运作，获得一定的投资收益。广义的投资是指基于某个目的，将资源、时间、现金等要素投入到某个项目中，以获得预期的回报。如家庭对教育的投资是为了孩子有一个好的未来，国家对教育的投资是为了强国。因此，制定和实施股权激励方式是企业家的一种投资行为，其获得的回报是公司氛围的提升、员工对公司信心的提升、员工和管理层执行力的提升。这种提升对公司的效益有直接或间接的影响，从而提升公司的营业收入，间接实现了公司盈利的目标。

3. 股东拥有哪些法定权利

按照《中华人民共和国公司法》（以下简称公司法）有关规定，股东拥有以下 11 种权利，见表 1-1。

表 1-1　股东拥有的 11 种权利

序号	权利	解释
1	股东身份权	可以要求以法律的形式确定自己是公司的股东
2	知情权	股东了解公司信息的权利
3	质询权	质询相关问题，质询公司、董事、高层管理人员、监事等
4	表决权	股东大会中按出资比例执行表决权
5	自行召集和主持股东大会会议权	有召开、主持股东大会的权利
6	投资收益权	每个股东享有分红和资本增值的权利
7	提案权	可以提出议案的权利
8	违法决议撤销权	因内容、形式程序违法而提出撤销的权利
9	异议股东股权收购权	请求公司收购个人手中股份的权利
10	请求解散权	有向人民法院提出解散公司的权利
11	诉讼权	有向人民法院提起诉讼的权利

4. 股权的两大收益是什么

股权有两大收益，分别是分红收益和转让收益。

股权的收益和房产的收益本质上是一样的，房东将房屋出租，可以收到房租，这就类似于股权的“分红收益”。房东在低价的时候投资买入房子，在高价的时候卖出，其中的差价就类似于股权的“转让收益”。

分红权收益是指当激励对象成为公司股东之后，公司按照约定在每个自然年结束后，将公司的可分配利润按分红比例分配给股东。在上市公司中则体现为“派息”，即上市公司将税后利润以现金或股票的形式分配给股民。

分红是以公司的可分配利润为基础进行核算，公司的可分配利润公式为：

公司可分配利润 = 公司净利润 − 上年度亏损 −10% 的法定公积金 − 约定的其他任意公积金

公司的可分配利润不等于公司的净利润。另外，公司股东大会有权力决定当年不分红。

转让收益，也可称为增值权，是指股东享有公司股份增值的权利。增值一般需要通过转让来实现，激励对象在获取公司股份之后，在合适的时机并在公司允许的情况下，可以将股份转让给其他投资人、股民等第三方，从而获得收益。

增值收益＝（每股卖出的价格－每股买入的价格）×股权的数量

对于非上市公司而言，这个增值权的兑现可能难度较大，因为其股份流通性较差，激励对象大多以享受分红为主。在上市公司中，股票流通性较好，只要激励对象符合转让的条件，可以直接在市场上转让股票而获得收益。

5. 股权激励与股权设计有什么区别

股权设计是指在公司设立之前或刚成立公司时，通过股权将创始人、合伙人、投资人、经理人的利益绑定在一起，针对不同的投资者，设计出不同的进入、退出机制和限制性条款，以达到最优化的股权分配、股权激励、股权控制的目的。

而股权激励是指在公司成长期及后期时，企业为了激励和留住核心人才，推行的一种长期激励机制。它是一种通过经营者获得公司股权，使他们能够以股东的身份参与企业决策、分享利润、承担风险，从而勤勉尽责地为公司长期发展而服务的激励方式。以下为股权激励与股权设计的区别，见表1-2。

表1-2　股权激励与股权设计的区别

	股权激励	股权设计
发生时间点	公司成长期阶段 引入关键人才时	新公司、新项目成立前 公司初创阶段 引入关键人才时
解决核心问题	如何激励核心员工的问题	股权如何分配的问题

续表

	股权激励	股权设计
关注要点	激励目的 激励对象 激励数量 激励模式 出资价格 时间批次 股份来源 绩效管理 退出机制 其他规定	公司估值 公司架构设计 股权架构设计 进入设计或股权比例设计 退出设计 控制权设计 股东十一大权利设计 限制性条款设计 权力机构和分工职责设计 动态股权调整
问题程度	需要对目标公司做详细的调查，基于目的进行设计	因为公司未成立，设计时可避免股权设计中的缺陷
意义	股权激励是企业做大、做强的重要工具	股权设计决定了公司未来发展的基因

6. 股权激励在顶层设计中的地位

股权设计与股权激励是顶层设计中的核心层。

资本以人的本性为基础和出发点，以物权、所有权及衍生权利为具体表达。而这也是顶层设计的源头和起点。对于公司而言，这种权利被称为股权，因此股权是企业顶层设计的起点和源头，也是顶层设计的核心层。

对企业而言，股权作为企业基础的、重大的、根本的事项之一，从根本上影响其他事项的发展方向。其中，所有权及衍生权利、权力机构安排、投资和融资都是必不可少的要素。对于集团公司而言，资本逐利性、控制权争夺、百年继承的顶层设计问题，都需要从顶层设计核心层的股权设计开始，之后再去解决核心层外延的其他问题。

顶层设计的第二层以模式、体制、机制为主，包含商业模式、使命、愿景、组织架构、管理体制、集团管控、管理机制、激励机制、沟通机制、文化机制等。这一层是在核心层稳定的基础上，表示公司的整体方向及长期愿景。股权在本层可以衍生出股权激励机制、裂变式创业机制、病毒式分子公司扩张机制等。

顶层设计的第三层以战略为核心，包含具体的战略目标、管控指标、竞争战略等，是公司总体方向上的细化，表示要做到什么程度，在什么时间内达到什么样的效果，要扩张到哪些市场，要做到何种行业地位等。

顶层设计的第四层是具体的职能执行层，包含产品战略、生产战略、营销战略、财务战略、人力资源战略等职能战略；也包含投资策略、公关策略、品牌策略、法律策略等，还包含流程、制度、标准、沟通等执行要素。

7. 如何理解股权激励的内在

股权激励的外在可以理解为股权激励各个要素或各种激励模式，而股权激励的内在是指激励机制的过程和原理。

激励对公司盈利的使命有重大影响，因此如何激励员工是企业研究的课题之一。在所有的激励方式和手段中，股权激励是最有效的一种激励方式，对股权激励内在的理解，就是对“激励”内在的理解。

激励是指通过各种方法和手段，提升员工的积极性和主动性，以实现预期的目标。激励有三个基本要素：

第一个要素是刺激物，这个刺激物可以吸引员工或给予员工压力，如升职、奖励、降级、惩罚等。

第二个要素是指要实现的目标是可实现的。

第三个要素是激励对象的心理机制，如反应、看法、态度等。

激励对象的心理机制是激励最重要的一个要素。

激励有数十种理论，每种激励理论从一个角度对激励的过程、激励发生机制做了研究，不同的理论适用于不同的场景。激励理论通过剖析人性的特点，分析出激励的可能性、途径和效果，以实现最终的激励目的，这就是激励内在的含义。

8. 股权激励十大要素中，最重要的要素是什么

在股权激励的十大要素中，最重要的是激励模式，激励模式是股权激

励的核心。

有一个小孩去超市买糖，第一次去买10元钱的糖，售货员阿姨抓了几小把糖之后，发现不够，就继续在秤上添加糖果。这个小孩就感觉这位阿姨多称了，多给了自己一部分糖，觉得阿姨真好。第二次同样去买10元钱的糖，另一位售货员阿姨一次抓了一大把，结果在秤上显示超重，便一次又一次拿下来一些，于是小孩感觉阿姨给的糖果不够，觉得这个阿姨没有上一个好。

这两种给法虽然初心和目的是一样的，但最终却产生了不同的效果。一种给法可以概括为“小抓后加”，另一种给法可以概括为“大抓后减”，这两种给法就可以看作是股权激励的两种模式。

铁和铜从化学角度来看，它们有什么区别呢？从微观上看，铁和铜的质子、中子、电子、原子数量不同。从宏观上看，铁和铜的密度不同、颜色不同、电导率不同。那么就可以理解为铁和铜是两种物质，它们在微观上的组成部分相同，但组成部分的数量却不同。

因此，像期权、期股、虚拟股权、业绩股份、身股等词汇都是股权激励模式的表达，其相同点是基本包含十大要素，区别之处是每个要素的“质”和“量”不同。

股权激励模式是对外的综合性体现，是机制、时间、股东权利、激励程度、约束效果、批次、数量、持股方式、出资方式等要素中的综合性组合。

9. 企业在什么情况下需要股权激励

股权激励还可以理解为解决企业“病症”的一种“万能药”。

当企业在管理上遇到问题时，如员工缺乏激情、缺乏责任心、做事没有动力、员工当一天和尚撞一天钟、员工流失率过高、高管经常被其他企业挖走，在这些情况下，企业可以采用激励的一般性措施，当一般性措施的效果不好时，就可以尝试使用股权激励这个最终手段。

当高管有自成联盟、自立门户的打算时，相当于公司给自己培养了一名竞争对手，如果不及时做好预防，则会给公司带来很大的损失，此时就可以使用股权激励或股权投资来绑定这名高管，以实现共赢。

当公司行业竞争激烈，业务增长缓慢，需要快速对外扩张时，可以通过股权激励来缓解公司的资金压力，有效地降低经营成本，减少现金流出，同时可以提升员工的积极性和凝聚力，降低员工流失率，促成最终的经营业绩提升。

以上是从企业被动的角度进行描述，如果能够理解和掌握股权的初级用法和高级用法，可以主动地利用股权的机制去解决“暂不存在”的问题。

10. 股权激励机制在大型公司中的最大作用是什么

股权激励的机制在大型公司中能发挥出战略意义。

在大型公司和上市公司中，股东会、董事会、管理层一般是分离的，管理层一般是聘请专业的职业经理人，即所有权和经营权是分离的，这势必导致股东会和经理人所掌握的信息有所差异，在两者都追求“自己利益”最大化的情况下，势必会产生“冲突”。

如果经理人的个人利益得不到保障或相对不公平，经理人有可能会产生“道德风险”，出现吃回扣、倾向于利于自己收入的关联交易、将交易机会让给竞争对手等情况。这对公司而言，则是一种巨大损失。只有通过股权激励，将经理人和股东绑定在一起，将两者的利益绑定在一起，才能够规避经理人产生“道德风险”，从而实现双赢，这也是股权激励最大的作用，即实现内部各个权力机构的利益平衡。

11. 股权激励对组织的影响

从狭义上看，组织是指为了特定的目标，由聚集在一起的员工组成。

组织可以从竞争力、沟通力、凝聚力、人力资本力等几个角度进行评估。通过对比实施过股权激励的企业和未实施过股权激励的类似企业，股权激励对组织有一定的影响。首先，整个组织更加趋向以人为本，逐渐体现出人力资本的作用，推动人力资源模式的本质变化。其次，重塑组织的激励机制，改变员工的报酬结构，提升员工的积极性和凝聚力。最后，间接地

促进了企业盈利使命的达成，股权激励对组织的影响不能直接给企业带来营业收入，却可以间接增加企业的营业收入。

12. 非上市公司是否可以做股权激励

是否要做股权激励和公司的性质没有关系，与公司的战略意图和战略目标相关。

上市公司大多数会做股权激励，但因为激励对象涉及人员较多，利益交错复杂，因此国家出台了《上市公司股权激励管理办法》（下文简称《办法》），用来约束上市公司中的股权激励行为，以保护各个利益相关者的利益。

中国的中小微民营企业占大多数，大多以“人治”为核心，当企业遇到“人治”无法解决的问题时，此时股权激励就是一种很好的解决办法。股权激励在非上市公司中，其应用暂无单独的法律、法规的约定，因此其应用更加灵活，在企业中焕发出巨大的生机。个体户是否可以做股权激励呢？答案是可以的，只不过国家对这方面没有规定，因此可以参考《中华人民共和国公司法》和《办法》的立法精神进行设计。

13. 公司刚成立，是否需要做股权激励

华为创始人任正非说：“企业越小越需要做股权激励。”为什么这么说呢？“一方面是因为小企业一无资金，二无技术，三无品牌，拿什么吸引和留住人才？靠的就是股权激励。”

既然不能给予员工现在，就要给予员工希望与未来。而这也是股权激励的魅力之一。股权激励可以强化组织的各个要素，是组织成长和变革的加速器。这种加速器用得越早，对企业的帮助就越早。

14. 股权激励安排在 A 轮前还是 A 轮后

A 轮是融资中一个很关键的节点，代表公司种子轮的资金即将告罄，

公司已经度过最开始的初创期阶段。公司需要A轮的资金继续发展，此时公司有两种情况：一种是创业团队对项目深信不疑，认为可以拿到融资；另一种则相反，公司有可能随时会倒闭。后一种情况非常不利，一旦悲观的氛围散开，将严重影响整个项目的运作。

从团队的信心角度来看，此时建议在A轮融资前进行股权激励，最大的目的是提升员工对公司的信心，在公司可能陷入资金困境时，能够绑定核心员工不离不弃。这在融资时能避免很多问题。

从股份支付的影响来看，部分股权激励模式中会产生股份支付，进而影响公司的现金流。在A轮前进行股权激励，其激励成本要远远低于在A轮后的股权激励成本，因此也建议在A轮前进行股权激励。

15. 股权激励方案设计有哪些注意事项

除了要注意实施股权激励的前提条件外，还应该注意以下事项。

（1）要考虑激励对象的风险承受能力。无论是实股激励还是虚股激励，企业一般倾向于让激励对象花钱购买公司的股权。但毕竟员工和老板的风险承受能力不同，在激励过程中，企业要考虑激励对象的风险承受能力。

（2）要体现长期激励的特征。公司的激励系统包含短期激励和长期激励，而股权激励是长期激励的重要工具之一。股权激励要体现出长期激励的特征，从而可以长期绑定和约束激励对象。

（3）要测算激励对象的预期收益。无论是何种激励模式，其收益都可以通过分红权和增值权体现出来，都可以通过预测公司的未来业绩而预测激励对象的预期收益。要从员工的角度考虑最终的收益，切实保障激励对象的利益。

16. 是否需要和激励对象签订协议

《办法》中第二十条规定：

上市公司应当与激励对象签订协议，确认股权激励计划的内容，并依照本《办法》约定双方的其他权利和义务。上市公司应当承诺，股权激励计划相关信息披露文件不存在虚假记载、误导性陈述或者重大遗漏。所有激励对象应当承诺，上市公司因信息披露文件中有虚假记载、误导性陈述或者重大遗漏，导致不符合授予权益或行使权益安排的，激励对象应当自相关信息披露文件被确认存在虚假记载、误导性陈述或者重大遗漏后，将由股权激励计划所获得的全部利益返还给公司。

对于非上市公司而言，签订协议是对公司的一种保护。如《股东竞业限制协议》表示激励对象未经过公司的许可，不可以从事和公司类似或有竞争关系的相关业务，如果违反该约定，需向公司做出赔偿，这就是对公司的保护。再如《保密协议》，如果激励对象有泄密的情况，公司可以依据保密条款要求激励对象做出赔偿，或者公司依据条款开除激励对象。而最重要的协议——《股权激励协议》则规定了激励对象的权、责、利，激励对象有哪些权利，没有哪些权利，能做什么，不能做什么。规定了激励对象应该如何退出协议等关键内容，这些内容都是对公司和原始股东的保护。

因此，无论是上市企业，还是非上市企业，都应当与激励对象签订协议，主要目的是保护公司，以避免不必要的股权纠纷。

17. 股权激励失败的原因有哪些

（1）方案设计无章法。这是常见的一种错误，如股权激励方案退出机制不全面、企业法条和公司法条混用、股份性质模糊不清、激励对象权利和义务约定不清等问题。当员工的个人认知和公司预期计划不同时，就会引起股权纠纷。企业在面对有风险的股权激励合同中，应当做好方案要素审查和条款审查工作。

（2）穷大方、假激励。部分企业家是“文盲”出身，对股权的效用认识不清，针对如何做激励有着自己的盘算。因此，部分企业家非常擅长“画饼充饥”，有着穷大方、假激励的情形。这种情形的初心和目标就不够正确，最终的结果往往也不理想。如某新三板挂牌公司，在公司股票成为垃圾股的情况下，还要求激励对象花重金购买，这不是激励，这是“强卖”和“假激励”。

（3）只有激励没有约束。激励和约束是相对的，股权激励方案既要体现激励的特征，更要体现约束的特征。对激励对象的约束是对企业的保护，如果对激励对象没有约束，会出现离职还享有分红、干得不好照样有分红等不公平性问题。

18. 股权激励失败的表现

（1）高管收益增高，企业效益下降。排除股权支付这种情况之外。当出现高管收入上升，企业效益下降的情况，是股权激励的“兑现机制”出了问题。在激励机制中，公司的业绩和股权激励的结果是密切相关的，如果公司出现业绩下滑的情况，激励对象的收益也应该理所当然地下降。在激励方案中，不仅有“激励”，更应该有“约束”。

（2）激励方案尴尬终止。万科在2006~2008年期间执行过限制性股份激励，限制性的条件为公司的业绩达标。但在2008年次贷危机的影响下，万科股价开始下跌，2008年万科复权后的年均价为25.79元，2009年万科复权后的年均价为25.35元，远远低于2007年复权后的年均价的33.66元。因此，2008年和2009年的股价低于2007年的股价，激励对象不符合行权条件，因此该激励计划在2010年尴尬结束。股权激励的行权条件会受到大环境的影响，会造成股权激励失效的情形。这就让原有的激励目的失效，企业应当在预计激励失效的情况下，做出补充方案。

（3）激励对象套现辞职。资本市场不完全围绕价值上下波动，而受价值之外的因素影响较多。对部分股东而言，在公司市值最高点套现离开是最佳的选择，否则等到市值破灭时，手中的股权就不值钱了。因此会有原始股东辞职套现的情况，这不利于公司的长远发展。另外，部分激励对象在过了解锁期之后，认为个人已经财务自由，不必继续工作，便辞职离开，这同样会对公司产生不利的影响，公司应当做好长期激励和约束的准备。

19. 什么是基于股权的商业模式设计

商业模式说明了公司盈利的机制，而股权可以为商业模式进行赋能。基于股权的商业模式设计，是指以股权为核心，以其他要素为辅助，从而创建公司的商业模型。如裂变式创业以内部创业为主线，裂变出一个又一个子公司，其商业模型的核心机制是利益机制的设计。再如，病毒式分子公司扩张，以股权为纽带，将融资、激励、扩张的战略目标集成一体，形成商业模式中的最大亮点。

股权拥有多重属性，其中一个属性是产品属性，即股权可以成为一家企业的核心产品，通过核心产品和其他产品的组合，从而为公司创造出利润。股权众筹就是典型的应用，通过资金、人际关系、资源的众筹，形成项目的原始积累，众筹是这种商业模式中的关键点。

20. 股权激励相关的法律有哪些

我国对股权及股权激励做了相关的法律规定，表 1-3 能够看出我国在有关股权的税法方向立法最多，也较为齐全。但有关股权激励方面的法律、法规，都是有关国企和上市公司的，对于民企没有做单独的立法规定，因此我国在股权激励立法上还有很长的路要走。

表 1-3　我国对股权及股权激励做的相关的法律规定

类型	具体名称
所得税相关	《财政部、国家税务总局关于个人股票期权所得征收个人所得税问题的通知》财税〔2005〕35 号
	《国家税务总局关于个人股票期权所得缴纳个人所得税有关问题的补充通知》国税函〔2006〕902 号
	《财政部国家税务总局关于股票增值权所得和限制性股票所得征收个人所得税有关问题的通知》财税〔2009〕5 号
	《国家税务总局关于股权激励有关个人所得税问题的通知》国税函〔2009〕461 号

续表

类型	具体名称
所得税相关	《关于加强非居民企业股权转让所得企业所得税管理的通知》国税函〔2009〕698 号
	《国家税务总局关于企业股权转让有关所得税问题的补充通知》国税函〔2004〕390 号
	《关于完善股权激励和技术入股有关所得税政策的通知》〔2016〕101 号
	《股权转让所得个人所得税管理办法（试行）》（2014.12）
会计相关	《企业会计准则第 11 号——股份支付》（2005.8）
管理办法相关	《关于国有高新技术企业开展股权激励试点工作指导意见》国办发〔2002〕48 号
	《国有控股上市公司（境外）实施股权激励试行办法》国资发分配〔2006〕8 号
	《国有控股上市公司（境内）实施股权激励试行办法》国资发分配〔2006〕175 号
	《关于在部分中央企业开展分红权激励试点工作的通知》 国资发改革〔2010〕148 号
	《国有科技型企业股权和分红激励暂行办法》〔2016〕4 号
	《关于国有控股混合所有制企业开展员工持股试点的意见》〔2016〕133 号
	《上市公司股权激励管理办法》中国证券监督管理委员会令 第 126 号（2016.7）
	《中央企业控股上市公司实施股权激励工作指引》（2020.4）
中关村创新示范区	《中关村国家自主创新示范区股权激励代持股专项基金管理办法（试行）》（2015）
深交所	《深圳证券交易所上市公司信息披露指引第 4 号：员工持股计划》深证上〔2019〕699 号
	《创业板信息披露业务备忘录第 8 号：股权激励计划》（2016.8）
	《中小企业板信息披露业务备忘录第 4 号：股权激励》（2016.8）
	《主板信息披露业务备忘录第 3 号：股权激励及员工持股计划》（2016.8）（部分失效）
上交所	《科创板上市公司信息披露工作备忘录第四号：股权激励信息披露指引》（2019.7）

第二章　股权激励流程

1. 一个完整的股权激励计划应当包含什么内容

《办法》第九条规定：

上市公司依照本办法制定股权激励计划的，应当在股权激励计划中载明下列事项。

（一）股权激励的目的。

（二）激励对象的确定依据和范围。

（三）拟授出的权益数量，拟授出权益涉及的标的股票种类、来源、数量及占上市公司股本总额的百分比；分次授出的，每次拟授出的权益数量、涉及的标的股票数量及占股权激励计划涉及的标的股票总额的百分比、占上市公司股本总额的百分比；设置预留权益的，拟预留权益的数量、涉及标的股票数量及占股权激励计划涉及的标的股票总额的百分比。

（四）激励对象为董事、高级管理人员的，其各自可获授的权益数量、占股权激励计划拟授出权益总量的百分比。

其他激励对象（各自或者按适当分类）的姓名、职务，可获授的权益数量及占股权激励计划拟授出权益总量的百分比。

（五）股权激励计划的有效期、限制性股票的授予日、限售期和解除限售安排、股票期权的授权日、可行权日、行权有效期和行权安排。

（六）限制性股票的授予价格或者授予价格的确定方法，股票期权的行权价格或者行权价格的确定方法。

（七）激励对象获授权益、行使权益的条件。

（八）上市公司授出权益、激励对象行使权益的程序。

（九）调整权益数量、标的股票数量、授予价格或者行权价格的方法和程序。

（十）股权激励会计处理方法、限制性股票或股票期权公允价值的确定方法、涉及估值模型重要参数取值合理性、实施股权激励应当计提费用及对上市公司经营业绩的影响。

（十一）股权激励计划的变更、终止。

（十二）上市公司发生控制权变更、合并、分立以及激励对象发生职务变更、离职、死亡等事项时股权激励计划的执行。

（十三）上市公司与激励对象之间相关纠纷或争端解决机制。

（十四）上市公司与激励对象的其他权利和义务。

2. 股权激励方案一般是由谁起草，由谁管理

《办法》第三十三条规定：

上市公司董事会下设的薪酬与考核委员会负责拟订股权激励计划草案。

对于非上市公司而言，一般可以由公司创始人或外部咨询机构制定草案。

股权激励方案的运营管理由股东会、董事会、监事会负责，见表 2-1。

表 2-1　股权激励方案的运营管理

权力机构	负责事项
股东大会	股东大会作为公司最高权力机构，负责审议批准本激励计划的实施、变更及终止事项。股东大会可在法律、法规、规章、规范性文件及《公司章程》允许的范围内将本激励计划变更、终止等事项的审批权限授予董事会
董事会	董事会作为本激励计划的管理机构，负责起草、制订、修改本激励计划，并报股东大会审议和批准，同时在股东大会授权范围内办理本激励计划的相关事宜
监事会	监事会是本激励计划实施的监督机构，负责审核激励对象的适格性并对本激励计划的实施是否符合相关法律、法规、规章、规范性文件进行监督

3. 通过资管的员工持股计划管理机制

在员工持股计划中，如果公司采用资管等持股方式，此时的员工持股主体内部同样会形成权力机构，一般分为两级权力机构：一个是持股人大会，另一个是管理委员会。持股人大会定期召开，是员工持股计划的最高权力机构。持有人大会由全体持有人组成，所有持有人均有权参加持有人大会，并按持有份额行使表决权。持有人可以出席持有人大会并表决，也可以委托代理人代为出席并表决。

管理委员会是由持股人大会选出的委员会，是员工持股计划的常设机构。

持股人大会需审议的事项如下：

（1）选举、罢免管理委员会委员。

（2）员工持股计划的变更、终止、存续期的延长。

（3）员工持股计划存续期内，公司以配股、增发、可转债等方式融资时，由管理委员会商议是否参与融资及资金的解决方案，并提交持有人大会审议。

（4）授权管理委员会监督员工持股计划的日常管理。

（5）授权管理委员会管理员工持股计划的利益分配。

（6）授权管理委员会代表持有人行使股东权利或者授权资产管理机构行使股东权利。

（7）授权管理委员会负责与资产管理机构的对接工作。

（8）其他管理委员会认为需要召开持有人大会审议的事项。

（9）法律、行政法规、部门规章、规范性文件及本计划规定的需要持有人大会审议的其他事项。

管理委员会行使以下职责：

（1）负责召开持有人大会。

（2）办理员工持股计划份额登记。

（3）负责代表全体持有人监督员工持股计划的日常管理。

（4）负责代表全体持有人行使股东权利或者授权资产管理机构行使股东权利。

（5）负责与资产管理机构的对接工作。

（6）管理员工持股计划利益分配。

（7）处理持有人离职时所持份额。

（8）持有人大会授予的其他职责。

4. 非上市公司股权激励方案实施的流程

非上市公司股权激励方案实施的流程见表 2–2。

表 2-2　非上市公司股权激励方案实施的流程

步骤	流程	说明
第一步	立项	通过初步股东沟通，确定制订和实施股权激励计划的必要性，在确定的情况下，成立股权激励小组，并指定小组成员，对该项目进行立项
第二步	起草方案	在对公司进行基础调查之后，由总经理或外聘咨询机构为公司起草方案
第三步	净资产核算（如有）	由公司或外聘的财务公司对公司的净资产或估值进行核算，确定公司的实际价值
第四步	股东会审议	由公司最高权力机关股东会对股权激励计划是否实施做出审议和批准
第五步	授予和签订协议	通过与激励对象沟通，与激励对象签订相关的激励协议，并按激励协议的约定，将股份授予激励对象
第六步	事后管理	对事后的股权激励事项进行运营管理，如发放分红、变更工商登记、会计处理、退股处理等事项

5. 上市公司股权激励方案实施流程

上市公司的股权激励流程和关联意见要远远多于非上市公司，但背后的逻辑是相同的，具体流程见表 2–3。

表 2-3 上市公司股权激励方案实施流程

步骤	流程	说明
第一步	立项	通过初步股东沟通，确定制订和实施股权激励计划的必要性，在确定的情况下，成立股权激励小组，并指定小组成员，对该项目进行立项
第二步	起草方案	在对公司进行基础调查之后，由薪酬委员会或外聘咨询机构为公司起草方案
第三步	股份定价（如有）	公司未按《办法》的规定定价的，而采用其他方法确定限制性股票授予价格或股票期权行权价格的，应当聘请独立财务顾问，对股权激励计划的可行性，是否有利于上市公司的持续发展，相关定价依据和定价方法的合理性，是否损害上市公司利益以及对股东利益的影响发表专业意见
第四步	独立财务顾问意见	公司聘请独立财务顾问的，财务顾问对股权激励计划的可行性，是否有利于上市公司的持续发展，是否损害上市公司利益以及对股东利益的影响发表专业意见。上市公司未按照建议聘请独立财务顾问的，应当就此事项做出特别说明
第五步	董事会发表意见（独立董事意见）	股权激励草案起草完成后，由董事会对该计划做出决议，其中独立董事对该草案发表意见，对股权激励计划草案是否有利于上市公司的持续发展，是否存在明显损害上市公司及全体股东利益的情形发表意见
第六步	国有资产管理机构（适用于上市国有企业）	由国有资产管理机构对国有上市公司的股权激励做出评估，确定是否可以施行
第七步	监事会意见	监事会应当就股权激励计划草案是否有利于上市公司的持续发展，是否存在明显损害上市公司及全体股东利益的情形发表意见

续表

步骤	流程	说明
第八步	律师事务所意见	律师事务所对股权激励计划草案出具法律意见书，对以下事项发表意见： （一）上市公司是否符合本《办法》规定的实行股权激励的条件； （二）股权激励计划的内容是否符合本《办法》的规定； （三）股权激励计划的拟订、审议、公示等程序是否符合本《办法》的规定； （四）股权激励对象的确定是否符合本《办法》及相关法律法规的规定； （五）上市公司是否已按照中国证监会的相关要求履行信息披露义务； （六）上市公司是否为激励对象提供财务资助； （七）股权激励计划是否存在明显损害上市公司及全体股东利益和违反有关法律、行政法规的情形； （八）拟作为激励对象的董事或与其存在关联关系的董事是否根据本《办法》的规定进行了回避； （九）其他应当说明的事项
第九步	草案公布	上市公司应当在召开股东大会前，通过公司网站或者其他途径，在公司内部公示激励对象的姓名和职务，公示期不少于 10 天
第十步	股东大会意见	股东大会应当对股权激励计划内容进行表决，并经出席会议的股东所持表决权的 2/3 以上通过
第十一步	授予和签订协议	通过与激励对象沟通，与激励对象签订相关的激励协议，并按激励协议的约定，将股份授予激励对象
第十二步	事后管理	对事后的股权激励事项进行运营管理，如发放分红，变更工商登记，会计处理、退股处理等事项

6. 上市公司股权激励方案的信息披露要求是什么

《办法》第五十三条至第六十五条都是上市公司股权信息披露的要求，

一方面规定了哪些情形需要进行披露，另一方面规定了应当在什么时间内进行披露。信息披露内容基本涵盖流程中所有的方案和各方发表的意见。

以《办法》第六十五条为例，约定了上市公司应当在定期报告中披露报告期内股权激励的实施情况，具体包括：

（一）报告期内激励对象的范围。

（二）报告期内授出、行使和失效的权益总额。

（三）至报告期末累计已授出但尚未行使的权益总额。

（四）报告期内权益价格、权益数量历次调整的情况以及经调整后的最新权益价格与权益数量。

（五）董事、高级管理人员各自的姓名、职务以及在报告期内历次获授、行使权益的情况和失效的权益数量。

（六）因激励对象行使权益所引起的股本变动情况。

（七）股权激励的会计处理方法及股权激励费用对公司业绩的影响。

（八）报告期内激励对象获授权益、行使权益的条件是否成立的说明。

（九）报告期内终止实施股权激励的情况及原因。

7. 聘请外部咨询公司做股权激励的必要性

对于大部分非上市公司而言，在企业家确定要做股权激励的基础上，可以由公司内部起草或聘请外部咨询机构进行起草。从节约成本的角度看，公司内部起草当然会经济划算一些，但公司对激励力度的把握、股权激励中的陷阱、股权激励注意事项可能不够了解，可能会起草出高风险的激励方案，后期可能会存在股权纠纷等问题。

因此，一般建议企业在有激励预算的情况下，聘请外部咨询机构辅助制定股权激励方案。尤其是当公司将股权放在战略层面时，其中的各个环节的设计应非常紧密，方案更不能出错。发放股权容易，回收股权很难，这就代表股权激励在某种程度上的不可逆性，出错之后的修正成本较高。

对于上市公司而言，其激励需要律师事务所对股权激励方案发表意见，可直接聘请律师事务所制定股权激励方案。

8. 咨询公司制定股权激励方案的流程

一般咨询公司会为企业提供股权激励方案的设计和咨询服务，根据工作量和服务方式的不同，周期在几周到几个月之间，但咨询服务过程基本大同小异，见表2-4。

表 2-4　股权激励方案设计和咨询服务

步骤	项目	细项	说明
第一步	调查报告	项目启动	召开项目启动大会，告知高管和员工我们是谁，我们要做什么，需要员工做什么，员工会得到什么等内容
		行业资料研读	通过对同行和目标公司的公开资料的收集，重点了解公司的商业模式、战略发展、行业地位等信息
		访谈调查	主要访谈创始股东，倾听对公司的战略、股权激励历史、股权激励目标、期望效果、股份被稀释的态度等
		数据提取	通过人事部或档案部，提取拟激励对象的薪酬、工龄等人事信息，提取公司章程、投资协议等
		访谈调查	面向拟激励对象就态度、出资能力、信心情况做出调查
第二步	起草方案	初稿	根据公司调查的基本情况，确定股权激励可以选择的模式，并列明各个模式之间的优缺点，并列出推荐方案
		二稿	与公司实际控制人及其他股东就激励模式进行沟通，确定股权激励模式和部分细节，并听取意见做出修改
		方案终稿	在听取各方意见之后，完善股权激励方案的所有细节，形成终稿
		协议初稿	在完全确定股权激励方案之后，开始起草配套的协议
		协议终稿	协议由各方审阅后，根据各方合理意见，并对协议做出修改，形成终稿

续表

步骤	项目	细项	说明
第三步	培训大会	创始人发言	就公司战略、未来格局做出说明，塑造一个有无限可能的未来
		咨询公司发言	就股权激励可能暴富、如何获利、权利义务做出说明（根据情况做出安排）。并在现场发放股权证书（样本），以作为一个关键里程碑
第四步	落地实施	签订协议	联合人事部，一对一与激励对象签订股权激励协议
		发放股权证书	正式向激励对象发放股权证书
		结束	整个项目结束

第三章 股权激励理论支持

研究股权激励背后的内涵和动机有两个角度：一个是经济学角度，另一个是管理心理学角度。经济学是研究人类活动带来价值的创造、转换、实现的规律；管理心理学也称为工业与组织心理学，是研究在管理活动中人类内心的心理现象及心理活动影响下的精神功能和行为活动的科学。

从经济学的角度，可以很好地理解股权激励的产生背景。从管理心理学角度，可以很好地理解股权激励的内涵。经济学中有关股权激励理论包含委托代理理论、交易费用理论、现代收入理论和人力资本理论。

激励是指通过不断满足员工的需求来调动员工工作积极性的方法，是启动、激发、指导和维持某种行为的心理过程。通过满足员工需要，引导员工的行为，从而实现组织目标的管理方法，股权激励可以理解为激励的一部分。具体的激励理论包含以下 11 种。

1. 委托代理理论

在 20 世纪 30 年代，美国经济学家伯利和米恩斯因为洞悉企业所有者兼具经营者的做法存在极大的弊端，于是提出“委托代理理论”，倡导所有权和经营权分离，企业所有者保留剩余索取权，而将经营权利让渡。“委托代理理论”是现代公司治理的逻辑起点。

委托代理理论产生的基础是因为非对称信息的存在。对于股东和职业经理人而言，双方所掌握的信息是非对称的，而非对称的信息就会让职业经理人产生“偷懒”和“机会主义”。为了克服这种非对称信息带来的隐形成本，需要所有权者进行足够的权利和利益让渡，以便让职业经理人和股东的利益保持一致，让职业经理人勤勉地工作，实现职业经理人和股东的双赢。

在电影《钢铁侠》中，主角托尼醉心于钢铁侠的设计，无暇顾及公司事项，便将公司事务交给俄巴迪亚·斯坦打理，而斯坦通过欺骗托尼和诱导董事会，开始利用自己的职权胡作非为。这就是典型的代理人利益得不到满足，利用机会主义为自己谋利的案例。

2. 交易费用理论

只要有交易，就会产生相对应的“费用”，这些“费用”包含时间、金钱、情报、履行交易的努力等。在完全竞争的市场中，如果所有交易的要素和企业都参与市场交易，那么就会有更多的交易者，有更多的交易者会因为竞价行为而产生交易摩擦。而解决交易摩擦将会提高交易成本。如果交易成本大于交易本身，那么这就是一项亏本的买卖。

在企业中，企业内部之间的节点资源流通、传递、扭转等，也可以看成“交易”，这些交易付出的成本是情报、沟通时间、拖延、流程、制度等。这些交易成本降低了企业的效率，降低了企业资源的利用率。其中，信息是交易成本的核心。而通过股权激励，使得交易本身产生了新的驱动力，这种驱动力迫使交易的各方提高交易的效率、降低交易的成本，从而产出更高的收益。

大公司“病”产生的背景是什么呢？在部分国企或大型集团公司中，做出任何一个改变的交易成本都非常高，如一个新制度的制定需要多个部门参与和无限时间的等待。在有些情况下，这个制定制度的“交易本身”不会给交易的对象带来任何好处，反而会带来一定的“坏处”，即阻碍交易比推动交易能获得更多的“好处”，那么整个交易成本极高。这也是为什么有的企业明明有一手好牌，结果却打得一塌糊涂，就是因为其内部高昂的交易成本。

3. 现代收入理论

收入主要是指员工所获得的回报。传统经济理论中认为收入分配主要为财务收入、商品等要素。现代收入理论则扩大了回报的范围，认为收入不仅包含财务收入、商品，还包含自由、权利、能力等非收入、非商品的信息。在人力资源管理理论中，非经济报酬包含工作环境、工作本身、组织形象等方面。

而股权也是现代收入理论中非常重要的一部分，有关股权的收入理论主要内容如下。

第一，股权分配与传统的收入相比，股权分配更具有激励性、未来性、长期性、不确定性的分配特点。

第二，股权分配本身需要更强的专业性。

第三，从分配对象上看有很大的不同。股权分配的依据是对公司关键人员实现长期的激励，从而达到正向循环的效果。工资分配是对全员的分配，是对全体员工短期激励的需要。

第四，从收入时间上看，股权的存在让员工的收入存在长期收益，着眼于未来。而工资分配则是短期收益，着眼于现在。

第五，从收入的性质上看，股权收入不是劳动收入，而是表现为资本收入。

第六，在风险共担上有所不同。

第七，股权和金融衍生品密切相关，表现为股票交易。

4. 人力资本理论

在知识经济时代，人力资源是第一生产力；在农业时代，土地、劳动力、生产资料是第一生产力；在工业时代，资本、劳动力、生产资料是第一生产力。而人力资源更具有多重性质，这些多重性质导致人力资源可以资本化。资本化，一般是指投入公司的现金资本。而人力资源的资本化，明显地表现为“技术入股”“人力股”等。

先看人力资源和劳动力资源的相同点和不同点，见表 3-1。

表 3-1　人力资源和劳动力资源的相同点和不同点

	人力资源	劳动力资源
相同点	1. 都以人的客观能动性为基础。 2. 劳动力资源和人力资源基于人口资源发展而来	
不同点	1. 多以创造性的脑力活动为主。 2. 得到的结果是不确定的。 3. 直接表现为技术专利，非直接表现为超越常人的智商、情商、财商。 4. 视人力资源为生产资料。 5. 非线性的	1. 多以体力劳动或非创造性的脑力活动为主。 2. 得到的结果是确定的。 3. 视劳动力资源为生产工具。 4. 线性的

技术入股是人力资本直接的表现，通过人力资源的能动性，创造出对应的。有价格的专利技术，并与现金资本具有同等的地位，从而实现人力资源的资本化。而“人力股”是民营企业常用的方法，即介于某个员工的智力、过往经验、人力资源等，将其人力资源做出一定的价格，然后投入到公司的资本中。人力资本将会持续推动股权分配和股权激励的变革。

5. 博弈论

博弈论是研究某个场景下，在冲突与合作的情况下决策行为和决策结果均衡的理论。以“囚徒困境”博弈模型为例，模型讲述了两个小偷被警察抓住分开审讯的故事，见表 3-2。

表 3-2　博弈模型

情形	结果
如果两个犯罪嫌疑人都坦白了罪行，交出了赃物	证据确凿，两个人都会被判有罪，各被判刑 8 年
如果只有一个犯罪嫌疑人坦白，另一个人没有坦白而是抵赖	抵赖者则以妨碍公务罪（因已有证据表明其有罪）再加刑 2 年，而坦白者有功被减刑 8 年，立即释放
如果两人都抵赖	警方因证据不足不能判两个人的偷窃罪，但可以私入民宅的罪名将两个人各判入狱 1 年

在这种情形下，小偷就会面临着和其他方博弈的问题，到底如何做决策才能够让自己的处境最优，这是博弈论理论的重点。

在企业中，企业家也会面临着同样的问题，见表 3-3。

表 3-3　企业家面临着同样的问题

情形	结果
不对公司做长期激励，不对核心高管做股权激励	1. 有人员流失率过高的风险。 2. 可能出现公司业绩增长速度过慢的问题。 3. 经理人投机取巧、不作为等行为
对公司做长期激励，对核心高管做股权激励	1. 增加公司的财务成本。 2. 可能提升公司的净利润和收益。 3. 实现公司和员工的双赢

此时，企业家就需要根据自己的实际情况，进行博弈决策的思考，以便做出博弈中的最佳选择。决策者做出一个选择之后，发现另一个选择的好处可能大于该选择，此时就会放弃原有选择而做出另一个选择，这中间的转换成本称为“交学费”。有企业家因为不做股权激励而遭受了巨大挫折，会出现痛下决心做股权激励的情形。相反的，也有因为做股权激励而遭遇重大失败，出现再做股权激励非常慎重的情形。

6. 成就需要理论

在 20 世纪 50 年代，美国哈佛大学的麦克利兰提出了成就需要理论。该理论认为在人的生存需求得到满足的情况下，人还会有三种需要。分别是成就需要、权利需要和归属需要。

（1）成就需要是指人类有追求卓越、完成目标、实现成功的内驱力。一些人具有获得成功的强烈动机，这种动机是因成就需求进行驱动的，而不是由于外在报酬而进行驱动的。他们有一种把事情做好的愿望和冲动。在电视剧《大江大河》中，技术科长宋运辉就是有高度成就需要的典型代表，他不追求名誉和地位回报，但追求技术上的完美和实际意义上的成功。

（2）权利需要是指影响和控制他人的欲望。具有高权利需要的人可以承担责任，努力影响他人，喜欢竞争性和重视地位的环境。与有效的绩效相比，他们更关心自己威望和对其他人的影响力。这类人一般都追求领导职位，健谈并好议论。在企业中的具体表现为，非常擅长察言观色，总是会有多个下属围在其身边。

（3）归属需要是指建立友好和亲密人际关系的需要。有高度归属需要的人通常从受到他人喜爱中得到乐趣，并避免被社会集体所排斥而带来的痛苦。作为个人，他们关心并维护社会关系，并愿意帮助处境困难的人，乐意同别人友好交往。

成就需要理论的实践意义如下。

- 员工都拥有成就需要、权利需要和归属需要。因此，企业要结合情况满足核心员工这三个方面的需要。
- 对于高度成就需要的员工，要适当为员工创造最佳的工作环境，让他们独立地解决某个问题，让他们感受到成就与自豪，并在独立完成任务之后给予对等的奖励和反馈。
- 对于高度权利需要的员工，要在总体可控的条件下，适当地放权，让员工可以独自管理更多的员工，从而实现其权利需求。
- 对于高度归属需要的员工，公司要多提倡和组织非正式活动，让这些员工多担任“队长”的领导角色，从而满足其归属需要。
- 通过对这三类需求的满足，从而实现对核心员工的激励，股权激励是一种综合性的激励方式。

7. 双因素理论

赫茨伯格于 1966 年在《工作与人性》一书中首创“激励—保健因素理论”。该理论将企业中的有关因素分为满意因素和不满意因素。满意因素是指可以使人得到满足和激励的因素，即激励因素。不满意因素是指如果缺少它容易产生意见和消极的情绪，即保健因素。这两种因素会影响员工的工作态度。

（1）保健因素和工作环境相关，其内容包含公司的政策、管理、制度、工资、工作关系、流程等要素。经过调查，发现使员工感到不满意的都是工作环境或工作关系方面的问题，如果这些条件得不到改善，员工就会产生不满。如果这些情况得到改善，员工就会消除不满的情绪，能维持原有的工作效率，但这不会激励员工产生更高的生产效率。

（2）激励因素是指适合个人心理成长的因素，内容包含责任感、工作成就、赞赏、工作本身、地位等。激励因素以工作为核心，也就是常说的“乐在其中”，员工在工作过程中就会感到满意。但其中有些因素只会让员工感到满意，并不会让其感到被激励。只有激励因素才会有效地提升工作效率。

双因素理论的实践意义如下。

- 保健因素只能消除员工的不满情绪，并不会带来激励，但保健因素必不可少。
- 在实行某项激励方案之前，通过双因素理论，可以清晰地评估该项方案带来的保健效果和激励效果。
- 在相关的因素中，去除中性的因素和保健因素，剩下的就是激励因素，从而为企业指明激励的方向。
- 股权激励在多数情况下属于激励因素。

8. 期望理论

1964 年，美国心理学家弗鲁姆提出了期望理论。该理论主要通过考察人们的努力行为与最终所获得的报酬之间的因果关系来说明激励的过程，并通过选择合适的行为达到最终奖励目标的理论。激励水平等于期望概率和目标效价的乘积。期望理论公式：

激励水平 = 期望概率 × 目标效价

（1）激励水平指动机的强烈程度，被激发的动机大小，即为达到高绩效而做出的努力程度。激励水平越高，则其工作动机越强，绩效结果产出越多。

（2）期望概率是根据以往的经验进行的主观判断，指一定行为导致某种结果的概率。这种概率和每个人的个性、情感相关，因此概率针对每个人也有所不同。

（3）目标效价是指人们对最终结果（薪酬或非薪酬）的重视程度与评价高低，即主观上认为奖励的大小。

举例，有 A、B 两位同学想考取研究生，A 同学认为自己有 30% 的概率可以考上，B 同学认为自己有 70% 的概率可以考上。其中 A 同学对考取研究生持无所谓的态度，觉得那只是找工作的敲门砖而已，给予目标效价 4 分。B 同学对考取研究生非常重视，认为考取研究生可以增强自己的研究能力和学习方法，值得深入学习，而且最终的学历、学位是一种价值肯定，给予目标效价 7 分。经过计算，A 和 B 同学的激励水平如下：

A 同学的激励水平 $=0.3\times4=1.2$

B 同学的激励水平 $=0.7\times7=4.9$

因此，可以很容易得出结论，B 同学的考取研究生结果要好于 A 同学。

期望理论的实践意义如下：

- 管理者不要泛泛抓一般的激励措施，而是要抓目标效价较大的激励措施。
- 设置某一激励目标时，要尽可能加大其效价的综合值。
- 适当加大不同人实际所得效价的差值。
- 适当控制期望概率和实际概率。

9. 公平理论

1956 年，美国斯达西·亚当斯提出公平理论，旨在比较探讨个人所作的贡献与其所得的奖酬之间如何平衡的关系。该理论的基本观点是，当一个人做出成绩并取得报酬之后，他不仅关心自己所得报酬的绝对量，而且关心报酬的相对量，也就是通过自己的报酬与其他人的对比，从而确定自己的报酬是否合理。如果感到公平或超额，则会感到激励。反之，则不会感到激励。公平理论就是人与人之间进行比较的过程。

在公平理论中，有三种比较的参照类型，分别是“他人”“制度”和“自我”。“他人”是指组织中的其他个体，如同事、上级、同行等。“制度”

是指国家或企业颁布的薪酬标准和制度，员工通过各种渠道获得的信息进行对比。“自我”是指自己和自己比较，一般是将现有的报酬和过去的报酬进行对比。

当员工面临不公平时，就会通过各种措施来弥补心理上的不公平感。如进行自我安慰；改变参照物，让自己比上不足、比下有余；采取积极行动，让自己后期的付出可以获得公平的报酬；会采取干扰行为，如在领导面前说其他员工坏话、人为制造矛盾等，以获取公平感；离职，寻求符合自己预期报酬的新单位。

公平理论的实践意义如下：

- 要求公平是社会普遍存在的一种现象。企业在分配时要尽可能做到公平，避免不公平现象的发生。
- 人的行为不仅受到绝对报酬的影响，也会受到相对报酬的影响。
- 管理者需要研究现阶段员工产生不公平感的原因，从而解决不公平带来的负面影响。
- 私下给奖励是弥补相对报酬的一种方法。
- 股权激励数量的分配要在同等行业中相对公平。

10. 强化理论

从严格意义上来讲，强化理论是一种行为分析理论。强化理论不考虑人的心理活动，忽略情感、态度、期望等对人产生影响的认知变量，单纯从行为结果上考虑行为模式，因此也被看成是一种激励理论。

当员工被卷入工作任务中，员工的行为和管理者行为期望可能会有差异，此时就需要进行调整，而调整的方式就是通过强化理论来进行。强化行为有 4 种，分别是积极强化、消极强化、惩罚和忽视。

（1）积极强化。一种反应伴随着愉快的事情，如管理者鼓励和表扬某位员工，完成某件事情之后，可以获得一定的奖励。

（2）消极强化。一种反应伴随着不愉快的事情，如管理者提出问题，要求员工回答时，员工可能会低下头、默不作声。

（3）惩罚。减少不良行为而导致的不愉快情景，如迟到罚款 100 元。

（4）忽视。消除任何维持行为的强化物。当行为不被强化时，就会趋向消失。

强化理论的实践意义如下。

- 通过连续的积极强化，可以让员工积极地做某件事情。股权激励和现金奖励都是积极强化物。
- 通过消极强化和忽视，可以让员工停止做某件事情。
- 通过惩罚，可以让员工禁止做某件事情。
- 强化理论是管理者简单、粗暴管理中最实用的管理策略。

11. 股权激励现代理论

本书对股权激励的相关特征和原理进行总结，简称“股权激励现代理论”，这些基本的特性是进行激励需要参考的原理，它引导我们应该如何做、怎么做、要不要做，以及做到什么程度。

股权激励现代理论的实践意义如下。

- 对于有生存需求的人员而言（年收入低于 10 万元），如果自己给自己打工，会拿出十二分的努力来工作。
- 正向的结果会不断强化和刺激个体持续积极工作。股权激励是正向积极的强化刺激物，其中分红权激励强化作用一般，增值权激励强化作用较高，所有权及控制权的激励强化作用最大。
- 对于已经满足生存需求及基本需求的高级管理者而言，对所有权（产权、股权、物权等）的需求势必会有所增长。出去成立做和老东家一模一样业务的公司是满足其增长需求的典型体现。
- 90 后和 00 后的世界观和价值观是碎片式的，单纯的一种激励方式满足不了这些人的激励需求。
- 有“权利需要”的高管，天生拥有控制权的倾向。有“财务自由需要”的高管，天生对股权投资及股权激励有“疯狂”追求的倾向。
- 股权激励可以有效地降低内部交易成本和管理成本，股权激励是管理中的有效管理工具。

- 人力资源可以资本化，并在知识经济中引领风潮。
- 股权激励的量要相对公平，否则就会引起不公平。
- 股权激励可以有效满足核心员工日益增长的人性需求（期望）。
- 股权激励是公司治理中利益调节的有效工具。
- 股权激励的基本用法是用于长期激励员工，用未来激励现在。
- 股权设计属于企业顶层设计范畴，股权设计的高级用法是用于扩张，用于创新和用于奠定企业的百年基础。

·第二部分·

股权激励模式

第四章　引子

通过列举企业家熟知的事物，以便感知激励是如何运作、如何发挥出激励效用的。在对激励有深入了解的情况下，有助于我们更好地理解和应用股权激励的“道”和“理”。之后便可全方位地、有针对性地对核心员工实行“保健”和“激励”，从而满足核心员工日益增长的“股权激励需求”。

【引子 1】年终奖有什么用

在我们深入了解股权激励之前，先来了解一下年终奖。在现今这个时代，每个企业都会有发过年红包、赠送礼品的习惯。其中现金的部分被称为“年终奖”。根据行业的不同，年终奖的具体数额差异会很大。对于小型餐饮行业而言，全体员工每人年终奖仅百元左右，为的是图一个吉利，重在感情表达。对于有较高盈利水平的互联网公司而言，年终奖可能是员工个人月薪的几倍到几十倍。

年终奖最早来源于东汉，也被称为“腊赐”，在腊月将会赐大将军、三公各钱 20 万。在民国期间，绝大多数的商铺和作坊会有自己的学徒，但这些学徒是没有工资的，老板只管食宿。年终，这些学徒要回家过年，这些商铺的老板也不好看着这些学徒劳碌一年后什么都没有，因此就会派发一些大洋或各种礼品。即使生意不好，也会在学徒回家前，好好地请学徒吃上一顿。这也是年终奖的第一个作用，作为一种新年祝福的方式，为员工送上祝福。

到了现代，年终奖的作用和目的就变得多样化。在南方劳动密集型企业中，随着企业之间的竞争越发激烈，年终奖的数额也变得丰厚起来，不再是几百元，而是变成了几千元甚至是上万元。这种劳动密集型的企业的蓝领员工同质性也较强，因此其流失率也较高，尤其是过完春节之后，各大用人单位甚至到火车站“抢人”。而这些员工在新工作面前，也会考虑未到手的年终奖的分量，这种在春节之后发放的年终奖体现出第二个作用：留住员工，至少给企业一个用工迭代缓冲的时间。

对于高级管理者等专业人才而言，用月薪衡量一年的收益已经不够，而是用年薪来衡量。这个年薪不仅包含月薪，也包含年终奖和股权收益。有些在确定年薪总额的情况下，就对薪酬的各个部分做出设计，简单的说法如15薪、18薪等，就是平时按月发放12个月的薪酬之后，在春节过后，发放剩余的月薪总额。有的是连续多个月发放每个月的薪酬，以减轻资金的压力。这是年终奖的第三个作用：以年薪为基础，通过延期支付来减轻公司的财务压力。

对于一些效益较好的公司而言，总有很多非常大度的企业家，认为公司的最终效益离不开全体员工的努力，因此就会根据公司的业绩情况提取一定的比例作为年终奖，根据员工的级别、在职时间发放年终奖，以便共同享受公司的福利。这是年终奖的第四个作用：作为一种福利，公司员工有权利享受到这种福利。

下面来看看股权和年终奖的区别，见表4-1。

表4-1　股权和年终奖的区别

	年终奖	股权
是否透明	可以不透明	多数透明
方案是否确定	不确定	确定
制定方案影响因素	在职时间、岗位级别、公司效益、个人绩效等	商业模式、公司战略、激励目的、公司效益
法律风险	基本为零	有法律风险
是否有法律、法规	无	有
激励方式	短期激励	长期激励

这里是从心理学的角度来了解什么是长期激励。

长期激励具备的条件是：

第一，必须要有一个能吸引员工的希望或期望。

第二，这个希望或期望是有可能实现的。

第三，这个希望是基于未来的。

而股权满足上述条件，属于“激励”因素，具备长期激励的效果。但年终奖的希望是确定的，而且是有上限的。对于没有公布年终奖方案的公司而言，年终奖不具备以上长期激励的条件，因此更多具备的是“保健”作用，并不会让员工感到受到“激励”。如果某企业一直有发年终奖的习惯，其中有一次不发了或者数量大幅度减少了，就会引起员工的不满。年终奖的激励作用较小，但“保健”作用较大。

有些企业突然发放的年终奖超越以往金额数倍时，员工也会感到被激励，因为这时员工会感到“超额回报”，从而被积极“强化”了，因而会更加努力工作。对于新员工而言，第一次收到数量不错的年终奖，也会感到被激励，之后几年内，这种感觉会不断弱化，直到不会感到被激励。

启示：年终奖作为短期激励的代表，更多的是“保健”作用，股权激励主要体现为长期激励，更多的是“激励”作用。

【引子 2】改革的利器——包干

某老板有多个生意，其中一个是承包了一栋楼房，该楼房用于出租。但由于该老板管理的事情较多，无法对该楼房的出租进行详细的管理，遂想出了第一招，招聘一个员工。

对于招聘的这位员工，老板开始时想法很简单，就是给他一份固定工资。在头几个月，员工也尽心尽力地为房屋张贴出租广告，发布出租信息，认真解决业主的一些问题。但老板逐渐发现，这名员工不再尽心尽力，工作只管应付，当一天和尚撞一天钟。

老板接着想出了第二招，在员工工资不变的基础上，加一份提成。提成按照房屋的出租率进行计算，具体的公式为：

提成 = 当月收入总租金 × 2% 的提成 × 出租率

如果当月的出租率低于 90%，则提成为 0。方案实施后，该员工重新积极工作起来，努力让房屋的出租率高于 90%，整个项目的收益有所上升。

但随之又出现问题，为了让出租率达到90%，这名员工开始给房租降价，理由是因为价格太贵会导致客房住不满，而降价后就可以住满，这样就可以完成出租率，否则他连一分钱的提成都拿不到。老板表示不能降价，这名员工就和老板争执起来，就贵贱与出租率的关系争吵起来。

这名老板正好遇到我，问我该怎么办。我说："你肯定希望出租率是100%，而且是高价格，对吧？"老板表示当然希望如此。我说："很简单，你把这个项目包给他就可以了。就是每月扣除你所期望的收益总额，剩下的都是他自己的。如果他干得好，他就有超额的收益，如果干得不好，他可能会颗粒无收。没有员工给自己打工不努力的。"

于是老板就执行了第三招——包干，最终的效果非常好。一方面基本不需要老板费心，解决了老板管理上的问题。另一方面，员工也非常感谢老板给了他这样一个机会，让自己有高收益，并且最终获得双赢。

启示：包干体现了股权激励现代理论的第一条原理：对于有生存需求的人员而言（年收入低于10万元），如果自己给自己打工，会拿出十二分的努力来工作。

【引子3】出租车生意——人休车不休

我每年有很多时间在出差。在出租车上，没事就会和司机闲聊，聊聊当地的房地产、当地的风景名胜，还有对网约车的看法，其中司机的收益是我比较感兴趣的内容。虽然每个地方的具体收益有所不同，但大概是一致的。

这些出租车收益有两类方式。一类是租赁出租车公司的出租车，每月上缴6 000～10 000元的出租费，然后自己每天拉客。

某天，我问出租车师傅道："你们的收益怎么样？上缴多少？两班倒？"

"如果是新手，跑得慢，每天的收益就会少，甚至会出现亏本的情况。因此有时有些客户让出租车等5分钟，又不确定去哪，我们就不爱拉，也就是'挑客'的意思。另外，我们喜欢跑自己熟悉的片区，喜欢跑交通好一点的地方，这样可以节省时间。

“由于上缴的费用不少，因此我们两班倒，分为白班和夜班。两个司机轮换着开一辆车，这样可以降低成本。一般早、午高峰一个司机拉一次，晚高峰另一个司机拉一次，16:00 ~ 17:00 换班，一般自主约定。有时收入不够，就睡得少，白天做一份不费神、不费体力的工作，然后晚上继续跑，都是为了养家。”

“另一类收益方式就是长期包车，或者说是一次性‘买断’。出租车本身并不值钱，但能拉客的这个资质很值钱，一般需要几十万元甚至上百万元才能买断，这样自己拉客的所有收益就都归自己所有。一般干个 8 ~ 10 年才能够将成本赚回来，然后剩下的都是自己的。”

简单总结，出租车就是包干的典型。这种用法有什么好处呢？

第一，出租车司机基本不用管理，只需要在司机审核、电话派单方面做好安排即可，其管理成本极小。

第二，每个司机都是自己的“老板”，干好、干坏都是自己的事情，从而激发出租车司机工作的积极性，并想方设法产出足够的效益。

提问：哪些项目适合包干的做法？哪些不适合？子公司是否适合？

启示：包干体现了股权激励现代理论的第六条原理：股权激励可以有效地降低内部交易成本和管理成本，股权激励是管理中的有效管理工具。

【引子 4】扭亏为盈就可以当厂长

这是一个有意思的故事。时间回到 2000 年，山西有一位老大哥，开了一家造纸厂，收益不错，一直干得不亦乐乎。但某天这位老大哥走上仕途，觉得仕途要比经商好很多，于是便将这份产业交给了弟弟，由弟弟接着运营。

但弟弟对运营管理却一窍不通，也无心管理。造纸厂的生意一天一天的不景气起来。

由于造纸厂纸张质量跟不上需求，客户不断地流失。到了某年年底核算，造纸厂净亏损 200 多万元，弟弟实在干不下去了，要把造纸厂卖掉。由于负债高、机器设备老旧，整个造纸厂也就只能卖到 80 多万元，而且还没有人愿意接手。

这时，我们的主角登场了，年仅 20 岁的一个年轻小伙子，整日想着如何改变命运。他认为机会来了。由于弟弟已经离开了造纸厂。于是这位小伙子找到了哥哥，表示想把这个造纸厂买下来，但没有钱。不过可以在接手这个造纸厂之后，利用赚来的钱偿还收购的钱。反正这个造纸厂也没有人愿意买，不好出手，还不如让这位年轻人试一试。最终哥哥决定让这位年轻人管几个月看看。

年轻人上任后，开始有条不紊地恢复生产。当前造纸厂的主要问题就是没有信用，纸张质量差。年轻人开始重新设计产品，如挂历、日历、笔记本等，并且严控产品质量。他没有什么好的推销办法，就一家一家地去上门推销，在见到负责人之后，按照“道歉—我们决定悔改—并决定赠送一批样品”的流程，期望说服和打动他们。

有些企业不买账，怎么可能凭借一番话就改变这个造纸厂多年来建立的“黑信用”？年轻人不断软磨硬泡，多次拜访，打动一些企业的负责人并拿回一些订单。

就这样，年轻人不断挽回造纸厂的声誉，并且不断恢复生产。经过大半年的运营，年轻人就把买造纸厂的钱还上了。哥哥也比较欣赏这位年轻人，就按照当初的约定完成了造纸厂所有权的移交。如今，这位年轻人已经成为老总，并且有了更远的梦想，要在人工智能及健康医疗方面继续做出一番事业。

这位年轻人为何如此拼命？

这体现了股权激励现代理论第一条原理：对于有生存需求的人员而言（年收入低于 10 万元），如果自己给自己打工，会拿出十二分的努力来工作。拼命的精神就会被激励出来。这种机会一旦错过，可能需要再等上十年。因此，一旦出现改变命运的机会，就要牢牢地抓住。

【引子 5】乔家大院百年的秘密

细数中国的百年企业，要说这些百年企业中模式有亮点的，当属明清时期的晋商，晋商中的票号最为出名。其身股银股制直到 1949 年终止，中间经历了 300 多年。这其中的身股银股制到底是什么含义呢？

晋商由各大利益团体组成，乔家就是其中的一个代表。回到清朝咸丰初年，山西省祁县乔家堡乔家大当家经营生意失败，病重不起最终去世。在大当家去世之后，各个债主上门讨要欠款和贷款，各个竞争对手也虎视眈眈要瓜分乔家的产业。乔家在危难之际，无奈通知二当家回来救急。

二当家原本的人生规划是仕途，但无奈家中即将破产，在家里大太太的苦苦劝说下，便放弃了科举之路，回家开始从商。大太太的解决方法较为简单，就是让二当家和当地富甲一方的陆家女儿成亲，已解乔家的燃眉之急。

二当家虽然不愿意，但也不愿看到家族就此衰落，最终答应。陆家通过借款支援乔家，使得二当家迅速稳住了当时的局面，并度过了危机。

在稳定乔家的局面之后，二当家开始针对家族的情况进行大刀阔斧的改革，主要是建立新的店柜，建立新的行为规范，如不准欺蒙客人、不准吃花酒、不准假公济私、不准纳妾等规定。二当家建立的新规要以“义”和“信”字当头。

当然，这次改革也引起不少伙计和掌柜的不满，他们纷纷递交辞呈不干了。对此，二当家提出了更有诱惑力的“身股制”模式，就是伙计在劳作一年后，可以获得整个生意上的分红。原话是：“凡山西商号中的掌柜、伙计，虽无资本顶银股，却可以自己的劳动力定股份，而与财东的银股一起参与分红。但顶身股者不承担亏赔责任。”身股激发了伙计们的干劲儿和热情。

在施行新规定之后，二当家和乔家逐渐赢得了当地商家和民众的信任，乔家的生意再现生机。

而二当家也非常有魄力，在各种机缘巧合之下，开辟了南下武夷山、北到恰克图的茶叶路线，并凭借“义、信、利”的信条与俄国商人签订了长期合作贸易合同，让茶叶的生意火了起来。而有身股的各个伙计，也获得对等的收益。乔家开始小有名气，晋商也因此成为当时中国最强盛的一个商业团体，对日后的经济格局有着重要影响。

为什么当时的身股可以稳住乔家的局面？

用秦国用死囚打仗的案例回答再适合不过。对方敌军即将攻入秦国城池，附近士兵来不及支援，眼看无望，此时一名谋士建议："何不让地牢里的死囚出来迎战？如果打赢了就无罪释放。"秦王默许。

死囚在听说"打赢了就无罪释放"的政策之后，带着满腔杀意，直接奔赴战场，打得敌人溃不成军，最终打赢了这场战争。这些战士为何拼命？如果战败了，只能死在战场上。如果最终胜利了，那么就无罪释放，不再是死囚。死囚拿着自己的命去做打仗，没有不拼命的。

虽然当时各掌柜和伙计对二当家的改革不满，但这个身股却是一剂强"激励药"。反过来从当时的伙计角度来思考，乔家和陆家结为亲家，就算当前生意面临着困境，但也不是"死局"，未来还是有发展希望的。另外，这身股也是一个机会，如果错过了这次机会，可能就再也没有了。而且，二当家的改革也是向着好的方向发展，而不是向着坏的方向发展。综合思考，当然是留下来的好处要远远大于离开。这就为变革稳住了局面。

启示：在当时的历史局面下，身股体现了股权激励现代理论的第九条原理：股权激励可以有效满足核心员工日益增长的人性需求（期望）。

第五章　股权激励基本模式和股权激励方案设计七步法

通过引子部分，我们可以知道激励是如何发生的。可以看出在不同的场景和情形下，需要使用不同的激励方式，这些不同的方式是指股权激励的模式。本部分对历史中用股权进行激励的智慧进行总结，共有 8 种基本激励模式。

【基本模式 1】干股、身股、分红权

干股也被称为身股、分红权、岗位在职股。拥有干股的激励对象有权享受企业的部分可分配利润。分红权是所有股权激励模式中最简单的一种，有点类似年终奖。但干股是事先确定的，是指在年前承诺一定的干股比例，在年后从可分配利润中拿出一定比例给核心员工进行分配。

干股的特征及要点

干股的特征及要点见表 5-1。

表 5-1　干股的特征及要点

1	是否是实股	不是
2	是否需要工商登记	否
3	是否有法律约定	无
4	是否有业绩要求	无
5	是否需要花钱购买	否 / 是
6	是否和绩效考核挂钩	否

续表

7	激励效果	★
8	约束性	★
9	退出机制	离职或调岗自动失效
10	适用企业	全部上市 和非上市企业

- 干股一般是不需要花钱购买的，因为这种奖励本来就是额外的奖励。但在实操过程中，会出现员工不珍惜公司干股激励政策的情况。此时会设置一定的购买门槛，只有购买过公司干股的人才可以享受对应的权益。在员工离职或退出时，该笔资金全额退还。
- 干股一般都是和岗位挂钩的，级别越高的岗位其干股比例也越高，与个人绩效及素质无关。
- 一般不做考核。如果公司业绩好，就可以多获得一些奖励，如果业绩不好，那么获得的奖励就少，此时的考核就多此一举。
- 干股激励对象比较广泛，一般只激励公司的核心岗位，不做全员的激励。但干股经常配合其他股权激励模式使用，因此也经常成为其他主要激励方式的辅助激励方式，用于整体激励方案的补充激励方式。

干股到底有用吗

干股在三种情况下有激励作用。

第一种情况是行业内横向对比，即我们公司有干股激励，别家公司没有，因此可以降低核心岗位的流失率。但从公平理论上看，此时的干股激励的额度要达到一个分量，这个分量要足以留住这些核心岗位的员工。如果分量不够，那么这种激励的效应会变得非常弱。

第二种情况是公司内部的对比，只有某些岗位才有权享受公司的分红，因此，没有拿到干股分红的员工会努力向有干股分红的岗位努力。

第三种情况是对于还处于生存需求的企业员工而言，干股的激励是强劲的，甚至持有干股还会成为公司有身份、有地位的象征。这也是为什么干股在晋商中实行的效果极好，但在现代企业执行时却有点儿“鸡肋”，食之无味，弃之可惜。

除了这三种情况外，干股只剩下“保健”作用。如果公司一直发放干股激励，某天不发放或发放比例较低，那么对员工不但不会产生任何“激励”作用，反而还会产生不满意的因素。

因为说到底干股只是分大股东剩下的“残羹剩饭”，并不是真正的股权。干股并不能从真正意义上满足人们日益增长的对所有权的需求。

干股实践案例

某一线城市某连锁烤鸭店的老板有点儿苦恼。原因是自己的连锁店的人员流失率过高。流失的原因并不是薪酬不高，而是店里的业绩太好了。这就给很多店长和烤鸭师傅一个错觉，觉得开一家烤鸭店非常赚钱，也非常容易。但老板自己知道，开一家这样的店并不容易，位置是地利，烤鸭连锁品牌是天时，好员工是人和。这些员工只有人和，其他的还差点火候。但老板越这么说，员工越觉得老板在说服他们努力工作。

最终老板亮出了股权激励的“大杀器”。老板痛下决心，如果要做激励，就一次做到位，不能像挤牙膏一样一次给一点，反正员工大致知道店里的营业收入情况。方案如下：烤鸭店的店长可以入股所在的烤鸭店，所持有的比例为 20%，另外 20% 的干股给予全体员工，按照岗位级别进行分配。每年合计释放可分配利润的 40% 奖励员工，并在此基础上，全体员工降薪 10%。至此，该烤鸭店的每一个连锁店里，都有一个真正意义上的老板，而且非常用心地监督员工工作，使员工的流失率极大地下降。

对于传统的餐饮及劳动密集型企业，银股和干股配合使用，可以让干股发挥充分的激励效应。但如果这家企业是一家互联网公司，那么干股激励的效果几乎为 0，甚至因为方案的“抠门”，导致员工对公司的政策十分不满。

【基本模式 2】期权

在美国，期权是使用最多的激励模式，是美国一种最为经典、使用范围最广的经理人激励模式。股票期权最开始来源于金融衍生产品，期权的应用，主要目的是避税，结果发现其激励效果远远大于避税，因此就演变成各大公司的经典激励方式，期权激励作用机理与包产到户类似。

包产到户的激励作用机理

从管理心理学角度分析，以包产到户为例，我们来理解一下期权的激励过程和作用机制。按照一般的粮食生长规律，在春天播种，在夏天进行除草、灌溉等工作，并在秋天进行收割，在秋收后进行分配。包产到户的激励作用原理如图 5-1 所示。

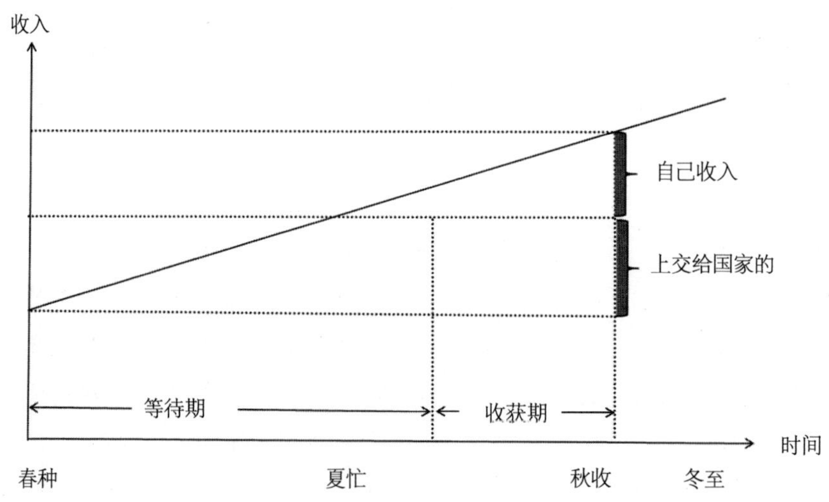

图 5-1　包产到户的激励作用原理

在进行分配时，其收入分为两部分，一部分是需要上交给国家的，而另一部分即剩下的部分都是自己的。其中上交给国家的是固定的，而自己收入的部分却是可变的，如果总收入越高，那么自己收入的部分就越高。如果总收入越少，那么自己收入的部分就越少。

那么，如何产生激励效果呢？答案就是如果农民拼命地让总收入提高，那么在秋收时，就可以获得超额的收入，而这个即将可以实现超额收入的秋收则提升了在春种和夏忙时的劳动积极性，从而达到“激励”的效果。

简单总结一下包产到户激励的特征：

（1）是拿看得见的未来激励现在，即看涨股票。

（2）农民的主要收益 = 总收入 − 上缴国家的部分。

（3）农民的未来收益和现在的所作所为密切相关。

（4）未来预期超额的收益对现在产生“激励”效应。

这里再反过来提出问题，在什么情况下，农民不会感到被激励？答案如下：

（1）如果当年的气候可以预测，可能有天灾，最终的收入不够交给国家的，那么就不会感到被激励。（相当于公司不具备高成长性）

（2）如果当年满怀期望地在春种和夏忙时努力耕作，但最终在秋收时，扣除交给国家的部分，只获得了极少的收益，也不会感到被激励。（股票实际价格低于行权价）

（3）当年秋收时，国家突然改变政策，要求上交的粮食增多，导致留给自己的部分变少，也不会感到被激励。（行权价太高）

（4）如果当年政府改变政策，要求所有粮食上交，然后由政府按月再发放给农民。这也不会让农民感到被激励。（期权被超额稀释）

实际上，这四种情况也是公司进行期权激励失效的真实描绘，当出现公司不具有高成长性、股票的实际价格低于行权价、行权价太高、期权被超额稀释四种情况时，期权激励都会失效。期权失效对公司会产生负面影响。

期权的激励作用机理

由包产到户延伸一下，我们来看一下什么是期权。期权的作用原理如图 5-2 所示。

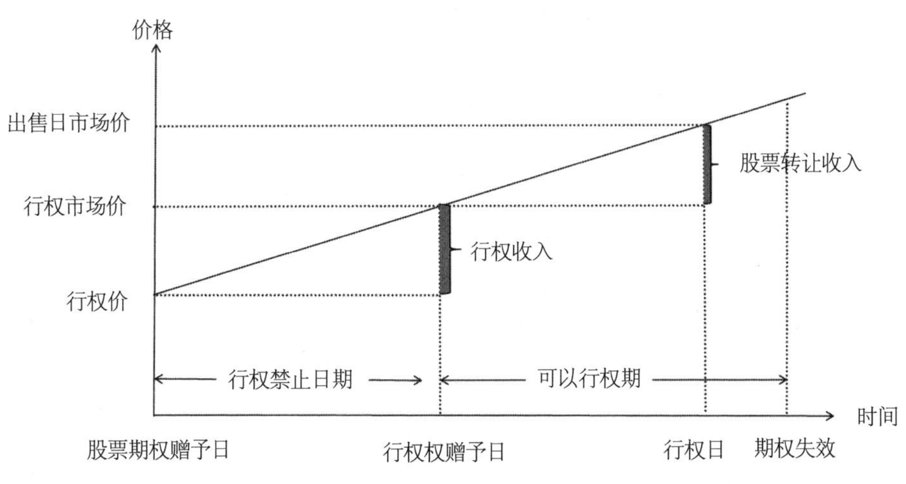

图 5-2　期权的作用原理

被激励对象在股权期权授予日（春种）获得有价格约定的期权赠予，并在行权赠予日（秋收）获得行权资格（可销售股票资格），并在实际行权时（秋收分配时）获得收入。

用学术的话来说，就是公司与经理人进行了事先的约定，经理人拥有可以在未来以事先约定的价格在一段时间内购买公司一定数量股票的权利。经理人可以放弃这种权利，也可以行使这种权利。

在行权赠予日，若期权的价格高于约定买入的价格，此时就会产生行权收入，该收益为潜在可实现的收益而并非现金。当激励对象转让股票时，就可以将这种潜在可实现的收益变现。用公式表示如下为：

期权收益 = 所持股票数量 ×（市场股票价格 − 行权价格）

若实际的股票价格低于行权价格，那么行权就不会获得收益，激励对象只能被迫放弃行权。

期权的作用机理与包产到户机理类似：在秋收时，扣除上交国家的部分以外（购买成本），剩下的都是自己的（股票转让净收入）。未来的收益可以预见，因此就相当于激励了当下，从而产生驱动力。

具体的期权特征总结见表 5–2。

表 5-2　具体的期权特征

1	是否是实股	在行权前是一种权利授予，行权后为实股
2	是否需要工商登记	非上市公司：行权后需要 上市公司：行权后成为股民
3	是否有法律约定	有，以《办法》为核心
4	是否有业绩要求	可以没有 《办法》规定有
5	是否需要花钱购买	是或 0 元
6	是否和公司绩效考核挂钩	否 / 是
7	激励效果	★★★
8	约束性	★★★

续表

9	退出机制	协议约定
10	适用企业	高成长性企业

- 期权是激励对象的一种权利而非义务。在行权日到来时，激励对象可以选择行权，也可以选择放弃行权。
- 期权和包产到户有所不同，包产到户的周期较短，期权激励可以为长期。《办法》规定，首次行权期不得少于首次授予日的 12 个月。
- 如果企业处于高成长性或潜在高成长性，期权的授予会对当下产生“激励”作用。若公司前途渺茫，此时期权可能并无激励作用，只有“保健”作用，此时其他形式的激励方式要比期权更有激励效果。
- 从当前中国的国情来看，期权更适合快速成长的非上市企业，但成长性较高的上市企业，也同样适用期权。
- 期权的妙用在于前期是一种权利授予，是一种合同约定，若激励对象因为某种原因提前退出，那么该合同直接作废，不会对公司的股权结构造成影响。
- 若发生不被激励的四种情况，则期权的激励作用会大打折扣，甚至会因为激励对象的期望落差而为公司带来负面影响。
- 以往期权的定价一般为公司现有实际价格（股票发行价或股票现有价格）的 0 ~ 60%，有着“公司请客，市场埋单”的优点。但现有《办法》规定，期权的价格不得低于公司前一日股票平均价（或前 20 日、60 日、120 日股票交易均价之一），导致期权的行权定价过高。若企业的股票总市值在未来几年内是负增长或微增长，则期权激励将会失效。
- 关于绩效考核。《办法》规定股权激励的激励对象若为董事、高级管理人员的，应当设立绩效考核指标。对于上市公司期权激励而言，这种设立相当于多设立了一道风险防火线，从合规上看，对公司安全及风险管理有一定的保障作用。但从管理上看，却显得“多此一举”，行权价格本身就是一项“考核指标”。因为如果公司的市值是负增长，则激励对象将无法获得任何收益，此时考核便没有意义。

如果公司的市值是正向增长，且市值每股价格大于行权的每股价格，则此时激励对象可以获得对应的收益，相当于完成了“考核”。企业可以结合自身的情况决定是否加入绩效管理的要素。

- 上市公司激励对象的期权收益大多数来自股票市场股票的转让收益，非上市公司激励对象获得的期权收益主要来自公司的分红或公司回购，两者的收益来源有所差异。

期权实践案例

某非上市公司最近几年来因为内部机构臃肿，部门壁垒严重，导致内部高管积极性不高，公司的成本不断增加，但公司的业绩却一直横盘。如果能够调动高管的积极性，相信公司的业绩很快就会有一个较大的转变。

公司创始人计划实施股权激励方案。此时有三种方案可供选择。

第一种方案：执行银股方案，即开放一个股权额度，以优惠的价格让高管认购，高管在认购之后便成为公司的股东，享受股权增值权和分红权。

第二种方案：不增加现在高管的支付压力，但能提前享受到股权的好处，可以实行业绩股份，即先向高管无偿授予股份，在授予之后就可以享受股权的分红权和增值权。但高管必须在约定的时间内完成公司规定的业绩要求，若在约定时间内完成业绩要求，届时高管可以以一定的价格购买公司的股权，业绩股份真正成为银股。若在约定时间内没有完成业绩股份，那么高管将失去购买公司股份的权利。

第三种方案：期权方案，与第二种方案类似，但在期权授予后，高管既无法享受增值权，也无法享受分红权。只有当公司的净资产价格大于行权价格时，高管行权才能够获得公司的增值权收益和行权后的分红权收益。

创始人经过认真分析思考，认为这三种方案的激励性如下：银股方案 > 业绩股份方案 > 期权方案。在经过详细的调研之后，认为公司当前的薪酬福利较为完善，且公司的商业模式也较为可持续发展，只需要稍稍激励一下高管，便可改变整个公司营收的局面，因此建议采用激励性最小的期权方案，并结合公司的情况给予激励对象针对性的培训。

在期权方案实施之后，当年公司营收有了一个较高幅度的提升，期权激励实现了最初预设的目标。

【基本模式 3】增值权

增值权是期权的变形。激励对象在行权时，首先要自己募集资金购买约定数量的股票，在收到股票之后，在行权期内卖出再获利。激励对象相当于一买一卖，但为了省去这个交易流程，公司可以直接向激励对象支付这一买一卖的差价，这种授予激励对象可以接受支付差价的权利被称为增值权。

增值权特征及要点

增值权特征及要点见表 5–3。

表 5-3　增值权特征及要点

1	是否是实股	在行权前是一种权利，行权后为现金或实股
2	是否需要工商登记	非上市公司：行权后为实股或现金 上市公司：行权后为实股的成为股民
3	是否有法律约定	—
4	是否有业绩要求	—
5	是否需要花钱购买	不需要
6	是否和公司绩效考核挂钩	—
7	激励效果	★★★
8	约束性	★★★
9	是否退出机制	协议约定
10	是否适用企业	高成长性企业

- 现有国家法律对增值权并无说明，在实操时，结合财务管理规定，变形为“超额奖励基金”“股权激励基金”等可实操的模式，因此上述用“—”表示。
- 对非上市公司而言，一般增值权最终获得为现金。

  获利公式 =（股权每股价格 − 行权每股价格）× 持股数量。
- 公司以现金支付的，此时员工最终不持有公司股权，不对公司有任何表决权。

- 由于增值权不涉及所有权和控制权的安排，因此它也是国有企业常用的激励方式之一。
- 上市公司，增值权可以以“现金＋股票”的方式为激励对象进行支付。若公司为激励对象发放的为等值的股票，此时员工享有股东权利和义务。
- 执行期权激励的公司，若激励对象在行权时无法筹集约定的资金，此时公司就会将期权方案转化为增值权方案，以现金或股票的形式进行支付。
- 与期权激励模式原理类似，增值权也高度依赖公司市值的成长性。
- 增值权多以企业净资产为评价基础，业绩股权则以多元化的指标为评价基础。
- 在“超额奖励基金”和“股权激励基金”模式中，一般都存在绩效考核，多以“公司业绩”“超额业绩”“利润增长率”作为综合考评指标，有点类似于业绩股份激励中的综合考评。

增值权实践案例

TCL 公司的增值权激励计划分为三个步骤。

第一步，母公司实施股权激励，以增值权为核心，动增量不动存量。

第二步，母公司引入战略投资、财务投资，将国有独资变为股份制公司。

第三步，合并上市子公司，实现 TCL 集体上市。

其中，增值权核心要点为：当年核定 TCL 的净资产为 3 亿元，要求每一年的净资产增长不低于 10%。若增长低于 10%，则没有任何奖励，只发基本工资，并给予行政处罚或免除职务的处罚；若增长在 10% ~ 25%，管理层可以获得其中的 15%；若增长在 25% ~ 40%，管理层可以获得其中的 30%；若增长为 40% 以上，管理层将获得其中的 45%。

增值权将包干“超量”的激励作用充分发挥出来，一方面不需要激励对象出资，另一方面对企业的所有权及控制权牢牢掌握在手里。加上完不成基本任务的“大棒”和完成任务的“胡萝卜”，对企业产生了强劲的驱动力。

结果，1997~2001 年 TCL 的净资产增长率分别为 63.75%、80.43%、56.24%、24.35%。可见，股权激励大获成功，实现了个人、地方政府、国家的利益平衡和共赢，同时也实现了国有资产的增值。

【基本模式 4】银股、期股

银股或期股是相对干股更容易理解的一种激励方式，简单来理解，就是开放工商注册股，现有的激励对象可以以一定的价格购买公司的原始股权。在全额购买原始股权之后，就可以享有股东权利和义务。

另外，之所以称为期股，是因为有时间的要素参与其中，该交易非一次性交易，而是多次、多年的交易，因此有期股之称。

期股特征及要点

期股特征及要点见表 5-4。

表 5-4　期股特征及要点

1	是否是实股	全额支付款项前非实股，全额支付款项后为实股
2	是否需要工商登记	需要
3	是否有法律约定	以《公司法》等为核心
4	是否有业绩要求	是或否
5	是否需要花钱购买	需要花钱购买 且购买方式多元化
6	是否和公司绩效考核挂钩	一般需要
7	激励效果	★★★★★
8	约束性	★★★★★
9	退出机制	协议约定
10	适用企业	所有企业

- 期股是更加直截了当的激励方式，与期权的激励效力有很大差异。期股在处于成长期及成熟期阶段的企业中应用激励性较强。但在初创阶段，其激励效应会大打折扣，期股需要花钱购买，增大了激励

对象的风险承受能力。

- 激励对象支付期股的方式多元化，如分期付款、工资抵扣、年终奖抵扣、分红抵扣等。《办法》规定，公司不得借款给激励对象认购公司股权。但公司或大股东借款给激励对象在非上市公司中十分普遍。
- 期股在激励对象付完首付之后，便可享有股权的全部分红权。
- 期股一般有锁定期，在锁定期满之后，激励对象才能行使某些权力。
- 期股由于激励性太强，因此一般配合一些激励性较弱的激励方式共同使用。
- 退出机制较为严格，由于释放的为工商注册股，其强激励性对等的是强约束性。因此，出现如离职、违反限制性条款的情况，期股协议会作废，并需承担违约金责任。

期股的多种模式

期股的演变模式较多，演变的主要方向是对时间的控制。对时间的控制分为不控制、对期股授予前控制、授予过程中控制、授予后控制四种形式。具体的模式演变概括如下。

（1）员工持股计划，即对期股时间不做控制。公司处于高竞争行业，为了进一步提升公司的竞争能力和战斗力，公司直接以净资产价格或股票前一日价格面向员工融资，员工自己筹资，自愿认购公司股权，但一般有认购的上限。

（2）“先考核后授予计划”，在期股授予前进行控制。公司处于高成长性，现金流和净利润较高，公司处于优势地位，员工对入股非常有兴趣。此时的期股激励方式主要体现为先考核后释放股权的形式，即在几年的时间内，考核合格的人才有资格购买公司的股权。

（3）“边考核边授予计划”，在期股授予过程中进行控制，通过“延期”多年释放股权，如某经理购买公司 5% 的股份，公司每年支付 1% 的股份，经理只有在 5 年时间内完成约定价格支付及考核及格的情况下，在第 5 年才能真正拿到这 5% 的股份所有权。中途离职该期股自动失效。

（4）“先授予后考核”，在期股授予员工购买之后进行控制。在激励对象获得期股之后，公司对激励对象有“成熟期”的规定，即通过禁止转让期、锁定期、绩效考核等方式强化对约定对象的约束，一般公司处于特定目的或弱势地位时使用。一般情况下，期股在授予时需要购买，但激励对象可以在考核完成之后再花钱购买。

期股实践案例

某公司计划引入年薪200万元的高管加盟，为了绑定该高管，遂计划在引入时对该高管做出股权激励。由于该高管的竞争力极强，直接给实股是最有诚意的表达，否则若该高管不满意，那么该人才的引入计划有较大概率会失败。

经过咨询，制订的期股计划见表5-5。

表5-5　期股计划

年份	第一年	第二年	第三年	第四年	第五年
股权比例	1%	1%	1%	1%	1%
购买金额	100万元	100万元	100万元	100万元	100万元

公司当前的净资产为1亿元，计划出让5%的股权给予该高管，购买费用合计为500万元。为了减轻该高管的压力，该计划分为5年执行，高管每年可以购买公司1%的股份，在首笔款项100万元付款之后，就可以享受5%的分红权和增值权。

在连续购买5年之后，此时可以进行工商登记变更，该高管成为真正意义上的公司股东。若中途离职，则该计划作废。若该高管无违反限制性规定，则已经购买的股金全额退还。

【基本模式5】限制性股权

限制性股权是期股“先授予后控制”的变形版本，这种激励方式主要用于特定目的的激励。首先公司将一定的股权以0元或较低的价格授予激励对象，但激励对象必须完成一定的限制性条件，如工作时间年限、公司业绩水平等，此时激励对象才有行权的权利，否则激励对象丧失行权的权利，所授予的股权全部被回收。

限制性股份和期股“先授予后控制”的区别见表 5–6。

表 5-6　限制性股份和期股“先授予后控制”的区别

	限制性股份	期股“先授予后控制”
股权价格	0 元或折扣价格	股权正常价格
授予前条件	无	无
授予后享有权利	完成条件后为实股	购买后为实股
限制性条件	主要是对公司业绩、服务期限等方面的限制	主要是对激励对象进行考核

能看出两者的核心区别在于限制性条件不同。限制性股权的价格给予激励对象“优惠”，因此在股权最终兑现上就以“延期实现”的方式来弥补。而期股的“先授予后控制”的价格为正常价格，因此能实现一手交钱、一手交货，不必在股权的实现上做过多的限制。

限制性股权特征及要点

限制性股权特征及要点见表 5–7。

表 5-7　限制性股权特征及要点

1	是否是实股	完成限制性条件后为实股
2	是否需要工商登记	需要
3	是否有法律约定	以《办法》为核心
4	是否有业绩要求	—
5	是否需要花钱购买	0 元或折扣价
6	是否和公司绩效考核挂钩	与限制性条件挂钩
7	激励效果	★★★★★
8	约束性	★★★★★
9	退出机制	协议约定
10	适用企业	所有企业

- 限制性条件一般有三类，一类是业绩要求，一类是稀缺人才的最低服务年限，一类是“降落伞计划”，即限制条件为某类员工必须离开某个职位。
- 限制性股权授予时，其分红权也同时授予。
- 其具体的购买时间分为两个时间节点，一个是在限制性股份授予时就花钱购买；另一个是在限制性条件完成时再花钱购买。
- 如果约定的限制性条件未能完成，则激励对象无法行权或由公司回购并注销已经授予的限制性股份。
- 《办法》规定：授予激励对象的股价不得低于前一日股票均价的50%（或前20日、前60日、前120日交易均价之一），相对而言，该定价要比期权定价低50%，可以有效地从价格上激励员工。
- 限制性股份一般都有禁售期，《办法》规定：授予日与解除限售日之间的间隔不低于12个月，并且应当分期解除限售。

限制性股权实践案例

大多数上市公司的收益和盈利水平较为稳定，此时“超额部分”的激励机制就失效了，期权的激励性会极大降低，出现的期权激励导致经理人“白干”的情况着实让公司尴尬，因此上市公司也更多地采用限制性股份对激励对象进行激励。

某上市公司计划执行限制性股份对公司核心员工进行激励，以非公开定向增发方式实现。在公布方案前，股票前一日交易均价为10元/股，定向增发价格为5元/股，员工在购买公司限制性股票后，马上就获得原来购买价一倍的收益。账面价值的增长让员工工作积极性高涨。

虽然限制性股份的行权条件为连续3年的净资产增长率不低于20%，但对于该公司的商业模式及战略规划，这个指标的要求并不算太高。这种可实现性让被激励对象的工作积极性高涨，并最终顺利完成了公司的限制性条件，激励对象也如愿拿到了限制性股份，并在股票市场上获得对等的收益。

【基本模式 6】业绩股权

业绩股份和期股的“先考核后授予计划”的含义类似。业绩股权表现为事先承诺，完成业绩指标后，公司兑现承诺。业绩股份中的业绩指标可以是公司的财务指标，也可以是基于个人岗位的 KPI 指标，只有完成对应的相关指标后，激励对象才有权以折扣价格购买公司的股权。

业绩股权和期股的“先考核后授予计划”的区别见表 5-8。

表 5-8 业绩股权和期股的“先考核后授予计划”的区别

	业绩股权	期股
定义	先考核后授予	先考核后授予
股权价格	0 元或折扣价格	正常价格
授予前条件	有业绩条件	有绩效考核
授予后享有权利	完成业绩条件后有权购买	符合绩效考核条件可以购买
授予后条件	有禁售期	授予后进行绩效考核

业绩股权特征及要点

业绩股权特征及要点见表 5-9。

表 5-9 业绩股权特征及要点

1	是否是实股	完成业绩条件购买后为实股
2	是否需要工商登记	需要
3	是否有法律约定	—
4	是否有业绩要求	有
5	是否需要花钱购买	需要，一般有优惠
6	是否和公司绩效考核挂钩	与业绩条件挂钩
7	激励效果	★★★★
8	约束性	★★★★
9	退出机制	协议约定
10	适用企业	所有企业

- 与包干的激励原理一致，公司事先给予承诺，根据完成的情况给予奖励。奖励主要为股票或现金。
- 业绩股份的激励效果一般，因为是必须完成条件之后才能获得对等的收益，如果完不成业绩指标，那么就会一无所获。在非上市公司中，应用性更差，部分企业家会将“做好了就有股份奖励”挂在嘴边，这种承诺就是业绩股份，但由于没有正式的仪式和协议约定，多数没有真正地实施。
- 对于处于优势地位、现金流较好、营收较高的企业来说，业绩股份虽然激励力度不大，但激励效果很好；反之，现金流差、未来预期不好的企业应用业绩股份的激励效果不会太好，有可能会沦为“画大饼”的工具之一。
- 业绩股票的期限一般为 3 ~ 5 年，为中长期激励。
- 按照《办法》的规定，采用业绩股份激励形式的，也应当设立禁售期。
- 由于是事先对激励对象进行严格的考核，因此在事后股权兑现时，一般会以优惠的价格让激励对象优先购买。
- 关于绩效考核。业绩股权为事先考核，而不是事后考核。激励对象在持有公司股权后，其股东权利可以不受考核的约束。
- 典型的变形模式为“业绩奖励基金”，即完成业绩指标后公司奖励的现金。

业绩股权实践方案

某公司计划对核心高管做股权激励，但创始人对于股权的所有权及控制权较为看重，因此计划采用不涉及所有权和控制权的激励模式。

创始人有两个选择：一个是干股激励，干股激励只和岗位级别挂钩；另一个是业绩股份中的“业绩奖励基金”激励模式，和激励对象的绩效挂钩。两者各有优势，第一种更适用于劳动密集型企业，第二种更适用于脑力或人力资源密集型企业。创始人经过慎重考虑，认为该企业更适合业绩股份激励模式。

经过董事会决定，制定出业绩股份激励方案的三个指标。第一个是公司的营业收入，第二个是公司的税前利润指标，第三个是公司的净资产指标。如果在未来 3 年内，公司的三个指标每年增长率达到 15% 以上，则公司每年从税后利润中提取 15% 作为奖励基金。如果三项指标每年增长率在 10% ~ 15%，则公司每年从税后利润中提取 10% 作为奖励基金。若三项指标每年增长率低于 10%，则没有任何奖励。

激励奖金兑现时延期两年执行，因此三年的业绩考核及两年的延期支付，共计可以绑定经理人 5 年的时间。

【基本模式 7】虚拟股权

虚拟股权是有限权利让渡的一种激励方式，虚拟股权也被称为虚拟股权计划、模拟持股计划，是实股的相对面。虚拟股权可以享有分红权、增值权以及体现模拟实际持股的特征。从控制权上看，虚拟股权和干股激励在本质上是一样的，但从持股形式上看，虚拟股权和干股又有所不同。虚拟股权、干股与实股的具体区别见表 5-10。

表 5-10　虚拟股权、干股与实股的具体区别

	虚拟股权	干股	实股
是否工商注册	否	否	是
是否花钱	不需要 / 需要	不需要 / 需要	需要
是否有控制权	无	无	有
是否有增值权	有 / 无	无	有
是否可转让	否	否	是
分配基础	基于个人绩效 / 素质	基于岗位分配	基于目的

虚拟股权特征及要点

虚拟股权特征及要点见表 5-11。

表 5-11　虚拟股权特征及要点

1	是否是实股	否
2	是否需要工商登记	否
3	是否有法律约定	—
4	是否有业绩要求	有 / 无
5	是否需要花钱购买	是 / 否
6	是否和公司绩效考核挂钩	是
7	激励效果	★★★
8	约束性	★★
9	退出机制	离职后失效
10	适用企业	所有企业

- 虚拟股权具体细分为两种形式，一种偏实股方向，另一种偏干股方向。偏实股方向的虚拟股权除了没有控制权、提案权、违法决议撤销权、请求结算权之外，拥有和实股一样的权利，因此也需要花钱购买，拥有分红权、增值权和有限转让权，公司可以回购虚拟股权。
- 偏干股方向的虚拟股权，激励对象不需要花钱购买，没有转让权和增值权，公司也无须回购，离职或违反限制性约定，虚拟股权便失效。
- 上市公司中，虚拟股权的分红来自可分配利润，由公司按照一定的规则提取奖励基金。《办法》中对虚拟股权并无规定。
- 虚拟股权来源于“虚拟”，并不真正占用实股的份额。
- 虚拟股权的提取主要基于提取的规则，与公司的市值关系不大，因此其波动性较小。
- 由于其主要收益来自分红和公司股权回购，其激励性要低于实股。若公司不予回购或回购价格较低，则不会体现出激励作用。
- 绩效管理。干股主要针对岗位，虚拟股权针对个人的绩效情况。干股更适用于劳动密集型企业，虚拟股权更适用于人力资源集中型企业。
- 虚拟股权的激励对象较为广泛，可适用于全体员工。

虚拟股权实践案例

某上市公司正处于快速发展期，为了提升公司的竞争力，公司计划对公司的高管做出激励计划。公司的人才可以分为两层：一是公司高层，包含总经理、部门总监等；二是中层管理者和技术骨干。

公司经过分析，认为当前的市场竞争较为激烈，处于白热化阶段，因此需要拿出足够的诚意以及较大的激励效果的方案才行，否则公司在竞争中处于下风。因此，董事会决定采用限制性股份的激励方式，以最强劲的激励方式为公司注入活力。

在具体制定方案时遇到了一个问题。经过筛选，公司的激励对象较多，如果所有人都实行限制性股票，每个人分摊的股权收益将会变少，达不到预期的激励效果。但如果只对高层执行限制性股权，对中层和技术骨干不执行股权激励，势必会因为不公平而导致中层和技术骨干的不满意。

经过反复思考，公司决定高层采用限制性股票，中层和技术骨干采用虚拟股权激励方案。两种方案各有优势，限制性股份重在后期收益，利于长期激励。虚拟股权重在当下收益，利于短期激励。这种分层的激励方案很好地解决了公司内部的整体激励和平衡的问题，为公司发展注入了一份强劲的动力。

【基本模式 8】延期支付

延期支付是一种约束力大于激励性的支付方式。即如果支付给激励对象的现金较多，此时公司可以提出延期支付的约束方案，如 100 万元的股权奖励，可以分三年时间进行支付，首年支付 30%，第二年支付 40%，最后一年支付 30%，如果中途离职，则剩余奖励不再发放。这种方式可以有效地减轻公司支付压力和实现对激励对象的长期绑定。

延期支付特征及要点

延期支付特征及要点见表 5-12。

表 5-12　延期支付特征及要点

1	是否是实股	否
2	是否需要工商登记	否
3	是否有法律约定	否
4	是否有业绩要求	有 / 无
5	是否需要花钱购买	否
6	是否和公司绩效考核挂钩	是 / 否
7	激励效果	★★
8	约束性	★★★★
9	退出机制	离职后失效
10	适用企业	所有企业

- 延期支付一般与其他激励模式配合使用，很少单独使用。
- 单独来看，激励力度弱，约束性较强，但其激励效果要看整体的激励方案。从而对较强激励方案实现一定的约束。
- 可以长期绑定人才。由于延期支付中获得的股票和现金都是“已经获得但未到手”的，因此激励对象在未拿到奖励时不会轻易离职。
- 延期支付，比较适合成熟期或成长后期的企业，适合支付金额较大的情况。
- 在生命周期较为明显的行业中，延期支付有较好的约束作用。

延期支付实践案例

某银行高管的收入由基本工资和绩效工资两部分组成，其中该银行的绩效工资和所在银行当年的业绩挂钩，类似于风险收入。如果当年的业绩指标完成，则高管的绩效奖金可达数百万元。

由于奖金的额度较大，因此对应的所带来的赋税也较高，银行一直向高管用延期支付的方式来降低赋税，这也是公司的惯例。

随着互联网金融的冲击，银行的盈利水平有所下降，为了进一步约束激励对象和提升各个银行的服务意识，在原有的延期支付计划的基础上，该银行推出了“5113”延期支付计划。

在每年核定绩效工资之后，首年向高管发放绩效工资的 50%，第二年和第三年分别支付 10%，剩余的 30% 在第四年支付。该计划有效地提升了高管的“焦虑感”和“压力”，从而有利于服务水平的持续提升。

【小结】股权激励方案设计七步法

这么多激励模式，应该如何进行选择？什么才是最适合自身企业的激励模式？自身企业对激励的需求到底如何？如何制定完整的激励方案？从管理心理学角度，总结股权激励方案设计的七步法。

第一步，总结自身企业的特征和环境，确定员工需要激励的程度。

如何确定对激励的需求程度呢？可以通过以下几个要素进行评估，其中除了行业特征和商业模式外，其他每个要素得分为 0 ~ 10 分，最终得分越高代表所需要的激励程度越高；得分越低代表所需要的激励程度越低。企业激励需求调研表见表 5–13。

表 5-13　企业激励需求调研表

序号	影响激励的要素	程度	对激励的需求程度	企业得分
1	行业特征	—	—	—
2	商业模式	—	—	—
3	企业竞争水平	竞争激烈 ↓ 竞争平和	高 ↓ 低	高分 ↓ 低分
4	人力资源特征	人力资源密集 ↓ 劳动力密集	高 ↓ 低	高分 ↓ 低分
5	激励对象特征	离职率高 ↓ 离职率低	高 ↓ 低	高分 ↓ 低分

续表

序号	影响激励的要素	程度	对激励的需求程度	企业得分
6	公司市值增长率（或净资产增长率）	增长慢 ↓ 增长快	高 ↓ 低	高分 ↓ 低分
7	盈利水平（或每股收益）	收益高 ↓ 收益低	低 ↓ 高	低分 ↓ 高分
8	企业发展阶段	初创期 ↓ 成熟期	低 ↓ 高	低分 ↓ 高分
9	企业福利及日常激励措施	完善 ↓ 不完善	低 ↓ 高	低分 ↓ 高分

注：其中行业特征、商业模式对股权激励的最终得分有影响，需结合企业具体情况、具体分析。如全球500强企业中，绝大多数实行了股权激励，若自身企业处于行业龙头企业地位，也建议实施股权激励计划。

另外，该表格是对激励需求程度的一种量化方式，具体在实操时，需要根据具体案例进行调整。

第二步，确定企业得分与需要激励程度之间的关系。

企业需求调研表结果与激励程度之间的关系见表 5-14。

表 5-14　企业需求调研表结果与激励程度之间的关系

得分	低于 40%	40% ~ 60%	高于 60%
激励需求程度	低	中	高

经过第一步分析，可以大致确定出企业需要激励的程度，若最终的得分低于总分的 40%，则认为企业的激励需求程度不高，可以通过日常的福利及激励保健措施，即可进一步提升企业员工工作的积极性；若最终的得分处于 40% ~ 60%，则说明企业激励需求程度一般，可以执行股权激励及一些强化的激励措施；若最终的得分高于 60% 分位，则说明企业的激励需求程度较高，建议企业执行股权激励措施。

但企业的激励需求得分表并不是企业实行股权激励的决定因素，而是影响企业股权激励方案的重要因素。

企业家的目的和目标或股东大会的意志是企业实行股权激励的决定因素。

如果企业被激励的需求并不高，但企业家心胸开阔，愿意为企业的核心人员进行股权激励，并作为一种福利措施，这当然是可行的。

第三步，确定激励的目标。

无论是何种目标，其目标最终都可以进行概括，见表 5–15。

表 5-15　激励的目标

序号	目标来源	作用	具体情境
1	企业家意志或股东大会意志	用于“保健”作用	福利分享、投资人要求
2		用于“激励”作用	上市前动员等
3		用于扩张	分子公司扩张模式
4		用于创新	裂变式创业模式
5		用于为百年企业奠定基础	阿里巴巴合伙人机制
6		其他目标	略

其中，若企业的意志是“保健”作用，则可以执行激励性最小的股权激励方案；若企业的意志是其他目的，则需要根据企业情况和环境做出具体的激励方案。

第四步，比较激励模式的激励性和约束性。

不同激励模式的激励性和约束性见表 5–16。

表 5-16　不同激励模式的激励性和约束性

激励模式	激励性	约束性	现金流压力
股票期权	★★★★	★★★	★★★
期股	★★★★★	★★★★★	★
业绩股权	★★★★	★★★★	★★★

续表

激励模式	激励性	约束性	现金流压力
干股	★	★	★★
限制性股权	★★★★★	★★★★★	★
虚拟股权	★★★	★★	★★
股票增值权	★★★	★★★	★★★
延期支付	★★	★★★★	★★

不同的激励模式，其激励和约束效果是不同的，此时可以根据第二步和第三步的综合结果来选择激励模式。

激励模式与激励需求的匹配见表 5-17。

表 5-17　激励模式与激励需求的匹配

情形	结果
激励模式 > 激励需求	推荐选择
激励模式 < 激励需求	不推荐选择

如果激励模式的激励性和约束性能够满足企业的激励需求，则推荐使用该种激励模式；如果激励模式的激励性和约束性不能满足企业的激励需求，则不推荐使用该种激励模式。在确定可选择的激励模式之后，需要对可选择的激励模式进行对比，此时进入下一步。

第五步，比较可选择的激励模式。

填写这个表 5-18 的工作基本是咨询师的专业工作，其中不同的激励模式对公司其他管理模块有影响，不仅要考虑激励性，还要综合考虑对整个企业的影响。如有的激励模式不会产生股份支付的问题，有的激励模式会产生股份支付的问题。产生股份支付的激励模式会导致公司的利润减少，若该项支出占公司利润的较大部分，则会直接影响公司的市值。如有的模式会对公司的控制权产生影响，有的模式不会影响到控制权的安排，这些都需要认真考虑。

表 5-18　比较激励模式的不同

	激励模式 1	激励模式 2	组合激励模式 3
激励程度			
激励失败风险			
约束程度			
控制权安排			
法律法规影响			
税收带来的影响			
股份支付带来的影响			

在确定最终的激励模式之后，就可以着手制定具体的股权激励方案，此时进入第六步。

第六步，制定股权激励方案的各个要素。

制定股权激励方案的各个要素见表 5−19。

表 5-19　制定股权激励方案的各个要素

序号	要素	说明
1	定激励目的	说明股权激励的目的和目标是什么
2	定激励模式	采用何种激励模式
3	定激励对象 / 持股方式	什么样的人有资格成为激励对象 激励对象用何种方式持有公司股权
4	定激励总量和个量	总体的激励额度是多少 每个人的激励量是多少
5	定价格 / 估值	股权现行价格是多少
6	定出资方式	激励对象是否要出资购买公司股权 如何购买
7	定股份来源	激励的股份来源在哪里
8	定业绩和绩效考核	股权激励是否要和绩效考核挂钩
9	定时间 / 批次	股权激励中的时间要素如何确定 如何通过连续的股权激励方案激励核心员工
10	定退出方式 / 规定	激励对象如何退出 整个激励方案还有什么规定和限制性约定

第七步，事后管理。

股权激励成功的第一个表现是各个权力机构及外部机构对股权激励方案进行审批、建议、审核等工作，股权激励方案顺利通过。成功的第二个表现是公司和激励对象签订相关股权激励协议，召开股权激励大会。

在激励方案成功实施后，就进入股权运营的事后管理中，如发放分红、变更工商登记、会计处理、退股处理等事项。

第六章　常用的股权激励单一模式

8 种基本股权激励模式，可以看作是 8 种股权激励设计的思路。股权激励与企业的实际情况结合时，会产生最符合企业的激励方案。改变股权激励十大要素中的其中几个要素，就会产生区别于原有激励模式的新模式，也就是基本模式的“变形模式”。本章以 8 种股权激励模式为基础，列举了十种可用的股权激励“变形模式”。

【模式 1】期权：再定价期权计划

某上市公司，为持续保持核心员工的工作积极性和公司的竞争力，按照公司“低薪酬高期权”的惯例，对核心员工做出期权激励，其中某批次的方案摘要见表 6-1。

表 6-1　期权激励的方案摘要

序号	要素	方案摘要
1	激励对象	以岗位价值和个人绩效为基础，共确定 32 名激励对象
2	行权价格	授予价格为公司前 30 日平均交易价格的 40%，具体价格为 12 元每股
3	等待日	自期权授予之后的 3 年内为等待期，等待期间不得行权
4	可行权日	在等待期 3 年过后，每年行权股票数量不得超过所持有股票的 40%
5	业绩考核	以岗位工作内容为考核基础，最终数量的获取和个人绩效挂钩
6	股份来源	公司库存股

随着股市一蹶不振，大量股票价格下跌严重。该批次的股权激励在3年后的每股价格为13元每股，如果此时该批次的激励对象进行行权，那么每股只能获得1元的收益，这将会极大地打击该批次员工的工作积极性。

董事会经过讨论，认为鉴于股票市场的低迷，严重影响了期权激励的实施，其中行权价高于股票价格的激励将会失效，这个激励失效的原因在于整个经济环境，而不是在于企业的激励对象本身。董事会设立股权激励的目的是让员工获得合理的报酬，基于该目的，计划对整个股权激励方案做出调整。

经过讨论，取消全部的期权激励计划，然后由限制性股票进行替代。这个计划的切换带来了两个主要的影响。

第一，员工购买股票的时间提前了，公司的股份支付压力降低，减少了相当比例的管理费用，因而可以有效地“提升”当年的净利润水平。

第二，公司改变了期权激励失效的情况，新的股权激励计划重新激发了核心员工的工作积极性。

由于该批次的计划距离行权期很近，因此，董事会针对该批次的计划做出调整，即整体期权计划不变，但对其行权价格做出重新调整，即将员工的行权价调整为6元每股，此时如果员工行权，则可以获得每股7元（13−6=7元）的收益，经过测算，也能够达到预期的激励效果。

由于董事会针对期权激励失效的情况及时做出了调整，并进行长达5年的限制性股权激励的绑定，有效地安抚了公司员工，让公司度过了低潮期，并在经济回暖的时候继续引领行业前行。

【模式2】增值权：账面增值权模式

账面增值权模式是增值权的变形模式，其原理与增值权相同，但公司市值核算的基础由股票市场价格变为净资产价格。其激励原理简单易懂，一方面能够对激励对象做出长期激励，另一方面也能够最终保持控制权和股权比例不变。

某非上市家族企业，因为赶上了中国的人口红利期，在运营期间获得良好的收益。但随着互联网的崛起，公司的业务受到严重冲击。在这种情况下，公司引入了一批高级管理人员和核心骨干。随着竞争环境越发激烈，此时就有必要对这些人员做出激励，否则企业可能会转型失败。

此时期权、增值权、业绩股份、限制性股份都是可以选择的方式。企业家对于释放股权比较介意，因此业绩股份和限制性股份就被否决了。其中期权激励的原理过于复杂，并且需要激励对象花钱购买，不太容易向这些员工解释清楚，便选择了简单易懂的账面增值权方案。

经过审计核定，公司的净资产为 3 亿元。基于此，为管理层和核心员工制定了增值权激励方案。

增值权激励方案摘要见表 6–2。

表 6-2　增值权激励方案摘要

序号	要素	方案摘要
1	激励对象	管理层和核心骨干员工
2	行权价格	上年度每股净资产价格
3	等待日	自期权授予之后的 3 年内为等待期，等待期内不得行权
4	可行权日	在等待期 3 年过后，每年行权股票数量不得超过所持有股票的 40%
5	行权结束日	整个计划有效期为 7 年，到期后不行权的股权作废
6	行权方式	员工提出行权时，由公司大股东按照当时的每股净资产价格减去授予时每股净资产价格进行回购
7	业绩考核	考核周期为 3 年，最终按平均增长率核算
8	股份来源	大股东转让

业绩完成程度与股权奖励情况，见表 6–3。

表 6-3　业绩完成程度与股权奖励情况

业绩完成程度	股权奖励情况
净资产增长率低于 20%	无奖励
净资产增长率在 20% ~ 30%	奖励公司 5% 的股权
净资产增长率在 30% ~ 40%	奖励公司 10% 的股权
净资产增长率在 40% 以上	奖励公司 15% 的股权

其中，股权的流转情况是怎样的呢？

将增值权方案授予激励对象时，公司原有股东依然是100%持股，授予的是一种权利。当激励对象完成业绩指标后，公司授予激励对象可行权，此时相当于大股东“虚拟转让”股权给予激励对象，此时原有股东的持股比例低于100%。当激励对象行权时，再由大股东回购“虚拟转让”的股权，此时原有的股东持股比例恢复到100%。

通过该方案，公司取得了较好的激励效果。

【模式3】干股：阿米巴独立核算

最近几年，阿米巴理论在我国较为流行。其背后的逻辑与包干的激励原理一样，但阿米巴更加强调独立核算，以“经营会计”为核心，其运作和实施需要哲学理论的导入和科学流程的执行，要求实施该种激励方案的公司要有极高的管理水平和精细化运作的能力，否则其负面影响会较大。

阿米巴是一种单细胞生物，只有一个细胞，没有固定的外形，形状可以任意改变。其有着适应外界环境的超强机能。因此，将一个个独立的单位形成的集群的运行模式称为阿米巴经营。每个独立的单位以自救、高效、自主、灵活的精神存在，从而让集群发挥出1+1>2的战斗效果。

某制造企业实行两班倒，人休息机器不休息，24小时工作。其中50%的员工上白班，50%的员工上夜班。为了提高生产效率，在计件工资及日常福利奖励的基础上，公司计划实行干股激励，并以阿米巴独立核算为核心。

整个计划分为三个步骤。

第一步，通过经营理念的培训，转变员工的思想。

第二步，分析内部经营的过程，将部门单位独立化并进行调整。

第三步，引入经营会计，实现循环改善。

经过分析，生产部门的经营会计（单式记账法）总结见表6-4~表6-7。

表 6-4　收入表

行次	主项	次项	具体数据
(1) = (2) + (3)	总收入		
(2)		对外出货	
(3)		内部销售	

表 6-5　支出总表

行次	主项	次项	具体数据
(1) = (2) + (3) + (4)	总支出		
(2)		内部采购	
(3)		外部消费	
(4)		外部赠送	

表 6-6　外部消费明细表

行次	项目	数据
(1)	原料费	
(2)	采购费	
(3)	废料处理费	
(4)	模具费	
(5)	工具费	
(6)	维修费	
(7)	水电费	
(8)	燃气费	
(9)	包装费	
(10)	办公用品费	

表 6-7　利润表

行次	主项	具体数据
(1)	总支出	
(2)	总收入	
(3) = (2) − (1)	利润	
(4)	工作时间（小时）	
(5) = (3) ÷ (4)	单位时间价值	

在公司能够完全实现独立核算的基础上，方可进行下一步，整体的干股激励方案摘要见表 6-8。

表 6-8　干股激励方案摘要

序号	要素	方案摘要
1	激励对象	独立单位内的所有员工
2	个量比例	其中 70% 基于岗位价值进行分配。 另外 30% 基于个人贡献由班长进行人为分配
3	利润来源	总部收取独立单位 30% 的利润，剩余的利润全部归独立单位自行分配
4	分配时间	按月进行分配
5	退出机制	离职后失效
6	单位亏损	如果独立单位亏损，则可以向其他独立单位进行借款

在本激励方案实施之后，白班和夜班的两个同样的独立单位开始了竞争，双方的竞争十分激烈，有效地提高了生产效率和整个公司员工的工作积极性。

这种激励方案还有一个亮点，财务是百分之百清晰的，所有激励对象的知情权得到百分之百的保障。所见即为所得，让激励过程中的行政或流程的约束力降到最低。

干股更适合劳动密集型企业，因此阿米巴式的干股激励也同样适用于该类企业。但如果是互联网集群企业，阿米巴的实施可能会增大独立核算单位之间的壁垒。对于独立单位的利益而言，阿米巴有着“激励”的一面，但对整个集团公司利益而言，内部独立单位之间的交易必须谈钱，因此也有着“消极”的一面，这种方式为官僚主义培养了温床，不利于集团整体战斗力的提升。

【模式 4】干股：养老金保证计划

某餐饮公司的用人制度为终身雇佣制。公司认为恒业者才能够恒心，因此劳动者自从大学毕业后就进入公司工作，无论该员工是否胜任岗位工作，只要不严重违反公司制度和不主动提交辞呈，就不会被公司解雇。这种终身雇佣制和该国的历史社会环境有巨大的关系。

相对应的，该国有着国家养老保险制度和企业养老金保证计划。企业养老金保证计划的含义是由于员工几乎将大半生的时间和青春都放在企业中，因此在退休时，企业有责任和义务对退休的员工的余生负责。

养老金保证计划发放的额度和工作时间系数、岗位价值、退休原因系数相关。具体来讲，每月的退休工资 = 基本工资 × 工作时间系数 × 退休系数。所有的养老金都提取自企业每年的可分配利润。

该企业提出该计划的初衷较为简单，由于餐饮是劳动密集型行业，部分员工在 40 多岁时加入公司，没有太多的本事，只有认真工作的心态，如今他们已经 50 多岁了，也快到退休的年龄了。如果公司提前辞退他们，那么他们可能不会再有其他收入，只能回老家继续过苦日子。有的员工为了抚养子女，也没有攒下太多钱。这时公司出于感恩的态度，愿意照顾他们直到他们生命的最后。

该企业的股权激励计划分为两个部分。

第一部分：任职期间，享受公司的干股激励计划。

第二部分：服务期满或正常退休后，符合条件的，可以享受养老金保证计划。

养老金保证计划方案摘要见表 6-9。

表 6-9　养老金保证计划方案摘要

情形	工作年限	养老金保证计划
正常离职	入职公司满 5 ~ 10 年离职的	干股比例缩减为原来的 10%，干股分红发放至任职时间的一半
正常离职	入职公司满 10 ~ 15 年离职的	干股比例缩减为原来的 20%，干股分红发放至任职时间的一半
	入职公司满 15 ~ 20 年离职的	干股比例缩减为原来的 30%，干股分红发放至任职时间的一半
	入职公司满 20 年以上离职的	干股比例缩减为原来的 40%，干股分红发放至任职时间的一半

续表

情形	工作年限	养老金保证计划
自然退休	入职公司满 15 ~ 20 年退休的	干股比例缩减为原来的 40%，干股分红发放至自然人死亡
	入职公司满 20 ~ 30 年退休的	干股比例缩减为原来的 50%，干股分红发放至自然人死亡
	入职公司满 30 ~ 40 年退休的	干股比例缩减为原来的 55%，干股分红发放至自然人死亡
	入职公司满 40 年以上退休的	干股比例缩减为原来的 60%，干股分红发放至自然人死亡
其他条件	只有正常离职、自然退休的员工才可享受该计划，其中非正常离职、非正常退休的，不享受该计划。 在职期间，需具有资格享受干股激励计划，没有资格享受干股计划的也无法享受养老金保证计划	

【模式 5】期股：北京模式

北京模式是期股的经典应用之一，也被称为“3+2”模式。该种模式是北京的国有企业在 2006 年之前创造的一种股权激励模式，因此也被称为北京模式。

该种模式的激励方案摘要见表 6–10。

表 6-10　期股—北京模式的激励方案摘要

序号	要素	方案摘要
1	激励对象	高管可以购买国有企业 5% ~ 20% 的股份。其中董事长和经理人的持股比例不低于 10%
2	首付款	依据公司的股权价格，激励对象必须付出整个股权激励总价 25% 的款项
3	首付后权利	在支付首付款之后，便可获得所持有股权的全部分红权。其中已经付款购买的股权为实股，待支付的股权为期股
4	再支付	激励对象每年需要支付整个激励股权 25% 的款项。可以通过分红来支付这笔款项，若分红不足以支付这笔款项，激励对象需补足

续表

序号	要素	方案摘要
5	兑现	在 3 年内，需将股权激励的款项全额支付完毕，此时期股变成实股，激励对象享有股东权利和义务
6	“3”	“3”是指高管购买股权的时间和任期为 3 年
7	“2”	“2”是指对已经持有公司实股的激励对象锁定 2 年时间，在 2 年时间内不得转让所持有的股权
8	其他	任期和购买股权的时间可以不一致

在激励对象真正持有公司股权时，后期会有三种演变情况，见表 6-11。

表 6-11　三种演变情况

情况	任职情况	股权处理方法
1	离职或继续留任	继续保留，每年享受分红
2		可要求公司回购一部分，预留一部分享受分红
3		要求公司全额回购

如果公司上市了，那么所持有的股票可以直接在股票市场上转让。如果公司没有上市，对于部分非上市公司而言，公司没有“义务”回购激励对象所持有的股权。因此从员工方面看，只能享受公司的分红权，可能无法享受公司的增值权，因此会承担一定的风险。

【模式 6】期股：员工储蓄股票参与计划

期股—员工储蓄股票参与计划模式适合上市公司全员持股，即公司的全体员工都有权利或义务持有公司的股票。这种计划和管理层持股或员工持股计划相对，在管理层持股或员工持股计划中，多以激励公司管理层或前 30% 的员工为主，不会对除此之外的员工进行激励，而员工储蓄股票参与计划是全体员工参与。

这种计划的逻辑并不复杂，员工按照当前公司的股票价格买入，并相信公司的市值是增长的，在未来股票上涨到一定程度时卖出，通过一买一卖获得收益。这种模式有着自身的优点。

- 有利于提升全员的凝聚力，每个人都会关注公司的股价。
- 公司激励对象相对持有公司股票较多，有着稳定股价的作用。
- 一般没有控制权，激励对象的股份不能继承，离职须转让。
- 激励对象多以间接持股的方式进行持股。
- 公司开设股票管理部门和专门账户，通过员工储蓄股票参与股权计划，每月扣除员工一定比例的薪酬作为购买公司股票的专项基金。有等待期，在期满后，员工可以申请行权，股票管理部门会支付其股票收益。
- 如果激励对象离职，股票管理部门会以市场价回购该激励对象的份额，并发放对应的收益。

某公司在中国香港上市时，对公司核心的高管人员做出了期权激励，并同时实施了储蓄股票参与计划，其方案摘要见表6-12。

表6-12　储蓄股票参与计划方案摘要

序号	要素	方案摘要
1	激励对象	全体在职员工
2	授予价格	计划公告日前一日股票均价的80%
3	资金来源	员工可以自愿选择月薪的10%～30%的比例存入公司的储蓄股票参与计划账户中
4	等待日	自购买公司股票之后，需等待2年后方可行权。 未到行权期离职的，可按照股票市场价格进行行权，但授予价格变更为计划公告前一日股票均价的100%
5	可行权日	在等待期2年过后，可以进行一次性行权或分多次行权
6	股份来源	二级市场分批次购买

【模式7】期股：管理层基金间接持股

某拟上市公司计划对公司管理层和核心骨干做出激励。原本计划采用限制性股份或期权等激励方式，但这些方式会导致股份支出，增加公司的管理费用。此时就产生了第一个问题。公司上市前一年的净利润刚过亿，如果此时采用期权或限制性股份的激励方式，则会对公司的净利润产生重大影响，公司有不符合上市条件的风险。

因此，管理层采用了最直截了当的激励方式，即让员工按照现有公司市值价格购买公司的股权。预测在上市后，公司市值会翻一番，此时员工按照现有公司市值购买公司股权，相当于对公司增资，并且不会产生财务支付等问题，反而会为公司带来更多的现金流。

原本公司计划只激励公司 10% 的员工，在明确财务方向后，计划将激励对象扩大到 20%，大约有 300 人。此时产生了第二个问题，股份有限公司的股东不得超过 200 人，人数超过法律规定，怎么办？

此时有两个解决策略，一个是成立 6 ~ 7 个有限合伙企业，每个企业放置约 50 名激励对象。由于公司暂未上市，此时增资流程符合《中华人民共和国公司法》的规定即可。另一个策略是，和某家基金公司合作，由基金公司发行一只新的基金产品，由该基金产品持有公司股权。

董事会经过与多家基金公司协商，某家基金公司愿意为公司股权激励计划助力。最终形成的激励方案摘要见表 6-13。

表 6-13　激励方案摘要

序号	要素	方案摘要
1	激励对象	公司 20% 的员工
2	价　　格	按照最近一次风投进入的公司估值核算
3	持股方式	由基金公司直接持有公司股票
4	购买时间	方案公布后可购买
5	购买后权利	按照基金运作的规则进行
6	股份来源	公司增资
7	行权收益	行权收益 = 股权数量 ×（行权时每股股票 − 购买时每股价格）

【模式 8】业绩股权：关键绩效指标业绩激励模式

某非上市公司制订了业绩股权的激励计划，只要经理人在最终考核环节获得 75 分以上就可以无偿获取大股东转让的 1% 的股份。其中的总经理年度绩效考核表见表 6-14。

表 6-14　总经理年度绩效考核表

姓名			岗位	总经理	
序号	考核项目	权重	指标要求	评分等级	得分
1	进账业绩	30%	完成率 = 实际完成 / 计划完成	完成当月目标（含资金和资产端）	40
				完成当月目标的 90% 以上	30
				目标低于 90%	0
2	运营成本控制	10%	按照公司战略目标严格控制公司运营成本	控制在 4% 以内	10
				每提高 0.2%	−2
				超出 5%	0
3	系统建设	20%	公司网站改版、信贷、白条技术开发，以及所有业务系统、APP、网站建设、迭代等	能按时、按量开发完工，并能满足内外部需求	10
				比原有计划延后 10 天或满足需求 80% 以上	8
				其他	0
4	非业绩工作目标按计划完成率	30%	（实际完成工作量 / 计划完成量）×100%	一级	30
				二级	20
				三级	10
				四级	5
				五级	0
5	公司制度、运营流程的建立及实施	10%	完善公司流程、制度	建立制度及流程且实施率达到 90% 以上	10
				建立制度及流程且实施率达到 80% 以上	8
				建立制度及流程且实施率达到 70% 以上	6
				低于 70%	0
考核最终结果得分：					
考核人签字： 年　月　日					

其中，每个月的进账业绩目标需要和董事长进行确认，经过沟通分析之后，确定当月的目标。另外，非业绩工作目标是动态的，董事长根据任务的特殊性，决定是否放在该计划中，如果为特殊任务且有必要放在该考

核计划中，则按照第 4 条的评价方式进行评估。

为了进一步减少总经理和董事长之间可能或潜在的沟通误解，另列出了六个管理期望值的问题，具体问题如下。

（1）绩效结果可能不理想或失败，你是否认同？

（2）绩效指标第 3 ~ 5 为非绝对数据化考核指标，在具体问题、具体沟通后，达成双方共识的绩效评价结果，是否能够遵守？

（3）我们之间的合作，是基于价值而非基于个人情感。

（4）我们合作之间的基础和核心问题都在合同中体现，你认同吗？

（5）我们之间不是上下级的关系，而是合作伙伴。

（6）事先的绩效沟通比事后的绩效沟通强 100 倍，能否达成一致？

【模式 9】虚拟股权：模拟持股计划

某非上市公司计划对公司的核心员工做出激励，但鉴于创始人对控制权做出了特殊安排，不方便进行实股激励，便计划从干股和虚拟股权两种激励方式中选择一种。

干股的激励效果和年终奖类似，容易让激励对象产生疲劳，仅在前期可以实现“激励”作用，但后期只有“保健”作用，因此不作为选择模式。虚拟股权具有模拟实股的特点，可以持续产生“激励”效果，该企业便制订了虚拟股权的激励方案，该方案的要点如下。

- 激励对象：高管和核心骨干。
- 价格：按照当时公司净资产每股价格的 90% 购买。
- 购买时间：虚拟股权激励计划公布后即可购买。
- 购买后权利：购买虚拟股权后享有分红权和增值权。
- 股份来源：公司原有股东让渡 10% 的可分配利润和权利给予激励对象。
- 等待期：自购买公司虚拟股权后，有 3 年等待期。等待期间禁止行权，若在等待期内离职的，将返还全部购买金，不予发放增值权收益。
- 行权限制：等待期过后，每次行权不超过所持股权的 30%。

- 转让：公司员工可以在内部激励对象之间进行转让。

这样，激励对象享受对应的分红收益，同样也能够享受对应的增值收益，通过 3 年等待期及 4 年的行权期，共绑定人才 7 年时间，公司达到了既定目的。

【模式 10】限制性股权：金色降落伞计划

《办法》对限制性股票的定义是指激励对象按照股权激励计划规定的条件，获得的转让部分权利受到限制的本公司股票。其中“限制”可以是多方面的。

从管理角度来讲，让一个人晋升上位是容易的，但降级离位却很难。其中的原因也简单，没有人愿意自己的利益被剥夺，因此这个离位如果处理不好，免不了产生对应的纠纷和管理风波。

在公司中，若某个创业元老跟不上公司的发展，创始人就会面临用人的难题。如果让这个创业元老继续留任公司，则会阻碍公司的发展；若让这个元老退位或离职，则会引来很大争议。公司元老没有功劳也有苦劳，其无缘无故的离职会给公司带来一定的负面影响，因为后来者也会思考将来自己是否会有同样的遭遇。

此时，限制性股权就闪亮登场了。

金色降落伞计划，金色代表金钱，降落伞寓意安全平安地让元老退位，是限制性股权中典型的用法。具体如何操作呢？

在原有股权激励的基础上，可以对该元老追加限制性股权，限制的条件是“需要在 1 年内离位”。没有人会和自己的利益过不去，只要离开原有的职位，就可以获得一笔价值不菲的股权，离职就变成非常容易的事情了。另外，要使元老所获得的限制性股权有更大价值，那么公司就必须向更好的方向发展。

此时限制性股权会带来两个效果。

第一，离位的元老势必会支持新来的领导，因为只有支持新来的领导，才能够让公司发展得更好，限制性股权才更有价值。

第二，元老离位或离职时，会从心理上自愿保守公司的秘密，因为泄密会影响到原有公司的市值，其他竞争对手想从元老这里获得公司机密的想法就会很难实现。

某公司的降落伞计划的方案要点如下。

• 激励对象：副总经理和部分元老。

• 授予价格：公司现有净资产每股价格的 50%。

• 购买时间：方案公布后即可购买。

• 行权条件：必须在 1 年内离位，行权价格为公司行权时每股净资产价格。

• 等待期：等待期为 3 年。

• 行权限制：等待期过后，每次行权不超过所持股权的 30%。

• 股份来源：大股东转让。

第七章　股权激励两两组合模式

股权激励模式之间可以进行组合，用于满足复杂情况下或特定目标的激励需求。本章列举了 5 种两两组合的激励模式。

两两组合在时间上有两种安排。

第一种是两种激励模式同时使用，不同的是每种激励模式面对不同的激励对象，如对高管做实股激励，对中层做虚拟股激励。

第二种是两种模式先后使用，即先执行一种激励模式，在条件达标之后，再执行另一种激励模式。如先对高管做虚拟股激励，三年后虚拟股取消，实行实股激励。

在两种激励模式“先后”的安排中，又细分为两种情况。

第一种情况是后激励的模式和前一种激励模式无关，两者并行存续或前一种激励模式已经到期，后一种激励模式补充上。

第二种情况是后激励的模式和先激励的模式密切相关，先激励的模式可以转化为后激励的模式，如高管持有的虚拟股在三年后可以按照 2 ∶ 1 的比例转换为实股。两两组合模式使用中，对激励模式的时间安排也非常关键。

【模式 1】身股 + 银股模式

身股和银股来自晋商，在早期民营企业的股权激励中是较为流行和实用的方式。在现代企业发展过程中，身股加银股的组合模式也可以发挥出巨大的能量。

慧聪公司成立于 20 世纪 90 年代，是信息服务行业的创立者。信息服务行业的特点就是高人力资源性，行业门槛极低，利润高。创始人郭凡生在赚到第一桶金后，就引起内部的“不公平”感，部分核心人员打着“老板赚钱太多”的旗号离职出走，并创办和慧聪一模一样的公司，这给创始人郭凡生带来了很大的震动。

经过反思，郭凡生设计了“全员劳动股份制”的激励计划，其方案摘要见表 7–1。

表 7-1　“全员劳动股份制”激励计划方案摘要

序号	要素	方案摘要
1	激励对象	全体在职员工
2	股份性质	身股，无任何股东权利，离职失效
3	可分配利润	可分配利润 = 公司税后利润 ×15% 发展基金 = 公司税后利润 ×85%
4	股东分红 干股分红	股东分红 = 可分配利润 ×30%= 公司税后利润 ×4.5% 干股分红 = 可分配利润 ×70%= 公司税后利润 ×10.5%
5	激励效果	在当时，慧聪公司是第一家做如此激励的企业，因此其竞争性远远大于其他公司

在全员劳动股份制执行之后，公司取得了巨大成功，通过全员的努力，慧聪当之无愧地成为行业的领导者。

全员劳动股份制的“激励”效力后来逐渐消退，因此在 1997 年，郭凡生在全员劳动股份制的基础上，提出了高管配股计划，即高管可以购买公司的股权。具体的高管配股计划见表 7–2。

表 7-2　高管配股计划

序号	要素	方案摘要
1	激励对象	80 多名管理人员
2	股份性质	期股，需要花钱购买
3	购买价格	按照核定净资产 2 000 万元的基数核算
4	购买折扣	按照“买一送二”的方式优惠
5	退出机制	如果激励对象在 3 年内离职，退回本金； 如果激励对象在 3 年后离职，公司按 3 倍价格回购； 如果公司上市，股份可在市场上自由流通

本次计划也夹杂着争议，一些高管认为，公司的可分配利润只有 15%，太少了，公司有着巨额的资金，还需要管理人员购买，因此对该计划表示不认可，遂放弃参与该计划或离职。另一些高管，认为公司不会亏待自己，便参与了该计划。

经过 7 年的努力，慧聪的持股股东增加到 126 人，并在 2003 年在中国香港挂牌上市，所有的股东平均身价超过百万元。最终激励计划让后加入的股东一夜“暴富”。

从慧聪的激励过程中可以看出，激励模式和公司的行业特征密切相关，此时激励模式上升到顶层模式的层面，公司由“管理驱动”“商业模式驱动”变成“激励驱动”。股权激励模式成为慧聪做大、做强的核心原因。

【模式 2】实股 + 限制性股份模式

某企业家发明了实股 + 限制性股份的激励方案。

该方案的要点是通过自有资金和社会资金，先将一个门店开设起来。在单个门店运营 6 ~ 12 个月，已经度过拓客期之后，门店的营收暂时比较稳定。员工也能感受到门店的盈利水平，对门店持看好态度。此时企业家宣布实施第一步贷款实股激励方案，即企业家会释放 30% 的股权卖给核心员工，按照项目启动资金的成本价格进行销售，这时，员工可能依然买不起，企业家就和激励对象写欠条，激励对方在有分红后，优先归还贷款，贷款归还完之后，所有的分红都归激励对象自己所有。

激励对象对于这样的方案当然非常乐意。一方面对门店的经营状况了如指掌，是亏是赚都一清二楚，另一方面基本可以零风险地获取门店 30% 的股份，只需还清贷款，相当于免费获得公司的股份，天上掉下来的馅饼，为什么不要呢？

当门店运营两年之后，激励对象基本还清了企业家的贷款。这时，企业家开始实施第二步股权激励计划，即在原有激励的基础上，追加 19% 的限制性股份，股权价格为公司每股价格的一半。限制性条件有两个：一个是必须全部还清企业家的贷款；另一个就是在流程、制度、服务水平上验收合格。

达到这两个限制条件之后，激励对象就可以再次购买公司 19% 的股份。

此时企业家手中剩余 51% 的股份。

企业家如此大胆地实施该激励方案有他自己的理由。

（1）企业家给自己的定位是投资者，不是运营管理者。

（2）这种方式极大地提高了资金周转率，通过这样的激励方式，虽然看起来企业家吃亏了，但门店的资金回收要比传统的方式快一年左右，这也将金钱的时间价值发挥到了极致。

（3）摆脱了事务管理。这位企业家知道，自己管理 1 ~ 2 家门店是可以的，但超过这个数字时自己就管不过来了，只能增加管理人员，从而形成一个复杂的管理体系。而股权激励则让员工自己给自己当老板，管理的问题自然而然就解决了。

（4）提高了投资效率。企业家的定位是投资，由于激励对象都在为自己打工，其回报率要高于其他同行的门店。

（5）容易形成品牌效应。企业家基本上开两家店才有一家店的收益，但由于资金回收快，管理成本极低，扩张效率快，容易形成品牌效应。

【模式 3】期权 + 限制性股份模式

某上市公司预计未来几年内有一个较快的营业收入增长，遂按照经典的激励模式实施了期权激励，方案的要点如下：

- 定价为前一日的收盘价。
- 等待期为 2 年，等待期内股权禁止转让。
- 行权期分为 4 期，每期最多可行权 25%。
- 本次股权激励额度占总股本的 1%。
- 资金来源：激励对象自筹资金。
- 股份来源：非公开定向发行。

按照原来的数据测算，激励对象在两年后所持有股份每股价格约为行权价的 1.5 倍，结果受到大环境的影响，公司的股价和行权价相差无几，这意味着第一个行权期的激励全部失效了。

董事会召开会议，经过讨论和分析，认为公司的内在价值还是稳定增长的。因为受到大环境的影响，股票的价格并没有充分反映公司的内在价值。如果不对现有的激励方案做出调整，将会给激励对象带来负面影响，董事会便追加制订了限制性股份激励计划，其激励性和量要远远高于期权激励，方案要点如下：

- 定价为方案公布前一日收盘价的 50%。
- 锁定期为 3 年，锁定期过后分 3 批解除禁售。
- 本次股权激励额度占总股本的 2%。
- 资金来源：激励对象自筹资金。
- 股份来源：非公开定向发行。
- 授予限制性股份后，激励对象收益为 100%。

公司在公布计划之后，激励对象的反应不大。公司便认真准备了动员大会，就大环境趋势、公司战略发展、公司最近两年的实际业务发展情况做了详细的说明，并就未来股市的可能走势和激励对象手中股权价值做了预测。动员大会取得了非常好的效果，重新树立了激励对象的信心。

就这样，这家上市公司通过期权加限制性股份的激励组合，保证了激励不会失效，并成功绑定激励对象较长的时间。

【模式 4】限制性股份 + 延期支付模式

某非上市公司，经过多年的打拼，已经处于一个稳定高利润的时期，但此时企业内部的关系有点儿微妙，公司聘请的总经理年薪超过百万元，如果这位总经理攒够了 1 000 万元，他就有可能会出去创业，这个风险是极高的。

公司创始人经过思考之后，便制订了限制性股份加延期支付的激励方案，用于绑定这名总经理。只要再绑定这名总经理十年，就算让他出去创业，他也有可能有心无力了。

（1）限制性股份激励计划。创始人计划实施三次限制性股份，每次绑定三年时间，外加行权限制，可以绑定超过十年时间。首期方案要点如下：

- 限制性条件是继续为公司服务三年。

- 直接授予价值 2 000 万元的股权，授予之后同时授予分红权，在 3 年后，正式将限制性股份转为实股。
- 如果在任职期间离职，需退还全部分红金额，并需赔偿违约金 1 000 万元。
- 未经公司允许，不得参与其他公司类似或竞争性的业务。
- 股份需要购买，按照 1 000 万元的价格购买，可以按照首付加分红抵扣的方式分期付款。

（2）延期支付。考虑到总经理在完全持有公司股份后，可以选择行权，这将会给公司带来较大的现金流量支出，遂在限制性股份的基础上追加一个延期支付的约束性条款。

- 激励对象在职期间可以选择行权，由公司按照最新的净资产每股价格回购激励对象的股份，但如果激励对象在可行权期内离职，则公司原价回购未行权的股份。
- 激励对象行权的总金额不得超过公司当年利润的 5%。

【模式 5】虚拟股权 + 实股模式

某公司是一家制造业企业，主营业务以制造加工为主。创始人白手起家，公司在发展到一个阶段之后便停滞不前，创始人便计划对公司核心高管实施股权激励计划。但在实施股权激励计划前经过调查，认为公司的核心高管对于购买公司股份的兴趣不大，一方面是因为高管手中的现金不多，另一方面是其认为公司当前的财务状况并不特别好，买股份还不如将钱存入银行。

在这种情况下，创始人决定先施行虚拟股权激励方案，主要目的是树立核心高管对公司的信心，以“保健”作用为主。在整体激励氛围达到一定程度时，再实行有“激励”作用的实股激励计划。

（1）第一期虚拟股权激励方案要点如下。

- 激励对象为公司高管，激励模式为虚拟股权。
- 虚拟股权计划有效期为 2 年。
- 考核条件：由于整体信心不高，暂时不做考核，以岗位价值为基础。
- 本次激励总比例为可分配利润的 20%。

• 本次激励不需要激励对象花钱购买。

• 股份来源：虚拟出 20% 的股份。

由于不花钱、不考核，公司核心高管感到“天上掉馅饼”，积极性得到极大提升。但创始人也着重强调了该计划有效期为两年，两年之后，公司会推出新的股权激励计划，按照新的股权激励计划进行“激励”。

创始人原本计划是以“保健”作用为目的，但在虚拟股权激励计划实施后，却达到了很好的“激励”作用。在计划期内，公司在首年的营业收入和利润有了很大的提升，激励对象获得了薪酬之外的额外收益，少则分到了几万元，多则分到了十几万元，激励计划起到了很好的作用。

经过两年的激励，一方面公司的核心高管对公司要做股权激励的决心深信不疑；另一方面，通过两年的虚拟分红，公司高管也积累了一些财富。在虚拟股权计划到期前，创始人提出了新的股权激励计划，新计划以旧有的激励计划为基础，由虚拟股权转变为实股激励。

（2）第二期实股激励的方案要点如下。

• 参与过虚拟计划的所有激励对象。

• 股份性质：虚拟股转换为实股，按照 1 ： 1 的比例转换。

• 有考核，考核以部门层面为主，不涉及个人。

• 股份比例，20% 的虚拟股转换为 20% 的实股。

• 定价：按照公司净资产价格每股价格的 50%。

• 退出机制：激励对象离职之后，按照 4% 的年化收益率进行回购。

第八章 股权激励多种组合模式

【模式 1】期权 + 期股 + 员工持股计划

吴忠仪表股份有限公司是我国规模较大的自动调节阀生产基地，在2000 年，对内部激励对象采用了多种激励模式，概括为期权 + 期股 + 员工持股组合模式，到今天来看，依然值得借鉴。方案的要点见表 8-1。

表 8-1 期权 + 期股 + 员工持股计划方案要点

激励模式	激励对象	激励目的	是否需要出资购买	市场风险
期权	公司高层	长期激励	公司从二级市场中回购，并按行权价转让给激励对象	该部分股权为流通股，受市场股价波动影响
期股	公司中高层	短期激励	激励对象需要减少部分薪酬以用于购买公司股权	该部分为非流通股，按照内部每股净资产价格核算，不受影响
员工持股	大多数可参与	用于内部平衡	国有股转让，员工不出资	该部分为非流通股，按照内部每股净资产价格核算，不受影响

这种激励模式的要点如下：

- 吴忠仪表的股份分为两部分：一部分是流通股，可以在股票市场上自由流通；另一部分是非流通股，不能公开在股票市场上流通。
- 其中员工持股的核心在于内部的利益平衡，以降低公司内部的“非一致性”和减少整体激励方案推进的“阻力”。

- 非流通股的每股价格按照公司的净资产价格核算，不受股票市场的影响。
- 对高层执行期权激励，最终该部分股票可以在市场自由流通，但其价格受到资本市场波动的影响，具有“高风险高收益”的特征。
- 期股和员工持股计划的激励对象，可以获得非流通股的分红权和增值权，具有“低风险中收益”的特点。

【模式 2】期股 + 虚拟股权 + 延期支付

某地产公司，内部人员众多，为提升人员的积极性和吸引优秀人才的加盟，特制订股权激励方案。考虑到不同的层次对激励的需求不同，便制订了期股 + 虚拟股权 + 延期支付的组合激励模式。

组合激励模式的方案要点见表 8-2。

表 8-2　组合激励模式的方案要点

激励模式	激励对象	激励目的	出资方式
期股	公司高层	长期激励	30% 首付 10% 年终奖抵扣 60% 分红抵扣
虚拟股权	公司中高层	内部平衡	需要出资购买 首付 + 分期付款
延期支付	项目为主	绑　　定	—

这种组合激励模式的要点如下。

- 三种激励模式为同时实施。
- 其中公司高层是公司最重要的激励对象，应当重点激励，主要以期股激励为主，激励对象的出资方式为部分首付和分红抵扣。
- 期股一般带有考核，如果考核不合格，将会失去行权的资格。
- 由于人员众多，如果都采用期股激励的模式，对中层人员来说，过强的“激励”效果并不是好事。另外，如果对中层也采用期股的激励模式，那么激励对象覆盖人员较广，就会有“大锅饭”的意味。

- 中层采用虚拟股权的激励模式，除了股份性质和期股不同外，其他要素和期股方案基本相同。
- 该种激励模式中，虚拟股权的退出机制安排更加灵活。
- 公司主营业务为地产，多以项目的形式存在，只要项目负责人在约定的时间内完成约定的任务，就会获得一大笔奖金。这种奖励的弊端也较为明显，负责人在拿到奖金后，可能就直接跳槽到其他公司了。通过延期支付的设计，负责人每年可以拿到奖金的 30%，有效地“约束”了负责人跳槽的意愿。
- 实操中，虚拟股权可以转换为不出资的形式，偏干股方向的模式，这需要结合企业的激励程度而定。

【模式 3】业绩股份 + 虚拟股权转实股模式

某企业处于快速发展期，预计在未来三年内有一个较快的业务增长速度。经过调研，公司内部人员对公司的未来充满信心。

经过公司商议决定，制订了组合式股权激励计划。该计划主要分为两层：一层是针对公司高级管理者的；另一层是针对公司中层管理者的，具体的激励方案如下。

（1）公司高级管理者业绩股份激励计划摘要。

- 激励对象为公司的高级管理层，不包括公司的中层人员。
- 激励模式为业绩股份，在约定时间内完成业绩指标后，公司以低价授予激励对象业绩股份。
- 股份来源：大股东转让。
- 业绩考核分为两层：一层是业绩考核，以净利润指标为主；另一层考核以激励对象的胜任力为主，并做严格的考核。
- 考核时间为 1 年，考核合格的，才能获授股份。
- 锁定期为 2 年，锁定期过后，每年行权比例不超过 30%。
- 激励比例为 2%，分两期实施，每期奖励 1%。

（2）针对中层管理人员，以虚拟股权转业绩股份为主，激励方案要点如下。

- 激励对象为公司的中层管理者和骨干员工。
- 激励模式为偏分红方向的虚拟股权。
- 激励对象可以免费获得虚拟股权。
- 激励的总额为 1%，来自可分配利润。
- 激励对象有考核，考核模式与业绩股份相同。

（3）针对部分中层管理者和骨干员工升迁和突出贡献的可能性，另制订了虚拟股权转实股的激励计划，主要针对处于虚拟激励方案的激励人员，方案要点如下。

- 激励对象为处于虚拟股权激励的人员，最多每年不超过虚拟激励人员的 10%。
- 符合转实股条件的激励对象，需要花钱购买。
- 转换的比例为 1 ： 1，即 1 股虚拟股权兑换 1 股实股。

对不同层次的激励人员做不同的激励，并在两者之间附加了过渡方案，实现了两个层次之间的平衡，可以有效地促进了激励计划的进行。

【模式 4】总公司与子公司正反持股

对于大型集团公司而言，一般会有众多的分子公司，分子公司是利润中心和成本中心，总部是管控中心。在这种结构下，会遇到两个基本的问题。

第一个问题是如何有效地激励这些分子公司的高管，“天高皇帝远”，如何让这些分子公司的高管勤勉地为公司工作？

第二个问题是如何让总部的利益和分子公司的利益达到平衡？强劲的分子公司激励就会导致各个分子公司各自为战，从而损失整个大局的利益。

解决第一个问题，只要分子公司实施了匹配公司的股权激励计划，就会带来积极的影响，激励的同时也会伴随着约束。可以有效地提高分子公司高管的积极性。常用的方法是独立核算为中心，分子公司高管所获得利益和当年的业绩高度挂钩。如果做得好，就可以获得较高的收益；如果做得不好，获得的收益就会一般。

另外，在统一的政策激励情况下，每年举办年终会时，其效果尤其明显。做得好的分子公司，会受到公司嘉奖和奖励；做得不好的分子公司，就不会得到奖励。此时，公司的架构是总部持有分子公司的股份，激励对象也同样持有分子公司的股份。

解决第二个问题的方案是在总部层面实施股权激励计划，即让分子公司的高管持有总部的股份，不仅能享受所在分子公司的收益，还能够享受到总部的收益。相当于总部持有分子公司的股份，分子公司激励对象持有总部的股份，形成交叉持股的结构。

在基于人才导向型的公司架构中，正反也是常用的持股方式。这种正反持股方式，很好地解决了后期的利益平衡问题。在创业初期阶段，可以单独为一个人才设立一个子公司，这名人才担任分子公司总经理，该子公司股东为总部和总经理。公司发展到一定阶段，当总经理所代表的子公司和总部利益不平衡时，就可以让这名总经理直接入股总部，从而实现新的利益平衡。

【模式 5】干股 + 银股 + 新店投资入股

某餐饮企业实施干股 + 银股 + 新店投资入股的组合激励方案，另还有过节分红的激励计划。这种激励计划取得了非常好的效果，具体的方案要点如下。

（1）节日分红方案。由于餐饮行业以劳动为主，其工作最忙的时间是其他工作人员的休息时间，尤其在节假日生意最好。但从员工角度看，却显得很“凄凉”，为提高员工在节假日工作的积极性，制定的节日分红方案如下。

- 在节假日当天，公司照常发放正常薪水。
- 扣除节假日消耗的所有成本之外，核算的利润归全体员工所有。
- 根据岗位的不同，由店长对节日的利润做出分配。
- 如果节日内生意好，则员工分红多；如果节日节生意不好，则分红少。
- 节日的分红在次日核算完毕，以现金的形式发放。

（2）干股激励和银股激励。以岗位价值为基础，不同岗位的激励对象有着不同额度的分红，具体方案要点如下。

- 公司的干股激励为基础激励方案，所有符合要求的激励对象都可以享受。
- 银股激励是干股激励的高层次激励方案，只有公司的高级人员可以参与。
- 干股激励和银股激励并存。
- 获得干股的激励对象离职后，干股失效。
- 获得银股的激励对象离职后，若任职时间不满 5 年，则公司原价回购。满 5 年的，公司延期十年回购激励对象的股份。

（3）新店投资入股。公司在良好效益的循环下，公司需要进行扩张，为减少资金压力和提高核心高管的收益，设立老员工投资入股计划，计划要点如下。

- 只有门店高管可以参与投资新店的计划。
- 高管的股权比例按照出资比例进行划分。
- 在激励对象分红获得 2 倍收益之后，公司另按照 2 倍价格进行回购。

·第三部分·

股权激励应用

第九章　股权激励的经典应用案例

【案例 1】华为的股权激励之道——用于抵御经济低潮期

华为股权激励有如下特点：首先是激励周期长，华为成立到今天已经超过 30 年，华为在不同的背景下实施了不同的股权激励方案，不同时期的方案侧重点不同，值得有着“百年企业”目标的企业学习。其次，华为成功的原因有很多，但离不开任正非对股权激励的感悟和认知，任总运用激励之“道”让公司走过一个又一个春秋，培养出了华为的“狼性文化”，让华为真正立于全球电信行业之巅。这种对激励之“道”的运用值得企业家们思考。

华为在 2018 年全年营业收入 7 311 亿元，在非上市民营企业中年营业收入排名第一位。2018 年《财富》世界 500 强排名第 72 位。截至 2017 年年底，华为有 18 万多名员工，华为的产品和解决方案已经应用于全球 170 多个国家，服务全球运营商 50 强中的 45 家及全球 1/3 的人口。世界 500 强企业中的 211 家选择华为作为其数字化转型的伙伴。

华为投资控股有限公司有两位股东：一位是创始人任正非，持股比例为 1.01%；另一位股东是华为工会委员会，持股比例为 98.99%。

华为如今所取得的伟大成绩离不开它的股权激励。华为是全球股权最为分散的非上市公司之一，一共进行了多轮股权激励，每轮股权激励都和其当时背景有紧密的联系，可以说是将股权激励之“道”发挥到了极致。

创业初期的员工持股制

1983 年，任正非从部队转业，来到深圳南油集团下一家电子公司担任副总经理。如果没有什么意外，任正非可能会在这家国企度过自己的余生。但是，任正非却在那里遇到了人生中第一个滑铁卢，任正非在部队培养出的慷慨大方的习惯，却让他被骗，导致公司有200多万元的应收款无法收回。结果可想而知，任正非离职了。

祸不单行，事业暂时的失败，再加上任正非一大家子同吃同住的生活压力，任正非的家庭解体了。任正非上有老，下有小，还有六个弟弟妹妹要照顾，他的生活一时间陷入了绝境。

任正非没有放弃生活，在这种绝境下，他开始了“被迫”创业，在他 44 岁的年纪。

1987 年，任正非下海。以 2.1 万元的资本创立华为，注册为集体企业。公司起步以代销产品为主，产品多以中国香港鸿年 HAX 公司交换机为主。任正非靠中间的差价养活整个家庭。

1990 年，在创业过程中，任正非发现了电信行业对程控交换机的巨大需求。当时这种产品都是由外资把控，国内的民营企业以贴牌为主，各种形形色色的贴牌交换机充斥着国内市场，大部分利润被外企赚走了。任正非不甘心也不甘于现状，决定开始自主研发，于是带着几十个年轻人开始了科技研发之路。

创业初期，任正非发扬着艰苦奋斗的创业精神，全体人员吃住都在公司里面，当时的公司既是生产车间，也是厨房和卧室。大家如果工作累了，就休息一会，休息好了继续工作。这也是后来“床垫文化”的来源。

在这个阶段，公司的创业环境非常艰苦，但公司的未来非常有前景，任正非“通信市场三分天下，必有华为一席”的霸气吸引了一些高级技术人才加盟。此时，任正非运用了员工持股计划，即员工可以以 1 元 / 股的价格认购公司的股权。一方面是为了降低公司面临的研发资金压力，另一方面是为了利益分享，团结员工。任正非与父亲商议这个激励理念，得到了父亲的大力支持。这种无意中插的柳，在后来释放出了巨大的魅力，成就了华为的大事业。

华为创业期最艰难的一年

1991 年 12 月，华为的新型交换机 BH03 研发成功，顺利进入市场，并打开了局面。1992 年，华为的销售额达到 1.2 亿元，利润超过 1 000 万元。

1993 年，任正非决定进军局用交换机领域。此时华为面临的竞争对手变为如美国电话电报公司（AT&T）、法国的阿尔卡特、瑞典的爱立信、日本的富士通等巨头企业。

在与这些国际百亿巨头竞争中，华为经历了第一个危机。国际巨头提出“通信网建设一步到位”的思路，倡导采用光缆传输和数字程控交换机。而华为最新研发的 JK1000 是空分交换机，刚面世就成为被淘汰的旧货，技术方向的失败让华为经历了一次刻骨铭心的痛。随之华为将剩余所有资金投入到 C&C08 数字交换机，生死存亡在此一举。

而这一年，是华为最为艰难的一年。由于新研发的产品导致公司没有市场，营收极低，使公司人心动荡。人员流动太频繁，每隔上几个月就得搬一次办公室。公司也被迫做出“薪酬暂发一半”的决定，导致员工私下议论公司什么时候破产，能不能拿到另一半工资。

这时，员工持股计划稳住了整个大局。虽然公司极其动荡，新产品无法研发出来就等于破产，但核心的人员充满了希望，忘我地研发 C&C08 数字交换机，他们除了产品对周围的一切都不关注。十月怀胎，终于等到 C&C08 数字交换机诞生的这一刻。

C&C08 数字交换机首次安装地在浙江义乌，为 C&C08 产品找到了第一个开局的地方，首次安装和调试花费了两个多月的时间，最终大获成功。

参加过研发 C&C08 数字交换机的人员后来回忆说：“我们在华为参与研发过很多其他产品，离开华为后也参与过自主产品的研发，但其刺激和惊险程度都无法与 C&C08 数字程控交换机的研发相提并论。”

成长期与国际化

C&C08 数字交换机的成功研发解决了华为的这次危机。

此时，任正非又把精力投向了技术更加高端的万门机上。华为继续发扬艰苦奋斗的精神，虽然中途遇到各种困难，但有志者事竟成，最终都被克服了，万人机顺利问世。从此，华为开始了一段剑斩天下的历史，进入快速发展的成长期。

20 世纪 90 年代，中国电信拆分为移动、电信、网通、联通四家，国内对电话通信的需求极速扩大。华为趁着这个市场的机会，继续发扬艰苦奋斗的精神，灵活运用农村包围城市的策略，击败了当时红极一时的上海贝尔，并远远甩开了巨龙和大唐。中国市场上，只剩下华为和中兴的影子。

1997 年，华为进军加拿大，华为抓住加拿大主要竞争对手北电提供技术支持服务慢的弱点，提出高针对性的服务方式。在多次争锋对决中，2008 年，北电宣布破产。

1998 年，华为在俄罗斯驻守了一年，只拿到了一笔 38 美元的订单，华为一无所获，只告诉俄罗斯华为还在。到 2000 年，俄罗斯经济恢复，华为的坚持得到了回报。2003 年，华为在俄罗斯实现了 1 亿美元的销售额，承建俄罗斯 3 797 公里超长距离的国家传输网。

1997 年，华为进入亚非拉，面向 25 个国家，为 4.5 亿的人口提供电信服务。多国文化不同，背景不同，华为人屡战屡败，屡败屡战，受到了无数的白眼和冷漠。经过十年艰苦卓绝的开拓，华为产品覆盖了整个南非、中东、非洲、亚太等地区。

华为通过领先的产品、优质的服务和正确的国际化营销策略，最终渗透进入世界的发达国家，包括法国、英国、德国、荷兰等国家。在与爱立信、阿尔卡特等老牌电信企业交锋中，华为都取得了胜利。

最终，华为在美国展开了阵势，这势必要和美国巨头思科对上。思科是硅谷的财富之神、互联网巅峰的化身。在激烈的竞争中，思科打败过整整三代竞争对手。第一代是美国设备提供商 3COM；第二代是康柏、惠普、中国东方电气集团公司（DEC）；第三代是电信巨人朗讯、西门子、北电、阿尔卡特等。华为的低价策略引起了思科的疯狂报复和法律诉讼。华为也在对抗中积极学习，经过长达一年的诉讼，华为扭转了美国法庭对华为的看法，最终双方签订了和解协议，华为在美国暂时站住了脚跟。

华为在 1993~2000 年的国际化进程，离不开华为分批次进行的员工持股计划。后入华为者，只要符合条件，都可以购买公司的股权。

内部危机引发股权变革

到 2000 年，迎来了网络经济泡沫期，整体经济环境萧条。任正非在 2001 年年初发布了《华为的冬天》，警醒华为人要居安思危。此时华为正在与思科打得不可开交，而内部的危机也突然衍生出来。

华为几位创业元老将华为告上了法庭，起因是股权激励。刘平 1993 年进入公司，在公司任职时担任北京研究所的总经理，共合计购买公司股权持有 354 万股，在 2002 年离职时，华为按照 1 ∶ 1 的比例兑现，共发放 354 万元现金。但刘平却觉得委屈和伤心。从进入公司时到 2002 年，华为的注册资本从 7 005 万元增加到 32 亿元，公司资产达到 100 亿美元。凭什么自己只有 354 万元的股权收益？哪怕按照千分之一的股权比例，刘平也至少应该获得 1 000 万美元（100 亿美元 ×0.001=1 000 万美元）。

此时，员工持股计划机制的不全面成为华为巨大的负担。对股权激励必须要进行改革。

第一步，就是清理和回收原有的股权激励的问题，通过现金兑换，收回了大部分股东的股份，这为下一步的改革奠定了基础。

这部分员工持股计划是华为的绝密，真正了解方案内容的人可能不超过 3 个。因此就该员工持股计划的缺陷做出分析。正常情况下，多批次的员工入股。

员工的股权比例 = 员工购买金额 ÷ 购买时公司市值

原有的整体股东的股权比例等比例稀释。按照这种算法，公司的市值一直是变动的，因而整个股权激励比例也是经常变动的。当员工需要兑现时，

兑现金额 = 公司市值 × 稀释后的持股比例

这样得到的股权结果是合理的。

在 20 世纪 90 年代的中国，股权激励是一个稀奇词，当时华为按照 1 元每股的定价进行销售，每股 1 元的定价延续到 2001 年。简单预测分析，也就是华为没有核算公司的净资产，只可能核算了公司的销售股本总价。即：

公司的价值 = 公司销售股权的累计股权价格

员工的股权比例 = 员工的购买金额 ÷ 全体激励对象购买的金额

股权激励对象离职时回购总价 = 员工的持股比例 × 公司的价值

因此，在核算刘平股权价值时，按照这种算法，得出的结果只是刘平的小部分收益，而没有核算公司增值的收益，这当然是不公平的。

改革第二步，推出虚拟股权计划。因为当时由于股权纠纷引发，股份流通不畅，华为有上市的计划。华为便成立了华为控股有限公司，设立工会，并将激励对象全部放在工会中，工会人员按照工会章程和规则运作。这样可以很好地解决控制权的问题。

本次虚拟股权计划偏实股方向，没有表决权，不能出售和转让。需要激励对象购买，并享受虚拟股权的分红和增值权，很好地弥补了第一次员工持股计划的缺陷问题。本次虚拟股权并设定了对应的锁定和行权规则。针对部分高管，则设定了等待期，即派发的虚拟股权在约定时间内不得行权，只有服务期满后才可以行权，有效地绑定了公司的高级管理人员，如果服务期满离职，则不可享受股权增资的部分。针对非高管部分，虽然没有设定等待期，但设定了行权锁定期，即每年行权不得超过 25%。

利益的重新划分，为华为注入了新的动力。

经济周期与虚拟股权的多次配股

2003 年，SARS 病毒肆虐，对经济产生了重大影响。华为在内部号召公司中层人员自愿提交降薪申请，并提出新一期的虚拟股权计划。

新的一期股权激励计划的力度更大，其授予数量超过第一次授予的总额，为公司带来了更多的现金流。另外，其行权锁定期更加严格，由原来的每年行权不超过 25% 修改为不超过 10%，即可以绑定员工十年的时间，以便让员工真正沉下心来。本次激励主要集中在骨干上。

2005 年，华为海外市场合同销售额首次超过国内合同销售额。同年，华为成为英国电信（BT）首选的 21 世纪网络供应商，为 BT21 世纪网络提供多业务网络接入（MSAN）部件和传输设备。

2007 年，华为成为欧洲所有顶级运营商的合作伙伴。

2008 年，被《商业周刊》评为全球十大最有影响力的公司。根据英富曼 (Informa) 的咨询报告，华为在移动设备市场领域排名全球第三。

2008 年，美国次贷危机引起全球的经济危机，给世界经济造成了巨大损失。当年 12 月，华为再次提出配股计划，此次配股虚拟股票每股价格为 4.04 元，激励对象基本包含华为所有员工。但其中若部门老员工的持股数量达到持有上限，则不在本次配股范围内。同以往的操作方式类似，若员工没有足够的支付能力购买虚拟股，则华为以公司的名义向银行担保，协助员工获得贷款以购买公司股票。本次配股为 16 亿股左右，内部共融资 65 亿元左右。

本次配股的战略意图与 2003 年的目的类似。一方面是通过内部融资，加大公司内部的现金流情况，以做好抵抗经济危机的低潮期，这是华为有备无患的习惯。另一方面，更是为了在经济周期的低潮期，提升员工的团结性，进一步稳定军心，让员工相信没有什么困难是抱团解决不了的。

战斗依然在继续

2009 年，华为无线接入市场份额处于全球第二。

2010 年，华为在全球部署超过 80 个 SingleRAN 商用网络，其中 28 个已商用发布或即将发布 LTE/EPC 业务。华为超越诺基亚西门子和阿尔卡特朗讯，成为全球仅次于爱立信的第二大通信设备制造商。

2011 年，华为推出荣耀手机。在全球范围内收获 6 大 LTE 顶级奖项。

2012 年，华为和全球 33 个国家的客户开展云计算合作，并建设了 7 万人规模的全球最大的桌面云。

2013 年，华为成为欧盟 5G 项目的主要推动者，是英国 5G 创新中心的发起者，发布了 5G 白皮书。并持续领跑全球 LTE 商用部署，进入全球 100 多个首都城市，覆盖九大金融中心。

2014 年，华为承建 186 个 400 G 核心路由器商用网络，为客户建设 480 多个数据中心，包含 160 个云数据中心。

2015 年，华为 LTE 已进入 140 多个首都城市，成功部署 400 多张 LTE 商用网络和 180 多张 EPC 商用网络。智能手机发货超 1 亿台。华为在全球智能手机市场稳居全球前三。

2016 年，华为支持全球 170 多个国家和地区的 1 500 多张网络的稳定运行，服务全球 1/3 以上的人口。华为联合 500 多家合作伙伴为全球 130 多个国家和地区的客户提供云计算解决方案，共部署了超过 200 万台虚拟机和420个云数据中心。

2017年，197家世界500强企业、45家世界100强企业选择华为作为数字化转型的合作伙伴。

2017年，华为投入研发费用897亿元，占当年总收入的14.9%，约为当年净利润的2倍。截至当年，累计获得专利授权7万余件，累计申请中国专利6万余件，累计申请外国专利4万余件。

2018年，中美贸易摩擦升级，华为、中兴的产品在美国禁售，这场无声的战争在继续……

在这个阶段，华为对原来的虚拟股权重新做了改革，华为已经成为响当当的巨头，其薪酬水平是同类公司的最高水平，但艰苦奋斗的精神依旧要发扬。

这次虚拟股权改革有如下两个亮点。第一，虚拟股权的分红做了延期支付的限制，即每年只可享受分红的1/3，剩余2/3延期发放。第二，在约定时间内需行权完毕，未行权的股权将作废，在行权之后，激励对象所持有的股权数量为0。此时可以重新参与公司的虚拟股票计划，即重新再来一次。

这样做的目的是避免老员工凭借过去的贡献无忧无虑地享受着公司的分红和增值，每个华为人的贡献是有保质期的，过了保质期后，就必须重来。如果自己不行，那么就换人。

华为通过新的一轮虚拟股权机制的设计，“逼着”华为人继续发扬艰苦奋斗的精神。干得好，重奖；干得不好，下课。

评价与启示

通过华为的发展历史可以看出，每当公司处于低潮期，任正非就会搬出股权激励改革这个大招。2000年的网络经济泡沫期、2003年的非典危机、2008年次贷危机期间，华为都顺势进行了股权激励，用于“对抗”经济周期的低潮期。此时的股权就发挥出战略意义——用于抵抗经济周期低潮期，这是华为股权激励方案的第一个重点。

随着公司的发展、人员规模的扩大、激励效应的变化，华为对股权激励的不断完善和修正，使华为的股权激励始终保持着“激励”的效果，这是华为股权激励方案的第二个重点。第一次重大改革是员工持股计划受限，通过回购并新推出虚拟股权计划。第二次重大改革是对虚拟股权坐享其成的特征进行了修正，确保华为人持续奋斗。人对股权激励是有感觉阈值上限的，只有不断管理这个"激励阈值"的方案才是始终领先的股权激励方案，此时才能发挥出股权激励的战略意义。

当然，无论是商业的成功，还是股权激励的成功，华为都很难被复制。这成功的背后，要求企业家对人性和利益分配有着足够的洞察力。

【案例 2】阿里巴巴的合伙人机制——用于奠定百年企业基础

马云的创业故事几乎是现在年轻人创业的榜样。阿里巴巴的成功可能更多归功于商业模式和马云的坚持，但在整个项目运作过程中，少不了股权的身影。阿里巴巴的案例有两个特点，一个是阿里巴巴的发展离不开资本的支持，在与资本的博弈中，阿里巴巴最终获得了胜利，阿里巴巴合伙人对阿里巴巴有绝对的控制权。另一个是，马云经过长期酝酿，提出了合伙人制度，目的是保证阿里巴巴存续 102 年的愿景，合伙人制度为阿里巴巴成为百年企业奠定了基础。

本文以阿里巴巴的创业历史为主，以股权为辅，来品味阿里巴巴创业过程中与股权千丝万缕的联系。

艰苦的创业

1988 年，24 岁的马云进入杭州电子科技大学成为一名英语老师。

1994 年，还在当翻译的马云到美国出差，第一次见识了互联网。马云在初次遇到互联网时，有过这么一段新奇的对话："Jack, you know, search whatever you want on the internet." Jack said："how can I search? What does search mean?" "Just type." "I don' t want to type, I don' t want to destroy it." 马云在网页中输入了"beer"一词，看到了美国啤酒、德国啤酒、日本啤酒，但没有中国啤酒。当马云在网页中输入"中国"的时候，整个网页是空的，没有数据。当时，马云便意识到互联网是一场巨大的技术变革，中国不能在这次革命中落后。

1995 年，31 岁的马云联合妹妹、妹夫、父母，筹够了一笔资金便创建了“海博网络”，产品是“中国黄页”，成为中国最早的互联网公司之一。1996 年，32 岁的马云开始不屈不挠地推广自己的中国黄页，他每天都这样提醒自己：“互联网是影响人类未来生活 30 年的 3 000 米长跑，你必须跑得像兔子一样快，又要像乌龟一样耐跑。”业务就这样艰难地开展了起来。1996 年，公司营业额不可思议地做到了 700 万元！也就是这一年，互联网渐渐普及了。

1996 年因为互联网竞争激烈，中国黄页和杭州电信达成股权合作，杭州电信投入 140 万元人民币，占 70% 股份，马云占股 30%。后因经营观念不同，马云和杭州电信分道扬镳，放弃了自己的中国黄页，并将自己拥有的股份全数送给了一起创业的员工。

马云第一次创业失败，但这只是一个开始。

1999 年农历春节还没结束，在杭州湖畔家园小区马云的还未装修的家中，阿里巴巴创始人召开第一次全体会议，在这次会议上马云说：“我们要建立一家为中国中小企业服务的电子商务公司，并且是世界上最大的电子商务公司，要进入全球网站排名前十位。我们瞄准的是国际站点，而不是国内站点，我们所有的竞争对手不在中国，而在美国硅谷。从经济角度讲，我希望阿里巴巴在 2002 年成为上市公司。”

18 位创业成员听着马云激情澎湃的演讲，对于“网络社区”“上市公司”这些超前的概念，这些员工眼中只有迷茫，但最终仍然决定要做阿里巴巴。

马云的家中成为阿里巴巴的创业场所，所有的员工每天 24 小时，除了睡觉 8 小时和吃饭时间外，其余时间都放在了创业上。为了避免长时间坐地电脑前造成腰肌劳损，员工还穿戴起了当时风靡一时的“背背佳”。经过几个月的辛苦努力，阿里巴巴还没有摸清楚路在何方，而公司的创业资金即将见底。

马云开始找风投，面对风投的不解和疑惑，马云总是自嘲说：“我又拒绝了一家风险投资，我一共拒绝了 37 家风险投资。”后来谜底揭晓，是 37 家风险投资拒绝了阿里巴巴，因为没有人相信阿里巴巴的故事。

蔡崇信加盟阿里巴巴

网传“没有蔡崇信，就没有马云和阿里巴巴的今天”。

蔡崇信同他的父亲一样，取得了耶鲁的法学博士学位，在进入阿里巴巴工作前，在北欧地区最大工业控股公司 Inverster AB 香港工作，负责亚洲业务，当时的蔡崇信年薪为 70 万美元（按照当时 6.75 的汇率，相当于今天 473 万元人民币）。

蔡崇信和马云的第一次接触，是代表 Inverster AB 公司和阿里巴巴谈投资，最终谈判未成，但马云的领袖气质和阿里巴巴的商业模式深深吸引住了这位国际人才。

蔡崇信和马云相约在杭州西湖划船，蔡崇信提出了自己的想法，愿意加入阿里巴巴工作。马云听后差点从船上掉下去，表示自己只开得起 500 元的月薪，但蔡崇信表示薪水不是最重要的，最终双方达成一致，就阿里巴巴的未来规划做了一番详谈。

蔡崇信收起自己的西装，开始进入“资本一片荒芜”的阿里巴巴工作。蔡崇信在法律财务方向最为擅长，便为 18 位合伙人从“股份”“股东权益”讲起，帮“十八罗汉”签订了符合国际标准的股权合同。从这一刻开始，阿里巴巴的股权基础成形了。

要说蔡崇信对阿里巴巴的贡献，一个是资本运作方面的贡献，另一个就是对阿里股权制度的设计和安排。在后期阿里巴巴的天使轮融资、雅虎收购、中国香港上市、美国上市、合伙人制度、重大投资融资事件中，蔡崇信都是幕后的实际主导人，马云只管大方向，这些细节都需要咨询蔡崇信的意见。

蔡崇信在确定内部的股权基础后，就开始为阿里巴巴找钱。

1999 年 8 月，蔡崇信说服投行巨头高盛香港地区的投资经理，建议高盛投资阿里巴巴，而高盛此时也决定投资大陆的互联网行业，这一投就是 500 万元美金。天使轮的融资，蔡崇信功不可没。

2000 年，正直网络泡沫期，互联网一片哀号。阿里巴巴找到了日本软银的孙正义，马云和蔡崇信打配合，马云讲愿景和未来，蔡崇信对股权和价格做出评估。

马云说："见孙正义那天，没穿西装，我就这么很随意地见，由于我心里没有想过要钱，就当去聊聊。我觉得他是一位十分有大聪慧的人，实际上是那一天（见面）6 分钟以后，他喜欢上了我，我喜欢上了他。"

孙正义后来说："马云最初经商时毫无方案，公司也没有收入，员工也只有三四十人，但他有一双睿智的眼睛，目光杰出，闪闪发光，我能够这样说，从他的交谈方式，对待事物的目光来看，显然他的指导力特殊，所以虽然他当时的商业形式有缺陷，但他的谈吐才能不俗，他有实力成为中国年轻一代的典范。"

在这个 6 分钟的会议上，马云便赢得了孙正义的信任，在没有任何实地考察的情况下，孙正义开了两次价格，蔡崇信在一旁提醒马云拒绝了。最后，孙正义开出"投资 4 000 万美元，占股 49%"的条件，马云当然非常高兴。但和蔡崇信认真讨论评估后，提出"2 000 万美元，占股 20%"的条件，最终和软银达成合作。

在网络泡沫期，阿里巴巴手握重金，度过了最危险的时刻。

雅虎入股、在中国香港上市

2001 年 12 月，阿里巴巴迎来一个关键的里程碑，阿里巴巴的收支达到平衡。同时网站的会员注册量超过 100 万家。《日经》曾评价说："阿里巴巴已达到收支平衡，成为整个互联网世界的骄傲"。

2004 年，阿里巴巴顺利进行了第三轮融资，本次融资共获得 8 200 万美元。其中，软银牵头出资 6 000 万美元，其余 2 200 万美元由富达、TDF 和 GGV 出资。这次融资为阿里巴巴和 eBay 开战备足了弹药。

早在 1997 年，马云作为导游带着雅虎创始人杨致远游览了长城，两者的缘分在此结下。2005 年 5 月，杨致远和马云在一次鸡尾酒会上相聚，在正餐开始之前，他们走出大门前往海滩，就合作展开了 30 分钟的对话。

当时的雅虎中国进入一个严重的发展瓶颈期，雅虎业务在中国本土化上走得非常艰难。把本土化的业务交给当地一个有能力、对中国市场熟悉、有创造型的公司是一个不错的选择。对于当时的阿里巴巴而言，电子商务在中国的发展必须要有搜索引擎的支持，而雅虎是非常不错的选择。

2005 年 8 月，雅虎以 10 亿美元外加雅虎中国的所有业务换取阿里巴巴 40% 的股份和 35% 的表决权，双方达成战略合作。这笔融资金额的记录一直保持了 6 年。

2003 年 5 月，淘宝诞生，在 6 个月内做到了全球排名前 100，在 12 个月内做到全球前 20，到 2005 年年初，淘宝会员数突破 600 万人。在与 eBay 争夺客户的过程中，淘宝祭出了两个大招：第一招是三年商家不收费，而 eBay 对于每一个交易需要收取 2% 的服务费；第二招是支付宝，支付宝解决了信用中介的问题，为用户网购提供了更多的安全保障。虽然 eBay 同样有支付工具贝宝，但直到 2005 年才引入中国。eBay 最终不敌淘宝，在 2006 年 12 月 20 日宣布退出中国市场。

2007 年，完美、巨人、金山相继上市，引发了中国第三波互联网企业上市热潮。此时，对于阿里巴巴而言，上市是选择之一。2007 年 7 月，阿里巴巴向香港证券交易所提交了上市申请。11 月 6 日，阿里巴巴在香港交易所挂牌上市，代码 1688，融资 14.9 亿美元。当日开盘价 31 港元，市值突破 200 亿美元，当日收盘 39.5 港元，涨幅达 192%，市值突破 250 亿美元。

一夜之间，阿里巴巴作为互联网公司的代表，傲视群雄。

潜在危机与股权回购

2008 年 11 月，杨致远卸任雅虎 CEO。2009 年 1 月，巴茨出任雅虎 CEO。巴茨在上任后，在审视马云团队在雅虎中国的贡献时，认为阿里巴巴过于专注电子商务发展，指责马云没有做好雅虎中国。马云和巴茨的关系便变得紧张起来。

阿里巴巴和美国雅虎的 5 年协议将于 2010 年 10 月到期，届时按照巴茨的态度，雅虎可以根据协议的几项特殊条款持续增加对阿里巴巴的影响力。首先，雅虎是阿里巴巴第一大股东。其次，在阿里巴巴 5 个董事席位中，在 2010 年后，雅虎可以占有 2 个董事席位。另外，马云的任期也将在 2010 年到期。此时阿里巴巴集团的控制权，处于一个微妙的状态。如果此时雅虎发难，阿里巴巴集团将会疲于应付。

对此，马云表达了“感恩但不放弃原则”的态度，“我要感恩。没有资本，可能阿里巴巴发展不会那么顺利，但是没有这个人的资本，还有他或他的资本。但是（如果）没有我们的价值体系，没有员工的点点滴滴，没有对未来的把握和社会的感恩，就不可能有我们的阿里巴巴。我们不会放弃原则。”马云表示：“我坚信不移的事情是，资本家永远是舅舅，你是这个企业的父母，你要掌握这个企业的未来。股东永远是第三位，永远是舅舅，买奶粉的钱不够就借一点。”

最终，阿里巴巴集团决定回购雅虎手中 20% 的股权。

经过多次协商，2012 年 5 月 21 日，阿里巴巴宣布将花费 71 亿美元的代价回购 20% 的股权，其中包含 63 亿美元现金和价值约 8 亿美元的新增阿里巴巴集团优先股。

作为交易的一部分，雅虎需放弃委任第二名董事的权利，董事放弃一系列对阿里巴巴集团战略和经营决策的否决权。此时，马云掌握了阿里巴巴集团控制权。

剥离支付宝

2011 年 5 月 11 日，雅虎递交 SEC 文件披露，马云将支付宝的所有权转移到自己的公司中。文件称马云此举尚未知会阿里巴巴董事会或股东，没有得到任何批准。

2011 年 6 月 14 日，马云在杭州召开新闻发布会，解释中止支付宝的协议控制关系，是为了帮助支付宝获得第三方支付牌照。

2011 年 7 月 29 日，支付宝与阿里巴巴、软银、雅虎达成支付宝协议。协议中表示，支付宝控股公司承诺在上市时给予阿里巴巴集团一次性现金回报，回报额为支付宝上市时的 37.5%，回报额不能低于 20 亿美元且不超过 60 亿美元。

此时，马云牢牢掌控了支付宝的控制权！这意味着马云拥有了能够制约阿里巴巴集团的武器。

香港退市与合伙人制度

2008 年，次贷危机来袭。阿里巴巴的股价跌去了 90%，每股价格不到 4 港元。

马云在内部会议表示：“对阿里巴巴 B2B 的股价走势，我想大家心情一定很复杂！我不希望看到大家对股价有缺乏理性的思考。我们会一如既往，不会因为上市而改变自己的使命感。记住客户第一！记住我们对客户、对社会、对同事、对股东和家人的长期承诺。当这些承诺都兑现时，股票自然会体现你对公司创造的价值。”

为实现集团的整体上市，阿里巴巴集团决定将现有主营业务 B2B 退市，随后连同 C2C、B2C 在打包后再次上市。

2012 年 2 月 21 日，阿里巴巴集团宣布以每股 13.5 港元的价格，收购阿里巴巴余下 27.03% 的股份，本次收购将花费约 179 亿港元。4 月，阿里巴巴独立董事和财务顾问表示投票支持该提议。5 月 16 日，阿里巴巴获得数家私募基金投资，6 月 20 日正式撤出港交所，正式摘牌。

2013 年年中，阿里巴巴再次向香港证券交易所提交上市申请。同时提交的还有阿里巴巴的合伙人制度。

在联合创始人和董事会副主席蔡崇信和马云主导的合伙人制度中，合伙人分为“永久合伙人”和“湖畔合伙人”，马云认为“创始人不等于合伙人”，阿里巴巴的合伙人既是公司的运营者、业务的建设者、文化的传承者，同时又是公司股东。

“永久合伙人”就是指阿里巴巴基于合伙人的重大贡献，不受离职、退休的影响，不受合伙人委员除名限制，而设立的合伙人称号，当前阿里巴巴永久合伙人成员共两人，为马云和蔡崇信。而成为湖畔合伙人的条件为：① 人品无重大缺陷；② 在阿里工作满 5 年；③ 对阿里的发展有积极贡献；④ 高度认同阿里的使命、愿景和价值观，阿里企业文化传承者；⑤ 考察期一年后需要获得合伙人委员会成员 75% 以上的票数通过。

在整个公司治理结构中，阿里巴巴合伙人有权向董事会提名一半以上的董事，如果提名的董事候选被股东大会否决，阿里巴巴有权继续提名董事候选人，直到股东大会同意提名的董事候选。即阿里巴巴的合伙人的权利要始终大于董事会，半数以上的董事必须由阿里巴巴合伙人提名。

这种创新的合伙人制度，并不符合中国香港的上市规则，虽然阿里巴巴多次和港交所就合伙人制度进行沟通，但最终仍谈判破裂。虽然马云对在中国香港上市情有独钟，但最终不得不选择在美国上市。

纽交所上市与员工激励计划

2014 年 5 月，阿里巴巴向美国证券交易所提交了上市招股书。由于美国本身支持 AB 股，对于阿里巴巴的合伙人制度也给予了包容的态度，投了赞同票。

2014 年 9 月 20 日，阿里巴巴在美国交易所挂牌上市，股票代码 BABA，融资达到 250 亿美元，成为史上最大规模的 IPO，首日市值突破 2 300 亿美元。阿里巴巴成为仅次于苹果、谷歌和微软的全球第四大高科技公司。同时也让马云第一次登上了中国首富的席位，又把孙正义推上了日本首富的席位。

马云当时给员工家属群发短信致谢："今天，阿里在美国成功上市，站在了全世界的聚光灯下，我最渴望找到的仍是你的目光。这些年来，风风雨雨，你一直不离不弃。此刻，多么想抱抱你，说声'谢谢'：谢谢你为我做的每一顿饭，谢谢你深夜为我留着的那盏灯。"

其中 30 名合伙人持有的股权价值 210 亿美元，11 000 名员工拥有期权价值超过 200 亿美元，平均每人持股价值 182 万美元。阿里巴巴的 IPO 造就了中国历史上最大的造富行动。

阿里巴巴认为股权激励用于吸引、激励和留住激励对象非常重要，而非对激励对象的奖励，是为了使激励对象的利益更接近公司的利益。阿里巴巴授予员工及管理层的股权报酬有三种类型：购股权计划、股份奖励计划和受限制股份单位计划。

购股权计划，就是员工花钱购买公司的股权。股份奖励计划，是指阿里巴巴可以将股权赠予表现最佳的员工。其中最著名的案例是，当时阿里巴巴的前台童文红入职阿里巴巴之后，获得了阿里巴巴 0.2% 的股份，当上市之时，这 0.2% 的股份价值 3.2 亿元人民币，而后期童文红也成为阿里巴巴的高管，成为当时最励志的故事。

而使用最多的激励计划是受限制股份单位计划（RSU），也就是期权计划。这种期权会分期授予并带有限制性约定，阿里巴巴内部员工根据岗位、贡献的不同，每年都会获得不同程度的期权数量。期权共分 3 次授予，第一年内授予 25%，第二年内授予 50%，第三年内授予剩余的 25%。

由于激励对象每年都可以获得期权激励，每次期权激励授予分三年进行，这种滚动式的激励方式，始终导致激励对象手中有尚未行权的 RSU，这种延期支付的精神留住了员工。同样的，如果员工离职，计划授予而未授予的期权将会被收回到期权池中。

阿里巴巴为此，内部成立了专门的期权小组，负责受限制股份单位授予、行权、转让等工作。另外，阿里员工所持有的RSU可以进行转让，不仅可以在内部转让，同样可以在外部转让，这种非禁止RSU转让的行为让员工变现更加方便。

马云退休

2018年9月10日，阿里巴巴董事局主席马云正值54岁，对外宣布了退休时间：自2019年9月10日后，将不再担任集团董事局主席，由现任集团CEO张勇接任。并从2018年开始配合张勇，为组织做好过渡准备。

马云在教师节公开信中对合伙人机制评价说："今天的阿里巴巴最了不起的不是它的业务、规模和已经取得的成绩，最了不起的是我们已经变成了一家真正使命愿景驱动的企业。我们创建的新型合伙人机制，我们独特的文化和良将如潮的人才梯队，为公司传承打下坚实的制度基础。事实上，自2013年我交棒CEO开始，我们已经靠这样的机制顺利运转了5年。"

"我们创建的合伙人机制创造性地解决了规模公司的创新力问题、领导人传承问题、未来担当力问题和文化传承问题。这几年来，我们不断研究和完善我们的制度和人才文化体系，单纯靠人或制度都不能解决问题，只有制度和人、文化完美结合在一起，才能让公司健康持久发展。我深信，今天阿里巴巴合伙人制度和阿里巴巴所捍卫的文化，假以时日，将会越来越赢得客户、员工和股东的支持和拥护。"

评价与启示

华为的发展基本靠的是内部融资，最大的风险也是员工和公司之间的风险，在与员工的博弈中，公司始终能占"上风"。阿里巴巴的成长靠的是外部融资，最大的风险就是资本与公司之间的博弈，如果这个博弈处理得不好，将会给组织带来不可想象的后果。在这方面，马云和蔡崇信是无疑"又快又果断"的榜样，如果当时另外两个股东有着自己的算盘，那么今天阿里巴巴是什么样，谁都说不清楚。

再说合伙人制度。阿里巴巴的合伙人制度有着严格的选拔、离任机制，从而确保了合伙人会成员的先进性、创新性和迭代性。无论环境如何变化，只要公司始终拥有最优秀的人才团队，那么这个团队就能够在商业环境中制胜。

这种合伙人机制，能够保证核心领导层的先进性、创新性和迭代性。把创始人继承的问题变成了合伙人会成员进退的问题，将一个大问题变成了一个可以解决的小问题。只要解决合伙人会成员的利益、选拔、退出机制问题，就能解决公司领导层先进性、创新性和迭代性的问题，为百年机制打下基础。

《三国演义》中说："庞统和诸葛亮得一，可得天下！"这无不体现出战略人才在公司中的关键战略作用。蔡崇信的加盟或许是阿里巴巴最大的幸运。

【案例 3】正泰的股权整合之路——用于整合

正泰集团创建于 1984 年，业务遍及 140 多个国家和地区，在全球拥有超过 3 万名员工，总资产超过 650 亿元，年销售额突破 600 亿元，位列中国民营企业 100 强，是全球知名的智慧能源解决方案提供商。

正泰集团围绕能源"供给—存储—输变—配售—消费"体系，以新能源、能源配售、大数据、能源增值服务为核心业务，以光伏设备、储能、输配电、低压电器、智能终端、软件开发、控制自动化为支柱业务，打造平台型企业，构筑区域智慧能源综合运营管理生态圈，为公共机构、工商业及终端用户提供一揽子能源解决方案。

正泰集团的发家历史，是一部股权整合的历史，正泰从一个小作坊起家，逐渐成为今天的巨无霸企业，离不开南存辉的股权整合手段。

用股权整合家族力量

1984 年，南存辉认为低压电器厂市场前景很大，光靠个人力量是不行的，因此便和他的小学同学胡成中合伙在温州创办了一家开关厂，厂名是"乐清县求精开关厂"，主要生产开关相关产品。

1990 年，开关厂的资产达到了 200 万元。1991 年，两名合伙人出现了矛盾，主要分歧在于经营思路不同，结果两名合伙人就拆伙了。一个成就了日后的正泰，另一个成就了日后的德力西。

南存辉回忆最开始创业的时候，发现“人和”是自己的秘密法宝之一，不懂技术，就借几个技术专家过来指导；没有设备，就向其他家借设备；没什么就借什么，只要愿意团结一起做，就可以把事情做好。

在和胡成中分家后，南存辉就决定发挥家族的力量。当时的市场俨然产品质量参差不齐，南存辉认为有些行为不可取，他认为做人要正直，处事要泰然，便为新公司取名“正泰”。

南存辉号召亲戚加入自己的事业中，从妻兄那里借了 15 万美元，拉拢自己弟弟南存飞、外甥朱信敏、妹夫吴炳池和林黎明加入。正泰完成了首次的股权整合，此次共分出 40% 的股份，南存辉个人保留 60% 的股份。

家族的力量不可忽视。1993 年，正泰的年销售额达到了 5 000 多万元。当时的南存辉认识到，如果想继续做大，就必须继续进行整合。

到这个阶段，很多民营企业也都是这么做的。亲人之间有着天然的信任，工作可以不求回报，收益也可以放在最后。而这些民营企业和正泰之间的差异，则是下一步的股权整合，这不得不说，南存辉有着足够的大局观。

用股权整合 48 家企业

在温州、义乌，人人都是老板，人人都做企业。温州更是中国低压电器开关的故乡。企业之间的竞争都是以价格为主，比的不是技术和质量，而是价格，这种恶性循环将会把整个市场拖垮。

为了避免这种情况出现，南存辉组建了一个开关联盟。整个联盟由各个开关厂的老板组成，主要是为了协商一些行业的重大事项，有一定的作用。由于正泰的品牌效应，部门联盟成员还为正泰代加工和贴牌。

但时间长了之后，这种联盟的弊端也体现出来。联盟是松散的，成员多以自己的利益为主，在发现联盟对自己没用时，就将自己的利益放在前面。对于联盟的共同决定，很难较好地执行。部分企业甚至未经允许将产品贴上正泰的标签以次充好。南存辉意识到，必须要改变这种管理松散的局面。

这时，南存辉打出了股权整合这张牌。在这个整合的牌中，通过股权互换、投资控股、吸收合并等策略，以正泰为核心，完成了对 48 家企业的股权整合。

在整合合并之后，正泰成为当地低压电器开关最大的企业。此时南存辉的个人股份下降到 40%，但整个集团的净资产由 400 万元上升到 5 000 万元，扩大了十多倍。

在这个阶段，南存辉解决了松散联盟的问题，其管理权收归于集团，公司也不再是小打小闹，向着职业化的阶段迈进。这次整合，不仅得益于南存辉的议案，也得益于联盟成员的支持，这与当时的市场环境是密不可分的。南存辉挑选了一个非常好的时机。现在，同样有很多实业联盟，但因为谁都不服谁，这些联盟还是以松散的形式存在，发挥着有限的作用，整合之路漫漫。

用股权整合“人力资本”

第二次的整合并不难，因为这么多股东都是带着资产加入的，只需在财务上核算清楚即可。但在解决了旧的问题之后，出现了新的问题。

这个新的问题就是新股东和元老之间的矛盾。当时，48 家企业中无论资产高低都可以成为正泰公司的股东，这让内部的一些没有股份的元老股东感到非常“不公平”，南存辉必须解决这个问题，否则这些创业元老就会流失。

团队整合是任何大型收购合并项目必须要面对的问题。南存辉面对这个问题时，用出了股权激励这个招数，利用股权激励来平衡内部利益。

1996 年，正泰集团提出“股权配送，要素入股”的股权激励方案，激励总额度为 20%，激励方式是实股激励，可谓非常大方。要素入股分为三个方面，第一个是管理入股，第二个是技术入股，第三个是经营入股。不同于第二次的股权整合，这次整合更加注重人力资源，将人力资源变成人力资本。本次股权激励公司的关键核心人物都可以参与，这次股权激励很好地平衡了内部的利益，融合了新股东和老臣之间的关系。

1998 年，在股权激励实施之后，南存辉个人的股权比例下降到了 28%，另外三名家族成员持股合计约 10%，整个家族企业持股超过 1/3，处于第一大股东的角色。原来的股东也增加到 100 多个。这时，公司的总资产扩大了数十倍。

这次股权激励的主要目的是解决内部公平性问题，其“激励”效果也非常明显地体现出来，即留住了公司的老臣和激励了一大批新人。

这时，南存辉家族的力量慢慢淡化，外部人员持股接近三分之二，这也得益于南存辉正直、泰然的价值观，此时的正泰已经完全由家族企业蜕变为集团企业。

股权激励改革（一）

20%的股权激励给正泰集团注入了巨大的活力，起到了非常好的效果，2001年，正泰集团的年营收达到60.55亿元，成为当地的佼佼者。

此时的正泰，因为对48家企业吸收合并，原来的小老板也在正泰内部任职。第一次股权激励对核心员工做出激励，核心员工同样既是管理者也是所有权者。这时，正泰集团也患上了“大公司病”，内部的效率跟不上集团公司的发展，部分创业元老已经不再感受到“激励”，在获得巨额的分红和股权收益之后，更多是一种坐享其成的想法，这种情况对公司的影响日渐严重。

这种坐享其成的思想在内部蔓延起来，大部分成员不再像正泰成立初期那样去拼命、去创新。南存辉看在眼中，急在心中。看来是必须要给这些成员施加压力和大棒。此时，南存辉出台了最艰难的绩效考核和岗位聘任制度。

之所以说艰难，因为股权激励是进行分配，对于分配，大家当然是乐意的，获得利益几乎没有任何阻力，但这次绩效考核和岗位聘任制度则是损害老员工和股东的利益，自然会遇到很大的阻力。

虽然绩效考核和岗位聘任制度会遇到很大的阻力，但南存辉知道只有刮骨疗伤，才能让公司顺应时代发展。绩效考核和岗位聘任制度的要点是，无论是什么身份的人在岗位上任职，都必须胜任该岗位，如果考核不合格，确定无法胜任该岗位的，只能下课，需要将岗位留给能够胜任的人。

考核方案推出以后，部分股东兼管理者因为不符合岗位胜任要求，下课后只保留股东的身份，但可以继续享受股东的分红和权益。

这次改革，以用人为贤为核心，实现了所有权和经营权的分离，是集团企业迈向更高竞争力集团的关键一步。家族企业在公司做大规模时，其弊端就会放大，对公司最大影响就是“不公平”，这会影响整个公司的战略执行。南存辉没有抱着家族企业的守旧观念，而是以人才为核心，将正泰集团推向了一个新的高度。

股权激励改革（二）

在第一次改革之后，公司重新进入了不少高级管理人员，对正泰的发展有着重要的作用，此时产生的新的“不公平”问题也较为明显。

由于股权激励只执行了一批，新加入的管理者并不拥有公司的股权，无法享受到公司的分红权和增值权，这就造成了内部的“不公平”，原有的股权激励方案对新加入的管理者是一种“打击”。

此时第二次股权激励就顺理成章地推出了。此时的正泰不同于1998年，正泰的资产和话语权足够大，如果依旧采用第一次实股的激励方式，将会对公司原有股东和控制权产生重大影响，而且还会同样产生第一次激励后的负面效果。

南存辉推出了“身股加银股”的激励方案。2003年，正泰推出了岗位分红激励和岗位分红权转普通股的激励方案。即在第一阶段，根据岗位价值大小，按照岗位的价值进行分红。在管理人员享受分红的同时，需要接受公司的绩效考核。在达到分红股转普通股的条件后，考核合格的，其分红股可以转换为公司的普通股，可以享受分红权和增值权。

本次股权激励方案要比第一次严苛很多，但对于激励对象和当时的环境而言，其激励效果非常明显。就这样，本次股权改革重新平衡了内部新老员工之间的关系，使正泰的发展更上一层楼。

子公司正泰电器上市

南存辉认为，财富的多寡并不能完全体现自己的价值，更重要的是其对社会的贡献。因此在慈善排名榜和纳税排名榜上都有正泰集团的名字。在国家税务总局公布的全国72行业的纳税排名中，正泰集团一直居于电器设备元件制造业第一名。

基于这样的理念，南存辉认为公司最终还是要回归社会，正泰集团不是自己一个人的。1996年，南存辉就按照股份制公司的运行规则，成立了浙江正泰电器股份有限公司，其中正泰集团是正泰电器最大的股东。没有任何意外，2010 年，正泰电器在上海交易所挂牌上市。

在讨论到正泰集团继承人问题时，南存辉毫不避讳地表示：“有成熟的接班人时就退休，现在，我们这里有第二代接班人和第三代接班人，我儿子是第三代接班人。”“儿子大学毕业后，只要有能力就上，没有能力就不让他上。但必须和其他员工一样，从基层做起，严格考核。我常常给小孩子们讲，我可能不会有很多的金钱留给你们，但我的创业精神、艰苦奋斗的精神更宝贵。还包括现在对你们的教育，使你们能够获得学习的能力。”

南存辉在一次圆桌会议上表示：“正泰有 100 多个股东，其中有 9 位高管。我们鼓励这些股东的子女念完书后不要进入正泰，而是到外面去打拼，在打拼过程中公司对他们进行观察和考验。若成器，可由董事会聘请到集团工作；若不成器，是败家子，我们原始股东会成立一个基金，请专家管理，由基金来养那些子女。”

那么，让正泰电器上市也有着南存辉的战略意义，就是避免公司股东的子女在接手公司之后，股东会按照股份多少进行排序，而不是按照能力大小进行排序。如果依然按照股份多少做决策，这将会对正泰产生致命的影响。正泰已经成为国际品牌，不能因为下一代管理不善而落败。如果子女不符合要求，那么将总经理交给职业经理人是最佳的选择。

评价与启示

正泰的发展过程中，两次资产整合让正泰“一夜暴富”，第一次是家族力量的整合，让正泰重新起家到年销售额 5 000 多万元。第二次整合是对同行的整合，通过股权互换、投资控股、吸收合并等策略，整合了 48 家企业，整个集团的资产达到 5 000 万元。正泰在短短几年内就走过了其他企业要几十年才能走过的路程。

“一夜暴富”为正泰带来了严重的后遗症。这次后遗症经过三次“手术”才得到解决。1996 年实施了“股权配送，要素入股”的激励方案，用于平衡外来人和老员工的利益关系。接着 2001 年的“最严绩效考核”，实现了正泰所有权和经营权分离，是对 1996 年激励方案的补充。2003 年的“岗位身股加银股”激励方案继承了过去，展望了未来，让中长期激励成为管理的日常。之后，正泰集团设立的子公司正泰电器也顺利上市。

正泰的创业发家之路，就是一部股权整合的历史。

【案例 4】58 同城与赶集的合并——用于连横

在中国分类网站中，知名度较高的，一个是 58 同城，一个是赶集网。两者都于 2005 年成立，双方竞争了十年，最终在 2015 年合并在一起，形成连横之策，市场占有率上无人能敌。

58 同城的发展历史

58 同城创始人姚劲波的创业经历颇有传奇色彩。2000 年，姚劲波便创办国内域名交易及增值服务的网站，因为做得很好，被万网收购。姚劲波也理所当然进入万网工作，历任产品规划总监、华南区总经理等职位。

在万网，姚劲波的事业一帆风顺，但他觉得自己还需要做一些事情，便离职和几个伙伴开始重新创业。这次创业把方向放在了教育上，在多个产品运营过程中，最终以家教为核心的学大教育走红，学大教育以线下中小学课外教育为主，并实现了良好的盈利，最终在纽交所挂牌上市，姚劲波持有学大教育约 10% 的股票。在学大教育转型线下时，姚劲波开始思考下一次创业。

姚劲波始终还是希望做互联网，便认真研究了美国排名前 100 的网站，认为分类网站 Craigslist 不错，其流量和 eBay 一样大，这引起了姚劲波的兴趣。此时，58 同城便诞生了，其初始的商业逻辑和 Craigslist 类似。

当姚劲波计划在办公室做出 58 同城 PPT 时，风投找上门了，软银赛富和姚劲波聊过一次后，便决定投资 500 万美元。由于中国国情和美国国情相差甚远，姚劲波模仿 Craigslist 的商业模式遇到了困境，在一筹莫展之时，软银赛富追加了 4 000 万元人民币投资。

在商业化的进程中，凭借商业模式的可行性，58 同城获得了第二轮、第三轮和第四轮的融资。2010 年，软银赛富和 DCM 对 58 同城进行第二轮投资，合计投资 1 500 万美元。2010 年 12 月初，华平创投对 58 同城进行了第三轮投资，投资 6 000 万美元。2011 年 5 月，获得日本最大分类信息集团 Recruit 注资。2011 年下半年，华平集团及姚劲波追加投资，总金额为 5 500 万美元。

2013 年，58 同城在纽交所挂牌上市，股票代码 WUBA 当日发行价 17 美元，收盘价为 24 美元，较发行价上涨 41%。58 同城的上市股权采用双重股权架构，其中 B 类股票每股有 10 票投票权，姚劲波共持有 3 683 万股 B 类股票。

赶集网的发展历史

杨浩涌在耶鲁大学毕业时，已是 2001 年，这时，互联网经济泡沫破灭，经济萧条。杨浩涌花了 3 个月的时间，找到了一份年薪 3 万美元的工作。

随之美国“9 · 11 事件”爆发，杨浩涌所在的公司破产了，杨浩涌只好另寻工作。在 3 年时间内换了 5 家公司，每家公司都不超过半年的时间。

在这段时间内，杨浩涌结识了好友克雷格。克雷格创办了一个信息分类的网站，方便了各类用户，克雷格的公司获得了风投公司 200 万美元的投资。

杨浩涌对此表示非常有兴趣，便计划也做一个，不过市场是在中国。2005 年，凭借从耶鲁校友那里筹来的 10 万美元成立了赶集网。

等到赶集网上线时，一下子就涌出了 2 000 多家分类信息，其中新浪的分类信息和 eBay 扶持的百姓网更是来势汹汹。到 2006 年年初，赶集网就快坚持不下去的时候，奇迹发生了。

两位投资 10 万美元的耶鲁校友已经成为谷歌的高管，由于 Google 暂无法办理电信业务许可证，便想找内地的一家公司合作。每个月给予 300 万 ~600 万美元的推广费，条件就是使用 Google 的搜索技术。

此后，Google 定制搜索成为赶集网的站内应用，靠着这棵大树，赶集网一举击败了身后的数千家分类网站。Google 在 2008 年退出中国市场，赶集网虽然失去了这棵大树，但此时的赶集网已经不可同日而语。

2008 年，赶集网获得蓝驰 800 万美元 A 轮融资。赶集网凭借这笔资金开始磨炼自己的团队。2010 年，诺基亚成长伙伴基金和蓝驰创投向赶集网 B 轮投资 2 000 万美元；2011 年，今日资本和红杉资本参与 C 轮 7 000 万美元投资；2012 年获得两轮 9 000 万美元投资。

此时，赶集网和58同城，都弹药充足，双方的火药味极浓。杨浩涌包下了央视广告，姚劲波便包下了分众传媒的所有广告。杨浩涌投资1亿元广告费，姚劲波就投资2亿元广告费；杨浩涌投资2亿元广告费，姚劲波就投资4亿元广告费。

双方的预算就此水涨船高，预算超过20亿元，就看谁能坚持到最后。

连横成

2014年7月，姚劲波给杨浩涌发送了一条短信："浩涌，人生苦短，咱们聊聊？"杨浩涌回复："且行且珍惜。"

在正式谈判的前期，姚劲波做了很多合并的工作，几乎见过赶集的所有投资人，不管这些投资人是在中国香港，还是在上海、北京。投资人也愿意看到双方合并的局面，这形成了双方合并的基础。

投资人之所以同意这件事情，主要原因是投资人是理性的，讲投资回报、讲数字。但在不缺钱的情况下，创始人讲情怀，要把自己规划的路线走完。这是合并中最大的困难。

2015年，58同城和赶集网的创始人在三里屯威斯汀酒店碰面了，双方决定做一个了结。双方谈了22小时，每谈1小时就谈不下去了，双方就喝酒，砸啤酒瓶子。双方的谈判团队也几乎崩溃，眼看着此次合并就要吹了。

然而，最终在上午10点，双方握手言和了，合并达成一致。连横成。

2015年4月17日，58同城宣布与赶集网合并。58同城将获得赶集网43.2%的股份，两家公司仍将保持双方品牌独立性，网站及团队均继续保持独立发展与运营。姚劲波和杨浩涌担任联席CEO和联席董事长。双方后期会成立一家新公司，新公司名称取自两家公司的品牌词，名为58赶集。

58赶集的内部孵化

O2O的潜力是巨大的，只靠58赶集进行综合运营远远不够，因此，内部项目孵化就成了一张扩张的好牌。

58赶集决定将一个项目分拆出去给一位创业者须具备如下三个条件：

（1）公司很认可这个人，他不是一个机会主义者，能扛住。

（2）这个方向有足够的前景，独立也能支撑住，能拿到一笔钱。

（3）有一定的想象空间，分拆出去以后几乎能独立运转，而且被资本市场疯抢。

但并非所有的业务都会外放，如招聘、房产、汽车等，这些都是由总部牢牢管控。这样才会既有纵深的发展，也有更大的边界。

评价与启示

《韩非子》中说："横者，事一强以攻众弱也。"这句话是指一个强国的力量可以攻击众多弱小的国家。58同城与赶集的股权合并是连横之策，而其内部O2O项目的孵化是合纵之策，纵横交错，无人能敌。

【案例5】对加盟商的激励——用于合纵

合纵，主要是指纵向联合。在战国七雄中秦国的实力最强，对周边的其他国家造成了重大威胁，其他国家则进行四次合纵，用来攻打秦国。对于企业而言，纵向联合，主要是上下游进行联合，以协议或股权为纽带，以共同和其他企业竞争。喜临门和格力在发展时，都用过合纵之策，进一步巩固其竞争地位。

喜临门对加盟商的激励

喜临门由陈阿裕白手起家创办，于1993年在浙江成立。旗下拥有"喜临门""法诗曼""爱尔娜""爱倍""BBR""布拉诺"等8大品牌。喜临门床垫年生产达600多万张，是宜家最大的寝具供应商。2012年7月17日，喜临门家具股份有限公司在上海交易所挂牌上市，被称为"中国床垫第一股"。

2014年，喜临门出台"财通基金—新安9号"计划，对公司高管和加盟商做出激励，以进一步提高企业的凝聚力和市场竞争力。

本次激励方案要点如下。

- 激励目的：本次增持是公司实际控制人和增持人员基于对公司未来持续稳定发展的信心而提出，喜临门公司高管、骨干人员、加盟商通过增持公司股份，能够充分分享企业发展成果，实现员工与企业风险共担、利益共享，鼓励公司高管及骨干人员以股东身份关注并积极参与企业的经营管理，以推动实现公司的战略发展目标，促进公司的经营绩效和改善公司治理水平。

- 增持原则：增持人本着自愿、量力而行的原则，将自筹资金委托实际控制人统一代收代付给托管证券公司设立“财通基金—新安 9 号资产管理计划”（以下简称“新安 9 号”），实际控制人在提供个人担保完成 1 ∶ 1.5 比例（自筹资金与融资资金比例）融资之后，委托证券公司在对应托管银行监督下进行专业化投资管理。
- 锁定期：本期计划承诺锁定期为 2 年，满 2 年后，增持人员可以选择退出计划。退出时需一次性退出所有认购资金，不得分笔退出。
- 收益保底承诺：实际控制人提出公司业绩增长目标，并根据业绩目标达成情况，向所有增持人员提供不同的计划收益保底承诺。业绩增长目标为：2014 年对比 2013 年收入增长 35%，利润增长 30%。2015 年对比 2014 年收入增长 30%，利润增长 32%。
- 实际控制人承诺：在喜临门公司达成约定的业绩目标基础上，所有增持人员的总投资年化收益率不低于 15%（融资利息及相关手续费用由增持人员自行承担）；如果业绩目标达成，而“新安 9 号”收益率低于 15%，则实际控制人将以现金方式补偿直至所有增持人员的总投资年化收益率达到 15%（融资利息及相关手续费由增持人自行承担）。
- 表决权约定：所有增持人员对于因为间接持有喜临门股份而拥有的表决权将采取内部先行独立行使表决权，再委托代表统一提交表决结果的方式进行。

在该激励方案公布之后，15% 的保底收益给了市场足够的信心，喜临门的股票当日涨停。当日股票价格为每股 10.85 元，比增资价格上涨 1.72 元，涨幅达到 18%。

2014 年，喜临门营业收入达到 12.91 亿元，比上年上涨 26.29%；2015 年，喜临门实现营业收入 16.87 亿元，比上年增长 30.75%；2016 年，实现营业收入 22.17 亿元，同比增长 31.39%。

格力电器对经销商的激励

珠海格力电器股份有限公司成立于 1991 年，1996 年 11 月在深交所挂牌上市。公司成立初期，主要依靠组装生产家用空调，现已发展成为多元化的工业集团，集研发、生产、销售、服务为一体的国际化家电企业，产业覆盖空调、高端装备、生活品类、通信设备等领域，产品远销 160 多个国家和地区。

格力电器现有 9 万名员工，其中有 1.2 万多名科研人员和近 3 万名技术工人，在国内外建有 14 个生产基地，分别坐落于珠海、重庆、合肥、郑州、武汉、石家庄、芜湖、长沙、杭州、洛阳、南京、成都以及巴西、巴基斯坦；同时建有长沙、郑州、石家庄、芜湖、天津 5 个再生资源基地，覆盖了从上游生产到下游回收全产业链，实现了绿色、循环、可持续发展。

2007 年，格力集团将所持格力电器股份中的 8 054.1 万股转让给了河北京海担保投资有限公司，转让份额占整个格力电器的 10%。

而河北京海担保投资有限公司的股东则由格力电器的供应商组成。其中包含浙江格力电器销售有限公司、江西赣兴格力空调销售有限公司、湖南格力家用电器销售有限公司、四川新兴格力电器销售有限公司、河南格力电器市场营销有限公司、天津格力空调销售有限公司、天津格力空调销售有限公司。这些经销商是格力电器的销售主力。

本次股权激励转让，总价为 10.27 亿元。一方面为格力集团补充了资金，另一方面格力电器和经销商之间建立了一种无形的联系，将两者的关系紧紧地绑定在一起，经销商不仅可以享受日常的经营收入，还可以享受格力电器的资本增值部分，相当于这些经销商间接地“上市了”，形成了一种合作共赢的局面。

2008 年，格力电器实现销售收入 420.32 亿元，比上年增长 10.58%；2009 年销售收入 426.37 亿元，比上年增长 1.01%；2010 年销售收入 608.07 亿元，比上年增长 42.33%。

评价与启示

从广义上看，凡是对公司有利的所有人员，都可以成为公司的股权激励对象。一般激励对象可以分为 5 种，分别是投资者、员工、上游供应商、下游经销商 / 消费者、同行。由于内部员工是企业的重要组成部分，因此股权激励多以内部员工激励为主，但当股权激励扩大到员工之外的重要对象时，如果用得好，同样会带来较好的结果。

喜临门对下游的经销商进行了激励，从业绩表现来看，取得了不错的效果。喜临门营业收入从 2014 年的 12.91 亿元增长到 2016 年的 22.17 亿元，营业收入连续三年增长率超过 25%，这离不开“财通基金—新安 9 号”计划。

格力同样对下游的经销商进行了激励，从业绩表现看，同样取得了不错的效果，格力营业收入从 2008 年的 420.32 亿元增长到 2010 年的 608.07 亿元，在两年内增加营业收入 187.75 亿元。

通过合纵之策，可以进一步绑定上下游的合作企业，从而提升企业的市场竞争力，稳定原有的企业优势。合纵之策为企业的业绩提升，提供了一条新的康庄大道。

第十章　新三板挂牌公司激励案例

【案例1】蓝氧科技期权激励模式

公司简介

2010年3月，珠海市新依科医疗科技有限公司成立，2015年5月，公司完成股份制改制，名称变更为"珠海市新依科蓝氧科技股份有限公司"，2015年6月，中珠集团对公司进行增资扩股，成为公司的控股股东。2015年10月，公司在全国中小企业股份转让系统正式挂牌，简称"蓝氧科技"，股份代码834068。

蓝氧科技专注于生殖健康、家庭卫生、公共场所消毒、美容保健等领域，为专业的医疗机构提供妇科生殖道感染诊治新方案，设计、研发、生产和销售相关医疗设备及配套耗材；同时也为普通用户和家庭提供蓝氧民用设备的研发、生产、销售和服务。

股权激励基本信息

股权激励基本信息见表10-1。

表10-1　股权激励基本信息

公司名称	珠海市新依科蓝氧科技股份有限公司		
挂牌市场	新三板	挂牌时间	2015-11-06
股权激励模式	期股＋期权	已执行批次	1次

2016年1月期权激励方案摘要

2016年1月期权激励方案摘要见表10-2。

表 10-2　2016 年 1 月期权激励方案摘要

序号	要素	描述
1	激励目的	为进一步建立健全公司长期激励机制，吸引和保留优秀人才，充分调动公司员工的积极性，有效地将股东利益、公司利益与管理层、员工利益结合在一起，改善公司治理水平，提高职工的凝聚力和公司竞争力，确保公司未来发展战略和经营目标的实现，促进公司长期、持续、健康发展，公司依据《中华人民共和国公司法》《中华人民共和国证券法》等有关法律、法规、规章、规范性文件和《公司章程》的规定，在充分保障股东利益的前提下，按照收益与贡献对等的原则，制订了本激励计划。公司高级管理人员、中层骨干、核心员工和子公司相关人员自愿、合法、合规地参与本激励计划
2	激励原则	（1）依法合规原则； （2）自愿参与原则； （3）风险自担原则
3	激励对象	激励对象必须在本激励计划有效期内与公司或子公司签署劳动合同、劳务合同或其他合同 / 协议，在公司或子公司任职或为其提供服务超过 1 年，且符合如下标准之一： （1）公司董事长、董事会秘书、总经理、副总经理、部门总监、子公司高级管理人员。 （2）公司各职能部门经理、副经理等中层管理人员、子公司中层管理人员转正超过一年。 （3）公司各职能部门及子公司主管、核心骨干及关键岗位员工转正超过一年。 （4）公司任职 3 年以上的员工。 （5）董事会认定对公司有特殊贡献的其他人员 （6）预留激励对象：本激励计划获董事会、股东大会批准时尚未确定，在本激励计划存续期间经董事会批准后进入本激励计划的激励对象
4	激励模式	期权激励（基础期权、定向激励期权、超额奖励期权）
5	持股方式	通过持股平台进行间接持股
6	激励总量	本激励计划项下，中珠集团拟一次性向持股平台转让 1 200 万股股份，占公司股本总额的 12%。经过换算，1 200 万股股票对应 3 240 份奖励额度。其中基础期权 1 890 万份，定向激励期权 540 万份，超额激励期权 810 万份

续表

序号	要素	描述
7	资金来源	激励对象行权资金以自筹方式解决，公司承诺不为激励对象依据本激励计划获取的有关期权提供贷款以及其他任何形式的财务资助，包括为其贷款提供担保。 激励对象应按照行权价格及行权数量按期足额缴纳行权资金，激励对象未按期、足额缴纳行权资金的，则视为放弃行权，且该部分期权由公司予以注销
8	股票来源	本激励计划项下的标的股票来源于中珠集团依法向员工持股平台转让的公司股票。 为了便于对激励对象进行管理，中珠集团向持股平台转让标的股票，同时公司授予激励对象自持股平台有限合伙人中珠集团处受让持股平台合伙份额的期权，激励对象有权按照行权价格和行权数量受让持股平台的合伙份额，并通过持股平台间接持有公司股份
9	转让定价	转让价格为每股 2.70 元，标的股票均为人民币普通股
10	有效期	本激励计划的有效期为自期权首个授予日起 5 年，激励对象必须在前述有效期内行权完毕
11	可行权期与限售数量	见附表 10-1
12	期权授予条件	激励对象未发生以下任意一个情形： （1）严重违反公司管理制度，给公司造成巨大经济损失，或给公司造成严重消极影响，受到公司行政处分的。 （2）本激励计划规定的不得成为激励对象的情形
13	行权期行权条件	在行权期，激励对象行使已获授的期权除满足上述期权授予的条件外，还必须同时满足以下条件： （1）公司业绩考核要求。 本激励计划的第一个行权期不设公司业绩考核要求，第二个行权期的业绩考核要求是公司 2016 年度的主营业务净利润达到人民币 2 400 万元，第三个行权期的业绩考核要求是公司 2017 年度的主营业务净利润达到人民币 2 880 万元。 （2）个人业绩考核要求。 激励对象在等待期内持续在公司或子公司任职或持续为公司或子公司提供服务，且持续符合上述期权授予条件，不存在上一年度业绩考核不达标的情形。 各激励对象的业绩考核指标由董事会负责制定和审核

续表

序号	要素	描述
14	限制约定	激励对象发生如下情形之一的，经董事会批准，在情况发生之日，激励对象已获准行权但尚未行使的期权终止行权，其未获准行权的期权由公司注销，持股平台的有限合伙人中珠集团（或其指定的主体）有权以行权价格回购其持有的持股平台的合伙份额： （1）违反法律、法规、规章、规范性文件或《公司章程》、子公司章程、公司或子公司内部规章管理制度的规定，或者发生违反劳动合同、劳务合同或其他合同 / 协议约定的失职、渎职、违约行为，严重损害公司或子公司利益或声誉，给公司或子公司造成直接或间接损失。 （2）在公司、子公司任职期间，存在受贿、索贿、贪污、盗窃、挪用或侵占公司或子公司财产、泄露公司经营和技术秘密等损害公司或子公司利益、声誉等的违法违纪行为，直接或间接损害公司或子公司利益。 （3）因犯罪行为被依法追究刑事责任。 （4）被证券交易所公开谴责或宣布为不适当人选。 （5）因重大违法违规行为被中国证监会、股权系统予以行政处罚。 （6）以欺诈、胁迫等手段或乘人之危，使公司或子公司在违背真实意思的情况下订立劳动合同、劳务合同或其他合同 / 协议的。 （7）董事会认定的其他情形
15	限制约定	激励对象发生如下情形之一的，在情况发生之日，对激励对象已获准行权但尚未行使的期权终止行权，其未获准行权的期权由公司注销，持股平台的有限合伙人中珠集团（或其指定的主体）有权按照最近一期每一合伙份额的净资产值进行回购： （1）成为公司独立董事或其他不能持有公司股票或股票期权的人员。 （2）与公司或子公司之间的劳动合同、劳务合同或其他合同 / 协议到期后，双方不再续签合同的。 （3）经与公司或子公司协商一致提前解除劳动合同、劳务合同或其他合同 / 协议的。 （4）主动从公司或子公司辞职或与公司或子公司解除合同 / 协议的。 （5）公司或子公司依法单方终止或解除与激励对象的劳动合同、劳务合同或其他合同 / 协议的。 （6）董事会认定的其他情形

续表

序号	要素	描述
16	限制约定	激励对象发生如下情形之一的，在情况发生之日，对激励对象已获准行权但尚未行使的期权继续保留行权权利，但激励对象或其法定继承人应在90日内完成行权，其未获准行权的期权由公司注销： （1）退休且退休后不继续在公司或子公司任职的。 （2）因丧失劳动能力而离职，因执行职务导致丧失劳动能力的除外。 （3）死亡，因执行职务导致死亡的除外。 （4）董事会认定的其他情形
17	限制约定	激励对象发生如下情形之一的，其所获授期权不做调整，仍按本激励计划的规定执行： （1）退休但仍在公司或子公司任职，且符合本激励计划规定的激励对象条件的。 （2）丧失劳动能力但仍在公司或子公司任职且符合本激励计划规定的激励对象条件的，或因执行职务导致丧失劳动能力的。 （3）激励对象因执行职务导致死亡的。 （4）公司安排激励对象至关联公司任职的。 （5）职务变动但仍在公司或子公司任职，且符合本激励计划规定的激励对象条件的。 （6）董事会认定的其他情形
18	管理机构	股东大会作为公司最高权力机构，负责审议批准本激励计划的实施、变更及终止事项。股东大会可在法律、法规、规章、规范性文件及《公司章程》允许的范围内将本激励计划变更、终止等事项的审批权限授予董事会。 董事会作为本激励计划的管理机构，负责起草、制订、修改本激励计划，并报股东大会审议和批准，同时在股东大会授权范围内办理本激励计划相关事宜。 监事会是本激励计划实施的监督机构，负责审核激励对象资格，并对本激励计划的实施是否符合相关法律、法规、规章、规范性文件进行监督

可行权期与限售数量见附表10-1。

附表 10-1 可行权期与限售数量

行权批次	可行权期	可行权数量		
		基础期权	定向期权	超额奖励期权
第一期	2016.3.1~2016.3.31	567 万份	193.05 万份	0
第二期	2017.3.1~2017.3.31	756 万份	不超过 270 万份	不超过 405 万份
第三期	2018.3.1~2018.3.31	567 万份	三期累计不超过 540 万份	三期累计不超过 810 万份

评价与启示

本期权计划分为三个部分，分别是基础期权、定向激励期权和超额激励期权，三者的比例为 58% ： 17% ： 25%。在该方案公布后，有 30 名员工按照 2.70 元 / 股的价格认购了公司的基础期权，认购总额为 567 万份（120 万股），占总股本的 2.1%。这次激励相当于期股激励，没有等待期，该 30 名员工成为激励对象后就拥有行权，且第一个行权期不设公司业绩考核。

经过查阅，蓝氧科技 2015 年净利润为 1 293 万元，2016 年净利润为 2 799 万元，符合第二期的行权条件。2017 年净利润为 2 832 万元，低于股权激励的“2017 年净利润达到 2 880 万元”的行权条件，不符合第三期的行权条件。因此也很遗憾，在 2017 年 12 月，蓝氧科技决定终止股权激励计划。

【案例 2】黄国粮业业绩基金激励模式

公司简介

河南黄国粮业股份有限公司成立于 2002 年，是一家集稻米精深加工、贸易、科研和综合利用为一体，财政参股的民营企业。公司位于中部粮仓、国家粮食核心产区——信阳市，交通便利、气候温和、雨量充沛，下辖“黄国粮业”等品牌。经过十几年的快速发展，黄国粮业已经发展成为资产总值和年销售收入接近 10 亿元的企业，公司主要生产水磨糯米粉，年产销量超过 15 万吨，同时也生产大米粉和黑米粉，公司具有先进的技术设备和强大的研发实力，具备专业的水磨稻米粉生产能力。自创立之日起，黄国粮业便确立了“黄国品质、健康生活”的产品理念，做放心产品、健康产品的要求始终贯穿公司运营全过程，赢得了“中国汤圆黄国粉”的业界共识。

股权激励基本信息

股权激励基本信息见表 10-3。

表 10-3　股权激励基本信息

公司名称	河南黄国粮业股份有限公司		
挂牌市场	新三板	挂牌时间	2014-11-12
股权激励模式	激励基金	已执行批次	1 次

激励基金方案摘要

激励基金方案摘要见表 10-4。

表 10-4　激励基金方案摘要

序号	要素	描述
1	激励原则	（1）“客观、公正、有效、实事求是”的原则。 （2）“责、权、利”相统一的原则。 （3）“激励与约束并重、个人薪酬与公司长远利益”相结合的原则。 （4）“短期激励与中长期激励”相结合的原则。 （5）坚持“激励基金专款专用”的原则。 （6）符合国家法律、法规、规范性文件和《公司章程》规定的原则
2	方案有效期	本方案适用年度：2015~2018 年度
3	激励对象	（1）公司董事会聘任的高级管理人员。 （2）对公司整体业绩和持续发展有直接影响的中层管理人员、核心技术（业务）人才以及公司所需的其他关键人才。 （3）公司董事会认定的应当予以激励的其他员工。 所有被激励对象必须在本次激励的考核期内于公司或公司的控股子公司任职并已签署劳动合同。激励对象必须经董事会考核合格后方可具有获得授予当期业绩激励基金的资格
4	激励模式	业绩基金

续表

序号	要素	描述
5	提取条件	公司年度业绩激励基金的提取须同时满足以下条件： （1）当年度实现的归属股东的净利润（扣除非经常性损益前后孰低者，下同）增长率超过 10%。 （2）当年度净资产收益率不低于 6%（包括 6%）。 （3）最近的会计年度财务报告审计意见为“标准无保留意见”。 （4）最近一年内公司未发生因重大违法违规行为被监管单位予以行政处罚的情形
6	激励总量	若满足提取条件所述内容，以当年度净利润增加额（当年度激励基金提取前净利润减去年年度净利润）为基数，按照 20% 的比例提取年度业绩激励基金
7	个量确认	公司股东大会审议通过当年经审计的年度报告后，若满足上述第七条所列的所有内容，则业绩激励基金管理办公室根据高级管理人员、骨干员工等当年的工作情况，拟定当年参与业绩激励基金分配的激励对象建议名单，并根据激励对象当年的职务级别、任职时间、绩效考核结果等因素，拟定激励对象当年分配的激励基金建议额度，在股东大会审议通过公司年度审计报告后 30 日内报公司董事会秘书批准
8	定价	免费
9	限制约定	如果激励对象当年发生下列情形，则其不享有当年业绩激励基金实施方案的资格： （1）未经公司同意，擅自终止雇佣关系的。 （2）严重违反法律法规和公司相关规定被辞退的。 （3）因工作过失被免职的。 （4）本方案第六条规定的情形。 （5）违反本方案等规定的情形
10	退出规定	本方案的实施周期内，如激励对象因退休、丧失行为能力、死亡（包括宣告死亡），则按照其当年的任职时间等因素计算应分配的业绩激励基金，且后续年度不再享有继续参与年度业绩激励基金实施方案的资格
11	职务调整规定	本方案的实施周期内，因工作正常调动致使激励对象职务发生变动，如变动后仍属于激励对象范围的，则按照职务任职时间等因素分别计算应分配的业绩激励基金；如变动后不再属于激励对象范围的，则按照实际任职时间等因素计算应分配的业绩激励基金

续表

序号	要素	描述
12	管理机构	股东大会为公司年度业绩激励基金实施方案的最高决策机构，审议批准《年度业绩激励基金实施方案》及每年《业绩激励基金计提和分配方案》。 公司董事会为公司年度业绩激励基金实施方案的最高管理机构。 董事会授权董事会秘书为公司年度业绩激励基金实施方案的管理机构

评价与启示

这是一个增值权的变形简单应用，即设定一个年基础业绩基准，超过基准的部分之后，会从公司的超额的可分配利润中，提取20%的奖金基金奖励给公司的高管员工。也可以理解为年终奖的升级模式，即公司营业收入增长超过预期，重奖；如果营业收入没有超过预期，就没有奖励。

这种模式可以概括为“业绩基金”模式，其优点是不涉及公司股权的变更和股份权利，员工既不享受股权的分红权，也不享受股权的增值权，只能享受业绩超额增长部分的“奖励”。对于想稳妥实施股权激励的企业而言，是一种风险极低的激励方案。

【案例3】合全药业期权+增值权激励

公司简介

合全药业是在中美两地均有运营的药明康德子公司，服务于生命科学行业，拥有卓越的化学创新药研发和生产的能力和技术平台。作为全球新药合作研究开发生产领域（CDMO）的领军企业，合全药业致力于为全球合作伙伴提供从原料药（API）到制剂，高效、灵活、高质量的一站式解决方案。

合全拥有一支大规模的化学工艺团队，超过1 000名经验丰富的研究人员和科学家为客户提供全方位的解决方案，包括：合成路线筛选工艺开发、优化和放大确定起始原料、中间体和原料药（API）的质量控制策略，工艺验证其先进的生产设备能够在cGMP条件下生产从公斤级到吨级的中间体和创新原料药（API）。

股权激励基本信息

股权激励基本信息见表 10-5。

表 10-5　股权激励基本信息

公司名称	上海合全药业股份有限公司		
挂牌市场	新三板	挂牌时间	2015-04-03
股权激励模式	期权 + 增值权 + 员工持股计划	已执行批次	3 次
批　　次	2016 年公司针对公司中国籍员工制订了期权激励计划。 2016 年公司针对公司外籍人士制订了增值权激励计划。 2017 年公司额外制订了员工持股计划，与期权、增值权计划并存		

2016 年公司中国籍员工的期权激励计划

2016 年公司中国籍员工的期权激励计划见表 10-6。

表 10-6　2016 年公司中国籍员工的期权激励计划

序号	要素	描述
1	激励目的	为了进一步建立、健全公司长效激励机制，吸引和留住优秀人才，充分调动公司管理层及员工的积极性，有效地将股东利益、公司利益和管理层、员工个人利益结合在一起，使各方共同关注公司的长远发展，在充分保障股东利益的前提下，按照收益与贡献对应的原则，根据《中华人民共和国公司法》等有关法律、法规和规范性文件以及《公司章程》的规定，制订本计划
2	激励原则	（1）依法合规：严格按照法律、行政法规、规章及监管部门规范性文件的规定履行程序。 （2）自愿参与：本着自愿参与、量力而行的原则，不以摊牌、强行分配等方式强制员工参与。 （3）风险自担：参与人员盈亏自负，风险自担。 （4）激励与约束相结合：激励长期业绩达成，挂钩业绩指标，强化共同愿景，绑定核心员工与股东的长期利益

续表

序号	要素	描述
3	激励对象	激励对象可为下列人员： （1）公司董事（不包括独立董事）、监事、高级管理人员。 （2）公司中层管理人员。 （3）公司核心技术（业务）人员。 本计划激励对象均为中国籍自然人，除公司董事、监事外，其他所有激励对象必须在本计划规定的考核期内在公司或其控股子公司中任职并与公司或其控股子公司签署劳动合同。激励对象经考核合格后方可具有被授予股票期权的资格
4	激励模式	期权激励
5	持股方式	激励对象在可行权日以行权价格和行权条件通过直接认购或间接认购（包括但不限于通过其认购的证券公司资产管理计划、私募股权基金等合规金融产品认购）方式购买一股公司股票的权利
6	激励总量	本计划拟授予激励对象 540 万份股票期权，占本计划生效日公司股份总数 12 000 万股的 4.5%
7	个量确认	公司董事会制定
8	有 效 期	本计划的有效期为自授予日起十年
9	等 待 期	等待期是指股票期权授予日至股票期权可行权日之间的时间，为 24 个月，自授予日起算
10	可行权期	在本计划通过后，授予的股票期权自上述等待期满后可以分期开始行权，具体见附表 10-2
11	限售约定	（1）激励对象为公司董事、监事和高级管理人员的，其在任职期间每年转让的股份不得超过其所持有本公司股份总数的 25%；在离职后半年内，不得转让其所持有的本公司股份。

续表

序号	要素	描述
11	限售约定	（2）激励对象为公司董事、监事和高级管理人员的，将其持有的本公司股票在买入后6个月内卖出，或者在卖出后6个月内又买入，由此所得收益归本公司所有，本公司董事会将收回其所得收益。 （3）在本计划的有效期内，如果《中华人民共和国公司法》《中华人民共和国证券法》等相关法律、法规和规范性文件以及《公司章程》中对公司董事、监事和高级管理人员持有股份转让的有关规定发生了变化，则这部分激励对象转让其所持有的公司股票应当在转让时符合修改后的《中华人民共和国公司法》《中华人民共和国证券法》等相关法律、法规和规范性文件以及《公司章程》的规定
12	定　　价	本计划项下授予激励对象股票期权的行权价格均为人民币26.04元/股
13	行权期 行权条件	（1）本计划在2015~2019年5个会计年度中，分年度进行绩效考核并行权，每个会计年度考核一次，以达到绩效考核目标作为激励对象的行权条件。具体见附表10-3。 （2）本计划有效期内，根据公司内部相关考核制度及标准，激励对象每次行权前一个年度的年终考核结果在合格以上（行权前一年度年终考核在B以上，包括B），激励对象当期全部可行权份额方可行权；若行权前一年度年终考核不合格（行权前一年度年终考核低于B），则激励对象所获股票期权当期全部可行权份额由公司注销
14	限制约定	（一）职务变更 （1）激励对象职务发生变更，但仍为公司的核心技术（业务）人员，或者被公司委派到控股公司、参股公司或分公司任职，则已获授的股票期权不做变更。 （2）激励对象因不能胜任工作岗位、触犯法律、违反职业道德、泄露公司机密、失职或渎职等行为损害公司利益或声誉而导致的职务变更，经公司董事会批准，应取消激励对象尚未行权的股票期权。 （3）激励对象成为其他不能持有公司股票或股票期权的人员，则应取消其所有尚未行权的股票期权

续表

序号	要素	描述
14	限制约定	（二）解雇或辞职 激励对象因为个人考核不合格、不能胜任工作，触犯法律、违反职业道德、泄露公司机密、失职或渎职等行为严重损害公司利益或声誉而被公司解聘或因劳动合同到期不与公司续约或主动离职等离开公司的，自离开之日起所有未行权的股票期权即被取消。 （三）丧失劳动能力 激励对象因执行职务负伤而导致丧失劳动能力的，其所获授的股票期权不做变更，仍可按规定行权。激励对象非因执行职务负伤而导致丧失劳动能力的，自情况发生之日起所有未行权的股票期权即被取消。 （四）退休 激励对象因达到国家和公司规定的退休年龄退休而离职的，其所获授的股票期权不做变更，仍可按规定行权。 （五）死亡 激励对象死亡的，自死亡之日起所有未行权的股票期权即被取消。但激励对象因执行职务死亡的，公司应当根据激励对象被取消的股票期权价值对激励对象进行合理补偿，并根据法律由其继承人继承。对于因上述被取消或失效的股票期权，或因个人业绩考核被取消的期权，由公司注销
15	限制约定	（一）在本计划实施过程中，激励对象出现如下情形之一的，其已获授但尚未行使的期权应当终止行使： （1）最近三年内被证券交易所或全国中小企业股份转让系统公开谴责或宣布为不适当人选的。 （2）最近三年内因重大违法违规行为被中国证监会或全国中小企业股份转让系统予以行政处罚的。 （3）具有《中华人民共和国公司法》第146条规定的不得担任董事、监事、高级管理人员情形的。 （二）在本计划股票期权授予日前，当激励对象出现离职或者岗位变化情况不适宜继续被激励时，公司董事会有权在保持股票期权总数不变的情况下，对激励名单进行调整，并履行相关审批及披露程序。 （三）其他未说明的情况由董事会酌情商讨，并确定其相应的处理方式

续表

序号	要素	描述
16	管理机构	（一）股东大会作为公司的最高权力机构，负责审议批准本计划的实施、变更和终止。 （二）董事会是本计划的执行管理机构，负责拟订和修订本计划，报公司股东大会审批和主管部门审核（如需），并在股东大会授权范围内办理本计划的相关事宜。董事会有权根据实际需要为本计划执行成立专门的工作组或其他机构，负责本计划的具体实施

附表 10-2　可行权期

行 权 期	行权时间	可行权数量占激励对象获授期权数量比例
第一个行权期	自等待期届满之日后的首个交易日起至等待期届满之日起 12 个月内的最后一个交易日当日止	20%
第二个行权期	自等待期届满之日起 12 个月后的首个交易日起至等待期届满之日起 24 个月内的最后一个交易日当日止	20%
第三个行权期	自等待期届满之日起 24 个月后的首个交易日起至等待期届满之日起 36 个月内的最后一个交易日当日止	20%
第四个行权期	自等待期届满之日起 36 个月后的首个交易日起至等待期届满之日起 48 个月内的最后一个交易日当日止	40%

附表 10-3　行权期行权条件

行 权 期	绩效考核目标
第一个行权期	2015 年度营业收入不低于人民币 12.5 亿元且 2016 年度营业收入不低于人民币 14.375 亿元
第二个行权期	2017 年度营业收入不低于人民币 16.562 5 亿元
第三个行权期	2018 年度营业收入不低于人民币 18.75 亿元
第四个行权期	2019 年度营业收入不低于人民币 20.625 亿元

2016 年公司外籍人士的增值权激励计划

2016 年公司外籍人士的增值权激励计划见表 10-7。

表 10-7　2016 年公司外籍人士的增值权激励计划

序号	要素	描述
1	激励总量	本计划拟向激励对象授予的股票增值权 4.1 万份，涉及的虚拟股票数量为 4.1 万股，占本计划生效日公司股份总数 13 227.009 1 万股的 0.0310%
2	个量确认	由董事会制定
3	员工收益	每份股票增值权拥有在行权日以预先确定的行权价格和行权条件执行增值权收益的权利，如行权日公司股票收盘价高于行权价格，每份股票增值权可获得每股价差收益，公司将以现金方式支付行权日公司股票收盘价格与行权价格之间的差额
4	公司的权利义务	（1）公司具有对本计划的解释和执行权。 （2）若激励对象因触犯法律、违反职业道德、泄露公司机密、失职或渎职等行为严重损害公司利益或声誉，经公司董事会批准，取消激励对象尚未行权的股票增值权。 （3）公司根据国家税收法规的规定，代扣代缴激励对象应缴纳的个人所得税及其他税费。 （4）公司应及时按照有关规定履行股票增值权计划信息披露等义务（如需）。 （5）公司应当根据股票增值权计划及相关监管机构的有关规定，积极配合满足行权条件的激励对象按规定行权。但若因相关监管机构的原因导致激励对象不能行权，则公司不承担责任。 （6）法律、法规规定的其他相关权利义务
5	激励对象的权利义务	（1）激励对象应当认真遵守劳动合同及公司的各项规章制度，按公司所聘岗位的要求，勤勉尽责、恪守职业道德，为公司的发展做出应有贡献。 （2）激励对象获授的股票增值权在行权之前不得转让、用于担保、偿还债务或在其上设置任何他项权利。 （3）激励对象因股票增值权计划获得的收益，应按国家税法缴纳个人所得税及其他税费。 （4）自授予日起，激励对象作为公司员工继续为公司服务的时间应当不短于 5 年。 （5）激励对象不得从事损害或可能损害公司利益的活动

续表

序号	要素	描述
5	激励对象的权利义务	（6）在公司任职期间，遵守并严格执行公司股东大会、董事会的决议。 （7）不得自营或同他人合作经营与公司相竞争的业务。 （8）不得以任何方式向公司以外的第三方泄露公司的商业秘密、技术秘密。 （9）法律、法规规定的其他相关权利义务
6	其　他	其他未提及要素与股权激励计划内容相同

评价与启示

合全药业对中国境内激励对象实施了期权激励，对境外人士实施了增值权激励。期权激励中，等待期为 2 年，可行权期为 4 年，共绑定激励对象 6 年时间，达到了长期激励的目标。

合全药业 2015 年营业收入为 12.6 亿元，利润为 3.3 亿元，达到第一期行权条件。2016 年营业收入为 17.6 亿元，利润为 4.7 亿元，增长 42%，达到第二期行权条件。2017 年营业收入为 21.8 亿元，利润为 4.9 亿元，增长 5%，达到第三期行权条件。可以说，合全药业的期权激励计划非常成功。

2017 年，合全药业补充制订了第一期员工持股计划，员工可以直接购买公司的股份，本期计划共释放 104.5 万股，融资约 2 600 万元，占比不到总股本的 1%，虽然激励额度不大，但没有限制性条件，其行权方便性远超过期权激励，是期权激励的补充激励方案，从而进一步完善了公司的激励计划。

【案例 4】精冶源虚拟股权激励

公司简介

北京精冶源新材料股份有限公司成立于 2004 年，是国家级高新技术企业，2014 年 8 月在新三板挂牌上市（证券代码：831091）。公司专注于耐火材料的研究开发、生产制造、销售、工程和服务。公司的主要产品包括速干浇注料、炮泥、风口区域及炉缸浇注料、喷涂料、陶瓷耐磨料、压入料等。公司工程施工设备齐全，拥有混凝土喷湿机、变频高压注浆泵、高炉整体喷涂机器人、湿法喷涂机及湿法喷涂机器人、高压注浆泵、计量泵等工程施工设备。

公司技术力量雄厚，人才济济，研发和技术人员占比达 30% 以上。公司在技术研究和产品开发上与各大专业院校、科研院所密切合作，及时跟踪和把握行业的发展动向，并将最新科研成果迅速转化为生产力，使公司在技术和产品上始终处于领先地位。北京精冶源新材料股份有限公司以技术和服务为本，从原材料的选择、配方和生产工艺直至工程施工、服务追求精益求精，为客户提供增值服务，不断降低客户的生产成本。公司长期和科研院所合作，开展前瞻性技术研究，使公司的产品在技术性能、环保和节能减排上处于领先地位。

精冶源股权激励基本信息

精冶源股权激励基本信息见表 10-8。

表 10-8　精冶源股权激励基本信息

公司名称	北京精冶源新材料股份有限公司		
挂牌市场	新三板	挂牌时间	2014-08-19
股权激励模式	虚拟股权激励	已执行批次	1 次

2015 年虚拟股权激励方案摘要

2015 年虚拟股权激励方案摘要见表 10-9。

表 10-9　2015 年虚拟股权激励方案摘要

序号	要素	描述
1	激励目的	为提高北京精冶源新材料股份有限公司（以下简称“公司”）的经济效益水平和市场竞争能力，吸引和保持一支高素质的人才队伍，营造一个激励员工实现目标和自我管理的工作环境，倡导以业绩为导向的文化，鼓励员工为公司长期服务，并分享公司发展和成长的收益，特制定本虚拟股权激励方案
2	激励对象	虚拟股权授予对象参照如下标准确定：① 在公司的历史发展中做出过突出贡献的人员。② 公司未来发展急需的人员。③ 年度工作表现突出的人员。④ 其他公司认为必要的标准。 授予范围包括公司高级管理人员、中层管理人员、业务骨干以及对公司有卓越贡献的新老员工等

续表

序号	要素	描述
3	激励模式	虚拟股权指公司授予被激励对象一定数额的虚拟股权，被激励对象不需出资而可以享受公司价值的增长，利益的获得需要公司支付。被激励者没有虚拟股票的表决权、转让权和继承权，只有拟制分红权（获得与虚拟股权收益金额相等的激励基金）
4	有效期限	本计划的有效期限为三年，即 2015~2017 年，激励对象无偿享有公司给予一定比例的分红权，计划有效期满后，公司可根据实际情况决定是否继续授予激励对象该等比例的分红权。如在该方案的有效期内经股东大会和董事会决议通过了其他的股权激励计划，经股东大会和董事会表决后可以中止该计划
5	激励总量	在实现公司业绩目标的情况下，按照公司该年度扣除非经常性损益后净利润和虚拟股权占比核算和提取股权激励基金。即： 当年激励基金总额 = 考核年度扣除非经常性损益后净利润 × 加权虚拟股权总数 ÷ 加权实际总股本
6	个量确认	虚拟股权的授予数量，根据虚拟股权激励对象所处的职位确定股权级别及其对应基准职位股数（经董事会表决同意后基准职位股数可按年度调整），根据个人能力系数和本司工龄系数确定计划初始授予数量，根据年终绩效考核结果确定当年最终授予虚拟股权数量。 虚拟股权的初始授予数量 = 基准职位股数 × 能力系数 × 本司工龄系数。 虚拟股权的最终授予数量 = 虚拟股权的初始授予数量 × 绩效考核系数（见附表 10-4 至附表 10-7）
7	业绩目标	公司以年度营业利润作为业绩考核指标。设定的每年业绩目标为：年度营业利润增长率不低于 20%（含 20%）。上述业绩目标作为确定是否授予年度分红权激励基金的基准指标。在计算确定上述作为业绩目标的营业利润时，涉及本方案所产生的应计入考核年度的成本费用不予扣除
8	考核周期	本计划以一个完整的会计年度为一个业绩目标和考核的周期。
9	考核内容	每年年初，根据激励对象所在岗位的岗位职责，确定考核内容，包括工作态度、工作能力和工作业绩等方面的考核，其中工作业绩是重点考核内容
10	定价	免费获得

续表

序号	要素	描述
11	发放时间	当年的虚拟股红利在次年5月份发放，虚拟股红利以公司公告为准。虚拟股红利通过银行转账发放到员工银行卡上，涉及征税，公司代扣代缴
12	退出规定	从激励对象离职或被解雇之日起所授予虚拟股权自动丧失；不再享有任何分红权
13	转换条款	公司处于收购、兼并或转板上市阶段的，虚拟股权可以通过一定的对价方案转换为股票或者现金补偿，具体转换方案另行制定
14	管理机构	（1）公司董事会负责虚拟股权的组织管理工作：根据年度税后净利润确定虚拟股权分配方案；根据员工持股情况设立员工个人持股明细账户，登记员工持有的虚拟股权状况，结算年终分红收益，办理虚拟股权的授予等事宜。 （2）董事会负责审核虚拟股权授予方案。 （3）董事会负责批准授予人选，制订年终分红方案，批准虚拟股权的授予方案。 （4）股东大会负责批准虚拟股权设置方案以及年终分红方案

附表10-4　股权级别（职位股数）评定表

股权级别	评定标准	基准职位股数
1级	通过按指令能基本完成本岗位的工作任务	40 000
2级	能够独立、合格地完成本岗位的工作	60 000
3级	通过发挥自己的技术专长或团队管理能较好地完成本岗位的工作	80 000
4级	通过他人或团队管理能完成工作目标，业绩卓越且能保持团队稳定	100 000

附表10-5　能力系数评定表

能力等级	能力评定标准	能力系数
中级	◆熟练运用所掌握的知识、技能完成一般复杂程度的工作。 ◆对工作相关风险或潜在问题具有一般的认知与把控能力。 ◆能够将岗位相关经验应用于工作实际	1.0
高级	◆精通某一方面知识或技能的工作应用。 ◆能够独立处理富有挑战性和复杂的事项。 ◆能够带领一定规模的团队开展相关工作	1.1

续表

能力等级	能力评定标准	能力系数
专家级	◆能被征询意见，解决本职工作领域相关的复杂技术问题。 ◆能对其掌握的知识、技能提出战略性建议或做出合理调整。 ◆对公司业务及其工作有敏锐的洞察力并提出解决方案	1.2

附表 10-6　本司工龄系数

本司工龄	本司工龄系数
3 年以下（含）	1.0
3~5 年	1.1
5 年以上	1.2

附表 10-7　考核结果与绩效系数

序号	绩效评级	绩效系数
1	优异	1.5
2	良好	1.2
3	达标	1.0
4	不达标	0

评价与启示

该虚拟股权激励计划偏分红方向，即激励对象享有持有虚拟股权的分红权，没有增值权及其他股东权利。虚拟股权的个量授予考虑要素比较全面，包括岗位价值、个人能力、工龄、考核。其中，个人考核部分要求不高，不达标的系数为 0，只要达标或超额达标的，都可以超额获得最终的虚拟股权，这为激励方案进行了加分。

另外，激励对象没有转让权，因此获授的虚拟股权也为免费，这在“激励”方向上加分，但在“约束”方向上减分。在能力系数评定表中，能力系数从 1.0 开始，也为加分项。

截至 2016 年 6 月 30 日，精冶源已经实施完成 2015 年度虚拟股权激励，根据公司《虚拟股权激励方案（2015 年 11 月修订）》规定，2015 年度激励基金授予对象为对公司有卓越贡献的 16 名新老员工，激励基金总额为 573 408.72 元。如果按照平均数进行核算，则每个激励对象的年分红额度为 3.58 万元，这个激励力度作用不大。

精冶源 2015 年净利润为 1 707 万元，2016 年净利润为 161 万元，2017 年净利润为 261 万元，2018 年上半年未经审计利润 944 万元。可以预计公司 2016 年和 2017 年的虚拟股权激励计划相当于“失效”了，其最终发放的额度并不高。

如果精冶源第一次激励计划采用“期股 – 员工持股计划”或偏实股方向的虚拟股权，会给公司带来一定的现金流，从而进一步提升公司在 2016 年和 2017 年的市场竞争力。如果员工投钱了，公司和员工就完全绑定在一起，一损俱损，一荣俱荣。在本案例中，连续三年的虚拟股分红额太少，导致对激励对象既没有激励性，也没有约束性。当精冶源处在 2016 年和 2017 年的时候，公司为看跌股权，此时也错过了实施其他股权激励模式的时间窗口，只能耐心等待下一次时间窗口。

【案例 5】百合网员工持股计划 + 期权 + 期权转增值权激励

百合网简介

百合网以“用科技让人们的生活更幸福”为已任，秉承真诚、专业、可信赖的服务宗旨。2005 年，开创“心灵匹配，成就幸福婚姻”的独特婚恋服务模式，解决知人知面不知心的难题，将心理学引入婚恋交友领域。从 2006 年开始试水红娘服务，将先进的现代科技与传统的红娘服务结合，建设起大规模的现代红娘服务，领跑中国婚恋网站线上线下结合服务模式。从 2008 年起建立起遍布全国 70 座城市的实体店，构建了专业的红娘婚恋服务网络。2015 年，百合网启动婚恋全产业链布局，进入婚恋、情感、婚礼庆典、婚纱摄影、婚品、婚礼地产、互联网金融等领域，为百合用户提供婚恋领域全方位服务。2015 年 11 月 20 日，百合网正式挂牌新三板，是我国第一家成功登陆资本市场的婚恋企业，是名副其实的“婚恋第一股”。2017 年 9 月 8 日，百合网与世纪佳缘重组完成。目前，已有超过 1 亿注册用户在百合网上寻找他们的终身伴侣。

股权激励基本信息

股权激励基本信息见表 10–10。

表 10-10 股权激励基本信息

公司名称	百合佳缘网络集团股份有限公司		
挂牌市场	新三板	挂牌时间	2015-11-20
股权激励模式	期股模式	已执行批次	4 次
批次	2015 年 12 月，实施第一批员工持股计划。 2016 年 6 月，实施第二批员工持股计划。 2017 年 11 月，实施第三批期权激励计划。 2018 年 10 月，实施第四批期权转增值权计划		

2015 年 12 月实施第一批员工持股计划

2015 年 12 月实施第一批员工持股计划见表 10-11。

表 10-11 2015 年 12 月实施第一批员工持股计划

序号	要素	描述
1	激励目的	调动公司高中基层在职员工的积极性，建立健全激励约束机制
2	激励原则	（1）自愿认购：参与对象结合自身实际情况，如可支配资金等。 （2）共享利益：共享百合网股票增值带来的收益。 （3）共担风险：能承受百合网股票可能不增值带来的资金损失
3	激励对象	（1）公司所有在职员工。 （2）董事
4	激励模式	员工持股计划
5	持股方式	组织参与激励对象全额认购合法资产管理公司等机构发行的资管计划。该员工持股计划经营产生的费用由公司承担，收益税费由参与对象承担。如委托基金公司或资产管理公司等管理，则基金公司或资产管理公司等产生的相关费用从收益中扣除
6	股票来源	定向发行
7	激励总量	本次拟定向发行总量不超过 3 000 万份股票
8	个量确认	（1）最小持股或认购员工持股计划份额为百合网 10 000 份股票或对应的等值份额，认购的最小单位是 1 000 份股票或对应的等值份额（也即员工持股计划认购额度只能是 1 000 份股票的 N 倍，N 是整数，且大于等于 10）。 （2）参与对象设置最大持股或认购份额，最大持股或认购份额根据参与对象岗位职级、司龄、贡献度等评价，认购上限见附表 10-8

续表

序号	要素	描述
8	个量确认	（3）其他：定向发行前，公司会进行参与对象认购额度调研，如调研结束，所有参与对象累计认购额度超过拟发行总量，百合网有权按比例降低各参与对象超过认购最小单位之上的认购额度，以达到不超过拟发行总量的规定
9	资金来源	本参与对象的资金来源为参与对象自筹资金，公司承诺不为员工提供贷款以及其他任何形式的财务资助，包括为其贷款提供担保
10	定价	员工持股计划股票认购价格为 3.1 元 / 股
11	限售规定	员工持股计划的存续期为 24 个月，自股东大会或其授权机构审议通过员工持股计划之日起计算。存续期内持有人不得主动提出退出员工持股计划及收取分配收益，且持有人持有的员工持股计划权益不得用于担保、偿还债务及对外转让。 员工持股计划对应标的股票的锁定期为 6 个月，自标的股票过户之日起计算
12	转让规定	（1）员工持股计划管理：持有人会议根据公司股票二级市场上价格表现择机减持。 （2）委托基金公司或资产管理公司管理：根据公司股票二级市场上价格表现，择机完成清算，并按参与对象持有的份额进行分配
13	回购规定	公司无义务对参与对象持有的股票进行回购，但公司董事会可根据实际需要（如转板上市等）或有关法律规范性文件的要求，有权对参与对象认购的股票按照董事会确定的市场公平价格或估值进行回购，每股回购价格不低于认购价格
14	管理机构	董事会负责股权激励计划的拟订、修订和实施工作。 人力资源部和财务部负责股权激励计划的日常管理和运营

附表 10-8　个量认购的最高额度限制表

级别	最高上限（万股）	备注
董事 / 副总经理	100	单个参与对象按照其入职时间增加认购额度，入职每满 1 年可多认购 10%
总监 / 经理	50	
员工	10	

2017 年 11 月实施第三批期权激励计划

2017 年 11 月实施第三批期权激励计划见表 10-12。

表 10-12　2017 年 11 月实施第三批期权激励计划

序号	要素	描述
1	激励目的	为了进一步建立、健全公司长效激励机制，吸引和留住优秀人才，充分调动百合网中高层管理人员及主要技术（业务）人员的积极性，有效地将股东利益、公司利益和经营者个人利益结合在一起，使各方共同关注公司的长远发展，在充分保障股东利益的前提下，按照收益与贡献对等原则，根据《中华人民共和国公司法》《中华人民共和国证券法》等有关法律、法规和规范性文件以及《公司章程》的规定，制订本激励计划
2	激励对象	（1）公司董事、监事、高级管理人员。 （2）公司中层管理人员。 （3）公司主要业务（技术）人员。 （4）董事会认为对公司有特殊贡献的其他人员。 （5）预留激励对象，即激励计划获得董事会批准时尚未确定，但在本次激励计划存续期间经董事会批准后纳入激励计划的激励对象。 以上激励对象中，高级管理人员必须经公司董事会或董事会授权范围内董事长聘任。所有激励对象必须在本计划的有效期内与公司或公司合并报表范围内子公司签署劳动合同或者劳务合同
3	激励模式	期权激励
4	激励总量	计划拟向激励对象授予股票期权 11 000 万份，涉及的标的股票种类为公司普通股，约占本期权激励计划本次修订时公司股本总额 125 650 万股的 8.75%。每份股票期权在满足行权条件的情况下，拥有在有效期内以行权价格购买1股公司股票的权利
5	定价	本激励计划的股票期权行权价格为 2.41 元 / 股
6	股票来源	（1）公司向激励对象或激励对象所属的持股平台定向发行的公司股票。 （2）在期权行权时在册股东所持有的股票。 （3）法律、法规及监管机构允许的其他形式
7	期权限制	激励对象获授的股票期权不得转让、用于担保或偿还债务

续表

序号	要素	描述
8	时间约定	计划有效期：自股票期权首次授予日起 10 年。 授予日：为本计划首次授予及各次预留授予日经公司董事会审议批准之日。 等待期：股票期权授予后至股票期权可行权日之间的时间，本计划的等待期为 12 个月。 可行权日：在本计划通过后，授予的股票期权自授予日起满 12 个月后可以开始行权。可行权日必须为交易日，但不得在下列期间内行权： （1）公司定期报告公告前 30 日至公告后 2 个交易日内，因特殊原因推迟定期报告公告日期的，自原预约公告日前 30 日起算。 （2）公司业绩预告、业绩快报公告前 10 日至公告后 2 个交易日内。 （3）重大交易或重大事项决定过程中至该事项公告后 2 个交易日。 （4）其他可能影响股价的重大事件发生之日起至公告后 2 个交易日。 失效：激励对象必须在期权有效期内行权完毕，计划有效期结束后，已获授但尚未行权的股票期权不得行权，由公司注销
9	限售约定	12 个月后可行权比例不超过所获期权数量的 30%。 24 个月后可行权比例不超过所获期权数量的 35%。 36 个月后可行权比例不超过所获期权数量的 35%
10	限售约定	（1）激励对象为公司董事、监事和高级管理人员的，其在任职期间每年转让的股份不得超过其所持有本公司股份总数的 25%；在离职后半年内，不得转让其所持有的本公司股份。 （2）其他法律规定等
11	获授条件	（1）公司未发生以下任一情形： ①最近一个会计年度财务会计报告被注册会计师出具否定意见或者无法表示意见的审计报告。 ②最近一年内因重大违法违规行为被中国证监会、全国中小企业股份转让系统予以行政处罚。 ③中国证监会、全国中小企业股份转让系统认定的其他情形。 （2）激励对象未发生以下任一情形： ①最近三年内因重大违法违规行为被中国证监会、全国中小企业股份转让系统予以行政处罚； ②具有《中华人民共和国公司法》规定的不得担任公司董事、监事及高级管理人员的情形； ③公司董事会认定的其他严重违反公司有关规定的

续表

序号	要素	描述
12	行权条件	在行权期，激励对象行使已获授的股票期权需满足法律规定的授予和行权条件。同时，该激励对象在行权前一年度的绩效考核达标
13	提前或加速行权	在股票期权激励计划有效期内，公司根据实际需要可采取加速行权。工作满一年，可以提前对未来 6 个月内可行权的期权进行行权；工作满两年，可以提前对未来 12 个月内可行权的期权进行行权；以此类推，不满一年部分，可以提前对未来 3 个月内可行权的期权进行行权
14	股权回购	公司无义务对激励对象持有的股票进行回购，但是公司董事会可根据实际需要（如转板上市等）或有关法律规范性文件的要求，有权对激励对象已行权但未转让交易的股权按照董事会确定的市场公平价格或估值进行回购，每股回购价格不低于期权行权价格
15	限制约定	（一）当发生以下情况时，经公司董事会批准，在情况发生之日，对激励对象已获准行权但尚未行使的股票期权终止行权，其未获准行权的期权作废。 （1）违反国家法律法规、《公司章程》或公司内部管理规章制度的规定，或发生劳动合同约定的失职、渎职行为，严重损害公司利益或声誉，或给公司造成直接或间接经济损失。 （2）公司有充分证据证明该激励对象在任职期间，存在受贿、索贿、贪污盗窃、泄露经营和技术秘密等损害公司利益、声誉等的违法违纪行为，直接或间接损害公司利益。 （3）因犯罪行为被依法追究刑事责任。 （4）成为独立董事或其他不能持有公司股票或股票期权的人员。 （5）最近三年内被证券交易所公开谴责或宣布为不适当人选。 （6）最近三年内因重大违法违规行为被中国证监会、全国中小企业股份转让系统予以行政处罚。 （7）董事会认定的其他情况。 （二）当发生以下情况时，在情况发生之日，对激励对象已获准行权但由于公司原因尚未行使的股票期权继续保留行权权利，其未获准行权的期权作废。 对于其可保留的行权权利，公司将根据有关政策要求（包括但不限于股转系统的有关规定）进行相关处理，激励对象需按照公司有关内部规定在要求的时限内履行相关义务以保留行权

续表

序号	要素	描述
15	限制约定	权利或行使行权权利，否则激励对象已获准行权但未行使的股票期权将作废。 （1）劳动合同、劳务合同到期后，双方不再续签合同的。 （2）经与公司协商一致提前解除劳动合同、劳务合同的。 （3）因经营考虑，公司单方面终止或解除与激励对象订立的劳动合同、劳务合同的。 （4）丧失劳动能力。 （5）死亡。 （6）其他董事会认定的情况
16	资金来源	本激励计划对象行权资金以自筹方式解决，公司承诺不为激励对象依据本激励计划获取的有关股票期权提供贷款以及其他任何形式的财务资助，包括为其贷款提供担保
17	管理机构	董事会负责股权激励计划的拟订、修订和实施工作。人力资源部和财务部负责股权激励计划的日常管理和运营

2018 年 10 月实施第四批股权激励计划方案摘要（期权转增值权）

2018 年 10 月实施第四批股权激励计划方案摘要（期权转增值权）见表 10-13。

表 10-13　2018 年 10 月实施第四批股权激励计划方案摘要（期权转增值权）

序号	要素	描述
1	激励模式	期权转增值权
2	模式转换约定	2018 年 12 月 31 日前满足行权条件的全部股票期权的特殊安排： （1）为了保障被授予人享有的股票期权权利，解决被授予人资金流动性等问题，在原有股票期权权利及行权方式继续有效的前提下，公司就 2018 年 12 月 31 日前满足行权条件的全部可行权股票期权提供新的行权方式——股票期权差价折股方式。 （2）股票期权差价折股方式是按照一定比例将全部可行权股票期权折算为被直接授予的公司股票，即按照公司股票最近一次的被收购价格（4.6 元 / 股）及股票期权的授予价格（2.41 元 / 股）计算被授予人全部可行权股票期权的相应差价；并将相应差价按照公司股票最近一次的被收购价格（4.6 元 / 股）折算。

续表

序号	要素	描述
2	模式转换约定	最终将上述全部可行权股票期权折算为可被直接授予的公司股票。1 股可行权股票期权折算为 0.48 股公司股票。即折股后公司股票数为原全部可行权股票期权股数 ×0.48 股。 公司未来将按照折算后的数量直接向被授予人授予公司股票，被授予人无须为被直接授予的公司股票缴纳股票认购款项。 （3）被授予人仅能就 2018 年 12 月 31 日前满足行权条件的全部股票期权选择新行权方式，不能部分选择。被授予人确认选择行权方式后不得撤销或变更
3	其他	其他未提及要素和第三期股权激励计划内容相同

评价与启示

2015 年末，百合网实施第一次员工持股计划，共定向发行 3 000 万股，每股认购价格为 3.1 元，预期融资 9 000 余万元。2016 年中期，实施第二次员工持股计划，共定向发行 500 万股，每股认购价格为 3.15 元，预期融资共 1 500 余万元。

2017 年末，百合网实施了期权激励，计划授予 1.1 亿期权，占公司总股本 12.56 亿股的 8.75%，每股行权价格为 2.41 元，约为当时每股价格的 50%。在经过 12 个月的等待期之后，考虑到激励对象资金流动性问题，公司提出增值权计划，直接向激励对象支付卖出价和授予价格的差价，激励对象顺利获得行权收益。

经过查阅，百合网 2015 年营业收入为 1.85 亿元，净利润为 −0.5 亿元；2016 年营业收入为 1.87 亿元，净利润为 −1.1 亿元；2017 年营业收入为 6.7 亿元，净利润为 0.6 亿元。百合网可以定义为互联网公司，其营收和利润有着无限的可能。

百合网于 2015 年年末挂牌上市，此时两轮较低额度的员工持股计划直接绑定了员工，保持了公司 2016 年业绩的稳定。在预期 2017 年公司即将迎来一个较大的营业收入增长时，开始正式实施期权激励计划，时间窗口掌握得非常到位。通过对百合网的整体股权激励方案和精冶源的对比，可以看出在正确的时间内和正确的情景下，实施正确的股权激励方案是多么重要。

第十一章　上市公司股权激励案例

【案例 1】白酒：五粮液资管员工持股计划

公司简介

四川省宜宾五粮液集团有限公司是一家以酒业为核心主业，大机械、大包装、大物流、大金融、大健康五大产业多元发展的特大型国有企业集团，有"中国酒王"之称。公司占地 12 平方公里，有员工近 5 万人，拥有从明初使用至今从未停止发酵的老窖池群以及一大批现代化、规模化的酿酒车间。2017 年，集团公司实现销售收入 802.2 亿元，同比增长 14.1%；利税 222 亿元，同比增长 41%；资产总额 1 085.49 亿元，同比增长 14.0%。

股权激励基本信息

股权激励基本信息见表 11−1。

表 11-1　股权激励基本信息

公司名称	宜宾五粮液股份有限公司		
挂牌市场	深圳 A 股	上市时间	1998−04−27
股权激励模式	资管持股计划	已执行批次	1 次

国泰君安员工持股 1 号 − 宜宾五粮液第 1 期员工持股计划

国泰君安员工持股 1 号 − 宜宾五粮液第 1 期员工持股计划见表 11−2。

表 11-2　国泰君安员工持股 1 号 - 宜宾五粮液第 1 期员工持股计划

序号	要素	描述
1	制订过程	五粮液于 2015 年 10 月制订了《国泰君安员工持股 1 号 – 宜宾五粮液第 1 期员工持股计划定向资产管理合同（草案）》，并于 2017 年 5 月 15 日获得中国证监会的《关于核准宜宾五粮液股份有限公司非公开发行股票的批复》，整个过程横跨 3 年
2	激励背景	中共十八届三中全会于《中共中央关于全面深化改革若干重大问题的决定》中明确提出“允许混合所有制经济实行企业员工持股，形成资本所有者和劳动者利益共同体”。为贯彻这一精神，国务院于 2014 年 5 月 8 日发布了《国务院关于进一步促进资本市场健康发展的若干意见》，进一步提出，“允许上市公司按规定通过多种形式开展员工持股计划”。为落实上述意见，2014 年 6 月 20 日，中国证监会发布《指导意见》，为上市公司实施员工持股计划提供了明确的法律依据。 本公司作为国有控股的上市公司，为贯彻上述精神与政策，本公司依据《中华人民共和国公司法》《中华人民共和国证券法》《指导意见》等有关法律、行政法规、规章、规范性文件和《公司章程》的规定，制订了《员工持股计划草案》，并征求了员工意见。本公司部分董事、监事、高级管理人员和其他员工自愿、合法、合规地参与本员工持股计划
3	激励目的	（1）体制创新，推进上市公司混合所有制改革。 （2）进一步完善上市公司治理结构，巩固上市公司长期可持续发展的基础
4	激励原则	（1）依法合规原则。 （2）自愿参与原则。 （3）风险自担原则
5	激励对象	员工持股计划参加对象应在上市公司及其控股子公司工作，签订劳动合同
6	激励模式	员工持股计划
7	持股方式	资产管理计划
8	激励总量	本员工持股计划的总份额不超过 51 348 万份，每份份额的认购价格为 1 元，认购总金额不超过 51 348 万元

续表

序号	要素	描述
9	资金来源	参加对象认购员工持股计划份额的款项来源于参加对象的合法薪酬和通过法律、行政法规允许的其他方式取得的自筹资金。 参加对象应在中国证监会批准本次非公开发行后，根据上市公司付款指示足额缴纳认购资金。已承诺参与员工持股计划但未按缴款时间足额缴款的，自动丧失认购员工持股计划的权利，并需承担其承诺的有关违约责任
10	定价	每份份额的认购价格为 1 元 / 份。本次员工持股计划认购本公司本次非公开发行股票的价格为 23.34 元 / 股
11	股票来源	本次员工持股计划的股票来源：员工持股计划设立后委托资产管理人管理，并全额认购资产管理人设立的资产管理计划，该资产管理计划通过认购本公司非公开发行股票的方式持有标的股票。资产管理计划认购标的股票金额不超过 51 348 万元，认购股份不超过 2 200 万股。本员工持股计划份额所对应股票总数不超过本公司本次非公开发行后总股本的 10%，任一持有人持有计划份额所对应的上市公司股票数量不超过上市公司股本总额的 1%。员工持股计划持有的股票总数不包括持有人在本公司首次公开发行股票上市前获得的股份、通过二级市场自行购买的股份及通过股权激励获得的股份
12	时间约定	本次员工持股计划的存续期为 48 个月，自五粮液公告本次非公开发行的股票登记至员工持股计划名下时起算，其中前 36 个月为锁定期，后 12 个月为解锁期。 如相关法律、法规、规范性文件对标的股票出售的限制导致标的股票无法在存续期届满前全部变现的，员工持股计划的存续期限相应延期。除上述情况，延长员工持股计划存续期限的，应经本公司董事会和员工持股计划持有人大会同意
13	限制约定	员工持股计划权益在本计划存续期内的处置办法： （1）在本次员工持股计划存续期内，除本计划约定的特殊情况外，持有人所持有的本次员工持股计划份额不得转让、退出、用于抵押或质押、担保或偿还债务。 （2）标的股票锁定期内，在有可分配的收益时，员工持股计划每个会计年度可以进行收益分配，持有人按所持份额占总份额的比例取得收益。 （3）标的股票锁定期届满后的存续期内，由管理委员会选择以下处理方式之一

续表

序号	要素	描述
13	限制约定	①管理委员会向资产管理机构、深交所和登记结算公司提出申请,在届时深交所和登记结算公司系统及规则支持的前提下,按持有人所持份额的比例,将全部标的股票一次性过户至持有人个人账户。 ②管理委员会陆续变现员工持股计划资产,并按持有人所持份额的比例,分配给持有人
14	限制约定	持有人发生职务变更、丧失劳动能力、退休、死亡、离职等情况的处置办法: (1)职务变更 持有人由于上市公司调动导致职务发生变更,其持有的员工持股计划份额及权益不受影响。 (2)丧失劳动能力 持有人丧失劳动能力的,其持有的员工持股计划份额及权益不受影响。 (3)退休 持有人达到国家规定的退休年龄而退休,且愿遵守竞业禁止约定的,其持有的员工持股计划份额及权益不受影响。 (4)死亡 持有人死亡,其持有的员工持股计划份额及权益不受影响,由其合法继承人继续享有。 (5)离职 持有人离职,由管理委员会选择以下处理方式之一: ①持有的份额将被强制转让,由管理委员会决定其份额的受让人,受让人按照持有人以自有资金认购的员工持股计划所持有份额对应的认购成本价与该等份额对应资产管理计划的累计净值孰低者向持有人支付转让款。转让完成后,原持有人不再享有任何员工持股计划份额及权益。 ②终止其行使份额对应的持有人大会表决权等持有人权益,并不得取得离职日后每个会计年度的收益分配。员工持股计划终止并清算后,按其认购成本与份额对应的剩余资产孰低的原则分取剩余资产。 (6)其他情形 除上文中所规定的情形外,员工发生其他不再适合参加员工持股计划事由的,由员工持股计划管理委员会决定该情形的认定及处置

续表

序号	要素	描述
15	管理机构	持有人大会：由本次五粮液员工持股计划全体持有人组成。 管理委员会：持有人大会民主选举产生员工持股计划管理委员会，管理委员会是持有人大会的常设机构，代表全体持有人行使员工持股计划所涉五粮液股份的股东权利或者资产管理机构行使股东权利。 本公司董事会负责拟订和修改本计划草案，并在股东大会授权范围内办理本次员工持股计划的其他相关事宜。 本次员工持股计划委托上海国泰君安证券资产管理有限公司管理
16	持有人权利和义务	（1）持有人的权利如下。 ①按持有员工持股计划的份额享有本次员工持股计划的权益。 ②依照本计划规定参加持有人大会，就审议事项按持有的份额行使表决权。 ③享有相关法律、法规或本计划规定的持有人其他权利。 （2）持有人的义务如下。 ①遵守有关法律、法规及本计划的相关规定。 ②按持有员工持股计划的份额承担本次员工持股计划的风险。 ③遵守生效的持有人大会决议。 ④承担相关法律、法规或本计划规定的持有人其他义务

评价与启示

五粮液的控股股东是宜宾市国有资产经营有限公司，作为国有企业，其股权激励的实施需要政策的支持。2014 年的《国务院关于进一步促进资本市场健康发展的若干意见》和证监会发布的《指导意见》为国有企业实施股权激励扫清了政策障碍。

五粮液的股权激励计划来之不易，如果采用期权计划，则其约束性太强；如果采用限制性股票，则其激励性太强。因此，员工持股计划就刚刚好，该计划不存在绩效考核，前 3 年为锁定期，锁定期过后激励对象在 12 个月内可自由行权。

五粮液 2015 年全年利润为 61.8 亿元，2016 年全年利润为 67.8 亿元，增长率为 9.8%。在 2017 年 5 月股权激励计划获批之后，五粮液 2017 年净利润达到 96.7 亿元，增长率为 42%。由此可见，五粮液的员工持股计划效果非常明显。

【案例 2】国企：厦门钨业限制性股票

公司简介

厦门钨业股份有限公司是在上海证券交易所上市的集团型股份公司。公司前身厦门氧化铝厂始建于 1958 年，1982 年开始转产钨制品，1984 年更名为厦门钨品厂。1997 年 12 月，厦门钨品厂以发起设立方式整体改制为厦门钨业股份有限公司。2002 年 11 月，公司股票在上海证券交易所上市。

截至 2015 年年末，厦门钨业拥有 20 家控股子公司、1 家分公司，一个国家钨材料工程技术研究中心，一个稀土及能源新材料研究中心，设有两个博士后工作站。公司是国家级重点高新技术企业、国家火炬计划钨材料产业基地、国家首批发展循环经济示范企业，是国家六大稀土集团之一。厦门钨业涉及钨、钼、稀土、能源新材料和房地产等产业。

股权激励基本信息

股权激励基本信息见表 11-3。

表 11-3　股权激励基本信息

公司名称	厦门钨业股份有限公司		
挂牌市场	上海 A 股	上市时间	2002-11-07
股权激励模式	超额激励 + 限制性股份	已执行批次	2 次
批次	2013 年，实施公司超额利润员工奖励计划；2017 年，实施限制性股份激励		

2013 年公司超额利润员工奖励

为了规范整个集团的员工工资管理，在努力控制人工成本的同时，应通过超利润给予员工奖励计划，达到调动员工工作热情、提升员工队伍素质、稳定员工队伍和提升公司形象的多种目的。

公司利润主要是依靠股东的投资和员工的努力两者结合获取的，超过某一净资产回报率的“超额利润”更是因为人力资源发挥较好的结果。所以股东和员工分享这部分“超额利润”，不但是现代市场经济发展的潮流，也是合理的分配机制，使员工不再感觉公司效益的好坏与员工没有关系，进一步激活人力资源。

基准净资产为 S，超基准净资产收益率提奖比例见表 11–4。

表 11-4　超基准净资产回报率

超基准净资产回报率	提奖比例	超基准净资产回报率	提奖比例
0 ＜ S ≤ 2	3%	8 ＜ S ≤ 10	11%
2 ＜ S ≤ 4	5%	10 ＜ S ≤ 12	9%
4 ＜ S ≤ 6	7%	S ＞ 12	7%
6 ＜ S ≤ 8	9%		

净资产收益率原则上以财务报表数字为准，但对以下项目相应调整净利润后计算的净资产收益率计提奖金：① 新投资项目投产后新增固定资产所提折旧额第一年按 80%，第二年按 50%，第三年按 20% 计入净利润；② 新项目投产后其固定资产投资部分计入成本费用的贷款利息第一年按发生额的 80%，第二年按 50%，第三年按 20% 计入净利润；③ 年末应收账款账龄超过一年以上金额比年初增加数调整减少当年净利润（减少不调增）。

下属各公司计提和发放超额利润分享奖励额实行限额控制，当公司人均年薪（不含高管及二级以上技术骨干）达到公司所在地上年社会平均工资 2 倍时，超过的部分不再计提和发放。

2017 年 4 月限制性股份激励计划

2017 年 4 月限制性股份激励计划见表 11–5。

表 11-5　2017 年 4 月限制性股份激励计划

序号	要素	描述
1	审批机构	本激励计划需经福建省人民政府国有资产监督管理委员会审核批准通过后，公司方可召开股东大会审议通过本激励计划并予以实施。公司股东大会在对本激励计划进行投票表决时，独立董事应当就本激励计划向所有的股东征集委托投票权，并且公司在提供现场投票方式的同时提供网络投票的方式

续表

序号	要素	描述
2	激励目的	为了进一步建立、健全公司长效激励机制，吸引和留住优秀人才，充分调动厦门钨业股份有限公司的核心骨干员工的积极性，有效地将股东利益、公司利益和经营者个人利益结合在一起，共同关注公司的长远发展，并为之共同努力奋斗，根据《中华人民共和国公司法》《中华人民共和国证券法》、国务院国有资产监督管理委员会《国有控股上市公司（境内）实施股权激励试行办法》（国资发分配〔2006〕175 号）、《关于规范国有控股上市公司实施股权激励制度有关问题的通知》（国资发分配〔2008〕171 号）、中国证监会《上市公司股权激励管理办法》（中国证券监督管理委员会令第 126 号）等有关规定，结合公司目前执行的薪酬体系和绩效考核体系等管理制度，制订本激励计划
3	激励对象	本激励计划涉及的激励对象共计 101 人，包括： （1）董事、高级管理人员。 （2）核心技术人员、子公司高管人员、产品事业部经营班子人员。 以上激励对象中，董事、高级管理人员必须经股东大会选举或公司董事会聘任。本激励计划涉及的激励对象不包括独立董事、监事及单独或合计持有公司 5% 以上股份的股东或实际控制人及其配偶、父母、子女。 所有激励对象必须在本激励计划的考核期内于公司任职并已与公司签署劳动合同
4	激励模式	限制性股票
5	激励总量	本激励计划拟授予的限制性股票数量为 648.20 万股，占本激励计划草案公告时公司股本总额 108 157.40 万股的 0.60%。其中首次授予 588.20 万股，占本激励计划草案公告时公司股本总额 108 157.40 万股的 0.54%。预留 60 万股，占本激励计划草案公告时公司股本总额 108 157.40 万股的 0.06%，预留部分占本次授予权益总额的 9.26%
6	股份来源	本激励计划涉及的标的股票来源为公司向激励对象定向发行公司 A 股普通股
7	资金来源	激励对象认购限制性股票的资金由个人自筹，公司不得为激励对象依本激励计划获取限制性股票提供贷款以及其他任何形式的财务资助，包括为其贷款提供担保
8	定价	限制性股票的授予价格为每股 12.33 元，即满足授予条件后，激励对象可以每股 12.33 元的价格购买公司向激励对象增发的公司限制性股票

续表

序号	要素	描述
9	有效期	本激励计划有效期自限制性股票授予之日起至激励对象获授的限制性股票全部解除限售或回购注销之日止，最长不超过 72 个月
10	授予日	授予日在本激励计划经报福建省人民政府国有资产监督管理委员会、公司股东大会审议通过后由董事会确定，授予日必须为交易日。公司需在股东大会审议通过后 60 日内授予限制性股票并完成公告、登记。公司未能在 60 日内完成上述工作的，将终止实施本激励计划，未授予的限制性股票失效
11	锁定期	本激励计划授予的限制性股票限售期为自授予日起 24 个月。激励对象根据本激励计划获授的限制性股票在解除限售前不得转让、用于担保或偿还债务。具体限售时间安排见附表 11-1
12	限售约定	（1）激励对象为公司董事和高级管理人员的，其在任职期间每年转让的股份不得超过其所持有本公司股份总数的 25%；在离职后半年内，不得转让其所持有的本公司股份。 （2）在本激励计划最后一批限制性股票解除限售时，担任公司董事、高级管理职务的激励对象获授限制性股票总量的 20%，限售至任职（或任期）期满后，根据其担任高级管理职务的任期考核或经济责任审计结果确定是否解除限售。 （3）激励对象为公司董事和高级管理人员的，将其持有的本公司股票在买入后 6 个月内卖出，或者在卖出后 6 个月内又买入，由此所得收益归本公司所有，本公司董事会将收回其所得收益
13	限制约定	（一）激励对象发生职务变更，但仍在公司内，或在公司下属分、子公司内任职的，其获授的限制性股票完全按照职务变更前本激励计划规定的程序进行。 若出现降职则其获授的限制性股票未解除限售部分将按照降职后对应额度进行调整。 但是，激励对象发生如下情形时，已获授但尚未解除限售的限制性股票不得解除限售，由公司回购注销，对于已解除限售部分限制性股票公司可要求激励对象返还其因股权激励带来的收益： （1）违反国家法律法规、《公司章程》或公司内部管理规章制度的规定，或发生劳动合同约定的失职、渎职行为，严重损害公司利益或声誉，或给公司造成直接或间接经济损失。 （2）公司有充分证据证明该激励对象在任职期间，存在受贿、索贿、贪污、盗窃、泄露经营和技术秘密等损害公司利益、声誉等的违法违纪行为，直接或间接损害公司利益。 （3）因犯罪行为被依法追究刑事责任

续表

序号	要素	描述
13	限制约定	（二）激励对象因辞职、公司裁员而离职，其已获授但尚未解除限售的限制性股票不得解除限售，由公司回购注销。 （三）激励对象因退休离职不再在公司任职，其已获授但尚未解除限售的限制性股票不得解除限售，由公司回购注销。 （四）激励对象因丧失劳动能力而离职，应分以下两种情况处理： （1）激励对象因执行职务丧失劳动能力而离职的，其获授的限制性股票将完全按照丧失劳动能力前本激励计划规定的程序进行，其个人绩效考核结果不再纳入解除限售条件； （2）激励对象非因执行职务丧失劳动能力而离职的，其已获授但尚未解除限售的限制性股票不得解除限售，由公司回购注销。 （五）激励对象身故，应分以下两种情况处理： （1）激励对象因执行职务身故的，其获授的限制性股票将由其指定的财产继承人或法定继承人代为持有，已获授但尚未解除限售的限制性股票按照身故前本激励计划规定的程序进行，其个人绩效考核结果不再纳入解除限售条件。 （2）激励对象因其他原因身故的，其已获授但尚未解除限售的限制性股票不得解除限售，由公司回购注销。 （六）其他未说明的情况由董事会认定，并确定其处理方式，公司业绩考核条件达标，即达到以下条件才可执行股权激励： （1）授予日上一年度净资产收益率不低于 0.5%，且不低于上一年度对标企业 50 分位值水平。 （2）授予日上一年营业收入增长率不低于 5%，且不低于对标企业 50 分位值水平。 （3）授予日上一年度营业利润占利润总额比重不低于 75%
14	个人绩效	根据公司制定的《限制性股票激励计划实施考核管理办法》，激励对象只有在上一年度绩效考核满足条件的前提下，才能部分或全额解除限售当期限制性股票，具体解除限售比例依据激励对象个人绩效考核结果确定。解除限售期内考核若为 B 级（合格）及以上则可以解除限售当期全部份额，若为 C 级（不合格）则取消当期解除限售份额，当期全部份额由公司统一回购注销。公司绩效等级见附表 11-2。 激励对象上一年度考核及格后才具备限制性股票当年度的解除限售资格，个人当年实际解除限售额度 = 标准系数 × 个人当年计划解除限售额度。当年度激励对象未能解除限售的限制性股票由公司回购注销

续表

序号	要素	描述
15	争议解决	公司与激励对象发生争议，按照本激励计划和《股权激励协议书》的规定解决；规定不明的，双方应按照国家法律和公平合理原则协商解决；协商不成，应提交公司住所所在地有管辖权的人民法院诉讼解决
16	管理机构	（一）股东大会作为公司的最高权力机构，负责审议批准本激励计划的实施、变更和终止。股东大会可以在其权限范围内将与本激励计划相关的部分事宜授权董事会办理。 （二）董事会是本激励计划的执行管理机构，负责本激励计划的实施。董事会下设提名与薪酬考核委员会（以下简称“薪酬委员会”），负责拟订和修订本激励计划并报董事会审议，董事会对激励计划审议通过后，报股东大会审议。董事会可以在股东大会授权范围内办理本激励计划的其他相关事宜。 （三）监事会及独立董事是本激励计划的监督机构，应当就本激励计划是否有利于公司的持续发展，是否存在明显损害公司及全体股东利益的情形发表意见。监事会对本激励计划的实施是否符合相关法律、法规、规范性文件和证券交易所业务规则进行监督，并且负责审核激励对象的名单。独立董事将就本激励计划向所有股东征集委托投票权

附表 11-1　具体限售时间安排

解除限售安排	解除限售时间	解除限售比例
首次授予的限制性股票第一个解除限售期	自首次授予日起 24 个月后的首个交易日至首次授予日起 36 个月内的最后一个交易日当日止	33%
首次授予的限制性股票第二个解除限售期	自首次授予日起 36 个月后的首个交易日至首次授予日起 48 个月内的最后一个交易日当日止	33%
首次授予的限制性股票第三个解除限售期	自首次授予日起 48 个月后的首个交易日至首次授予日起 60 个月内的最后一个交易日当日止	34%

附表 11-2　个人绩效等级表

考核等级	A 级（优秀）	B 级（合格）	C 级（不合格）
标准系数	1.0	1.0	0

评价与启示

厦门钨业是国有企业，其激励计划采用了激励性较强的限制性股票计划，发行价约为方案公布前一日市场价的50%。对应的，整个股权激励计划的锁定期为2年，限售时间为3年，共绑定激励对象5~6年时间，该限制性股票对激励对象的约束性也非常强。

厦门钨业2016年扭亏为盈，当年的净利润为1.4亿元，2017年全年净利润为6.1亿元，较上年增长320%，有一个较大水平的增长。说明限制性股票实施后，对公司产生了积极影响，并且这种影响会持续到几年后。

【案例3】银行：招商银行增值权和员工持股计划

公司简介

招商银行于1987年成立于中国改革开放的最前沿——深圳蛇口，是中国境内第一家完全由企业法人持股的股份制商业银行，也是国家从体制外推动银行业改革的第一家试点银行。

截至2017年年底，招商银行境内外分支机构逾1 800家，在中国内地的130余个城市设立了服务网点，拥有6家境外分行和3家境外代表处，员工7万余人。此外，招商银行还在境内全资拥有招银金融租赁有限公司、控股招商基金管理有限公司，持有招商信诺人寿保险有限公司50%股权、招联消费金融公司50%股权；在中国香港全资控股永隆银行有限公司和招银国际金融控股有限公司，是一家拥有商业银行、金融租赁、基金管理、人寿保险、境外投行等金融牌照的银行集团。

股权激励基本信息

股权激励基本信息见表11–6。

表11-6　股权激励基本信息

公司名称	招商银行股份有限公司		
挂牌市场	上海A股＋香港H股	上市时间	2002–04–29
股权激励模式	增值权＋员工持股计划	已执行批次	5次

续表

公司名称	招商银行股份有限公司
批次	2007 年 8 月推出公司高级管理人员 H 股增值权激励计划，该增值权计划共执行 4 期； 2015 年 8 月制订 A 股第一期员工持股计划

2007 年香港增值权激励计划

2007 年香港增值权激励计划见表 11-7。

表 11-7　2007 年香港增值权激励计划

序号	要素	描述
1	激励对象	（1）行长。 （2）董事会根据需要正式任命的常务副行长。 （3）副行长。 （4）分管两个以上总行部门的行长助理。 （5）总监、董事会秘书
2	激励模式	增值权
3	激励总量	本计划拟授予的股票增值权对应的股票总量，与公司其他股权激励计划涉及的公司股票数量之和不超过公司股本总额的 10%，股票增值权由公司董事会在计划有效期内分 10 次实施与授予，原则上每年授予一次。 首次授予 129 万份股票增值权，占本激励计划签署时公司股本总额 147 亿股的 0.008 8%
4	授予价格	招商银行股票增值权授予价格取下述两个价格中的较高者： （1）股票增值权授予日的收盘价； （2）股票增值权授予日的前 5 个交易日的平均收盘价
5	有效期	本计划有效期为自股东大会通过之日起的十年时间。有效期满，公司将不再依据本计划授予激励对象任何股票增值权，激励对象依据本计划已获授的股票增值权仍依据本计划的规定行权
6	授予日	股票增值权授予日由招商银行股东大会授权董事会确定。授予日必须为交易日，且不得为下列期间： （1）定期报告公布前 30 日。 （2）重大交易或重大事项决定过程中至该事项公告后 2 个交易日。

续表

序号	要素	描述
6	授予日	（3）其他可能影响股价的重大事件发生之日起至公告后2个交易日
7	可行权日	激励对象自股票增值权授予日起满2年后可以开始行权，但下列期间不得行权： （1）重大交易或重大事项决定过程中至该事项公告后2个交易日。 （2）其他可能影响股价的重大事件发生之日起至公告后2个交易日
8	行权安排	每期股票增值权自授予日起的10年内有效。 每期股票增值权自授予日起2年内为行权限制期，在行权限制期内不得行权。 行权限制期满后的8年时间为行权有效期。行权有效期的前4年，每年生效可行权额度为当期授予总额的25%，股票增值权在生效日后至行权有效期结束都可行权。激励对象可以一次或分次行使已经生效的股票增值权。股票增值权的行使必须在可行权日内
9	绩效管理	为了实现股权激励的激励效果，促进公司长期、持续、稳定增长，保证股东和投资者的利益，需要在股权激励计划中设置相应的业绩考核指标。详细考核按照董事会通过的《招商银行股份有限公司H股股票增值权激励计划实施考核办法》执行
10	规定	（1）公司控制权变更、合并、分立。 公司发生控制权变更、合并、分立时，股票增值权计划不做变更，按照本计划执行。 （2）激励对象发生职务变更、离职、死亡。 （3）激励对象职务发生变更，但仍为公司的董事（非控股股东委派的外部董事和独立董事除外）、高级管理人员或员工，或者被公司委派到公司的子公司任职，则已获授的股票增值权不做变更。但是激励对象因不能胜任工作岗位、考核不合格、触犯法律、违反职业道德、泄露公司机密、失职或渎职等行为严重损害公司利益或声誉而导致的职务变更，经公司董事会批准，可以取消激励对象尚未行权的股票增值权。若激励对象成为独立董事或其他不能持有公司股票或股票增值权的人员，则取消其所有尚未行权的股票增值权。 （4）激励对象因触犯法律、违反职业道德、泄露公司机密、

续表

序号	要素	描述
10	规定	失职或渎职等行为严重损害公司利益或声誉而被公司解聘的，自离职之日起所有未行权的股票增值权即被取消。 （5）激励对象因执行职务负伤而导致丧失劳动能力的，其所获授的股票增值权不做变更，仍可按规定行权。 （6）激励对象因辞职而离职的，自离职之日起所有未行权的股票增值权即被取消。 （7）激励对象因达到国家和公司规定的退休年龄退休而离职的，其所获授的股票增值权不做变更，仍可按规定行权。 （8）激励对象死亡的，其持有的股票增值权可由其指定的继承人或法定继承人行使，该人必须在 1 年内（自激励对象死亡之日起）行权完毕，逾期未办理的视作放弃，终止行权

2015 年 8 月员工持股计划方案摘要

2015 年 8 月员工持股计划方案摘要见表 11-8。

表 11-8　2015 年 8 月员工持股计划方案摘要

序号	要素	描述
1	激励目的	（1）进一步完善本公司的法人治理结构，建立健全激励与约束相结合的中长期激励机制。 （2）有效稳定管理层和骨干员工队伍，调动管理层和骨干员工的能动性，促进本公司长期、持续、健康发展。 （3）以非公开发行方式实施本持股计划有利于本公司补充资本
2	激励原则	（1）依法合规：严格按照法律、行政法规、规章及监管部门规范性文件的规定履行程序。 （2）自愿参与：本着自愿参与、量力而行的原则，本公司不以摊派、强行分配等方式强制员工参与。 （3）风险自担：参与人员盈亏自负，风险自担。 （4）激励与约束相结合：激励长期业绩达成，挂钩业绩考核指标，强化共同愿景，绑定核心员工与股东的长期利益
3	激励对象	本持股计划的参加对象为对本公司整体业绩和中长期发展具有重要作用的核心骨干人员，参加对象的总人数不超过 8 500 人，其中包含本公司部分董事、部分监事、部分高级管理人员、中层干部及骨干员工以及本公司下属全资

续表

序号	要素	描述
3	激励对象	子公司的高级管理人员、非执行董事和股东监事参加本持股计划需报经相关机构批准，独立非执行董事与外部监事不参加本持股计划
4	激励模式	员工持股计划
5	持股方式	非公开发行，资管计划间接持股
6	激励总量	参加本持股计划的董事、监事和高级管理人员合计认购的持股计划份额（初始份额）不超过 7 808 000 份，占本持股计划份额（初始份额）总数的比例不超过 1.80%
7	股份来源	本持股计划所认购的股票来源为本公司本次非公开发行的 A 股股票，认购股份数量不超过 434 782 608 股，若本次非公开发行的价格因本公司股票在定价基准日至发行日期间发生除权、除息事项而进行调整，则本持股计划认购的股票数量将做相应调整
8	资金来源	本持股计划认购本次非公开发行股票的资金总额不超过 60 亿元。本持股计划的资金来源为计划持有人的合法薪酬以及经董事会核准的其他合法方式的资金来源
9	定价	本持股计划认购本次非公开发行股票的价格为 13.80 元 / 股
10	计划有效期	本持股计划的存续期为 6 年，自本公司公告标的股票过户至本持股计划名下时起算
11	锁定期	存续期前 36 个月为锁定期，锁定期届满后进入解锁期。经管理委员会提请董事会审议通过后，存续期可延长。 锁定期内，本持股计划及本持股计划委托的资产管理机构不得出售或转让标的股票，锁定期结束时，本公司将根据锁定期年度内本公司业绩目标与计划持有人个人绩效达成情况，确定符合归属条件的计划持有人以及最终可实际归属于该等计划持有人的归属份额
12	转让限制	除非本持股计划相关条款另有规定，计划持股人享有的持股计划份额禁止转让
13	约定	计划持有人发生退休、死亡、丧失劳动能力、辞职、违法违纪等情况时，应根据不同的情形，采取以下不同的处理方式。 （1）退休 计划持有人达到国家规定的退休年龄而退休，且接受竞

续表

序号	要素	描述
13	约定	业限制义务的，其持有的持股计划份额不受影响。若退休时尚在锁定期内且不接受竞业限制义务的，则由本公司在锁定期届满时确定其归属份额。 （2）死亡、丧失行为能力 计划持有人因死亡、丧失行为能力等原因离开原工作岗位的，其持有的持股计划份额不受影响，其中，死亡计划持有人的持股计划份额由其合法继承人继承。锁定期内发生前述情形的，由本公司在锁定期届满时确定其（或其合法继承人）归属份额。 （3）辞职 若计划持有人在解锁期内主动提出辞职，或劳动合同到期后不续签劳动合同，且接受竞业限制义务的，其持有的持股计划份额不受影响。锁定期内辞职或不续签劳动合同的，由本公司在锁定期届满时确定其归属份额。 （4）违法违纪 若计划持有人在本持股计划存续期内出现下述情形之一的，则自动终止其参与本持股计划的权利，且该计划持有人自动退出本持股计划： ①计划持有人违法犯罪，或者因严重失职、营私舞弊而给本公司造成重大损害的； ②计划持有人违反劳动合同、保密、竞业限制义务或员工手册等本公司规章制度的规定，其行为已经构成了本公司可以直接解除劳动合同的情形。 发生上述任何一种情形时，本公司均有权将该等计划持有人享有的持股计划份额或对应的标的股票进行处置
14	管理机构	持有人大会：本次员工持股计划由全体持有人组成。 管理委员会：持有人大会民主选举产生员工持股计划管理委员会，管理委员会是持有人大会的常设机构，代表全体持有人行使员工持股计划所涉招商银行的股东权利或者权资产管理机构行使股东权利。 董事会对员工持股计划的资产管理机构进行选任。 本公司委托广发证券资产管理（广东）有限公司作为本持股计划的资产管理机构，并与其签订资产管理合同

评价与启示

招商银行是 H+A 的模式，招商银行在 H 股实施了 4 期增值权计划，首次授予 129 万份股票增值权，占本激励计划签署时公司股本总额 147 亿股的 0.008 8%，激励对象可以享受到股票增资的收益，比较方便。

2015 年，招行实施了第一期员工持股计划，参与对象高达 8 500 人，持股价格为 13.8 元，预测 2019 年 8 月，前复权的每股价格会达到 35 元，股权价值增长 1.5 倍，员工的三年平均年化收益率达到 50%，可以说是一次比较成功的激励计划。

【案例 4】互联网：乐视期权和员工持股计划

公司简介

乐视网是国家级高新技术企业，于 2010 年 8 月 12 日在中国深交所创业板上市（股票代码 300104），是行业内全球首家 IPO 上市公司。

乐视网致力于成为世界领先的家庭互联智能娱乐服务提供商，即以用户体验为核心，结合分众自制和生态开放战略，打造以智能电视为核心的大屏互联网家庭娱乐生活，努力成为以家庭互联网为平台的消费升级大潮的引领者。乐视网拥有新乐视智家和新乐市云联等业务子公司。

新乐视智家致力于成为卓越的智慧家庭互联网平台运营商，以智能大屏为中心，整合智能硬件和智能家居，打造智慧家庭。新乐视智家秉承“极限科技、开放生态、共享价值”的产品理念，已推出超级电视、乐视盒子、EUI 等智能终端与软件，乐视超级电视拥有累计超过千万级别的高价值可运营用户，处于互联网电视品牌第一阵营。新乐视云联将围绕视频云和物联云，致力于成为领先的家庭互联智能娱乐云技术提供者，以物联云为核心创造智能家居社区解决方案。

股权激励基本信息

股权激励基本信息见表 11-9。

表 11-9　股权激励基本信息

公司名称	乐视网信息技术（北京）股份有限公司		
挂牌市场	创业板	上市时间	2010-08-12

续表

公司名称	乐视网信息技术（北京）股份有限公司		
股权激励模式	期权和员工持股计划	已执行批次	4 次
批次	2011 年 3 月第一期股票期权计划。 2013 年 2 月第二期股票期权计划。 2015 年 11 月第三期股票期权计划；2018 年 5 月终止第三期股票期权计划。 2016 年 9 月第一期员工持股计划；2018 年 2 月终止第一期员工持股计划		

2011 年 3 月第一期期权方案摘要

2011 年 3 月第一期期权方案摘要见表 11-10。

表 11-10　2011 年 3 月第一期期权方案摘要

序号	要素	描述
1	激励目的	为进一步完善乐视网信息技术（北京）股份有限公司的法人治理结构，促进公司建立、健全激励约束机制，充分调动公司高层管理人员及员工的积极性，有效地将股东利益、公司利益和经营者个人利益结合在一起，使各方共同关注公司的长远发展，根据《中华人民共和国公司法》《中华人民共和国证券法》《管理办法》以及其他法律、法规、规范性文件和《公司章程》，制订本股票期权激励计划
2	激励对象	本激励计划涉及的激励对象包括公司高级管理人员以及董事会认为需要激励的其他人员合计 260 人，但不包括公司的独立董事、监事。公司的高级管理人员包括公司总经理、副总经理、财务总监和董事会秘书
3	激励模式	期权激励
4	激励总量	公司拟向激励对象授予 660 万份股票期权，涉及的标的股票种类为人民币 A 股普通股，约占本激励计划签署时公司股本总额 22 000 万股的 3%
5	股份来源	标的股票来源为公司向激励对象定向发行乐视网股票
6	定价	激励计划授予的股票期权的行权价格为 29.17 元

续表

序号	要素	描述
7	有效期	本激励计划的有效期为自股票期权授权日起 5.5 年。每份股票期权自授权日起 5.5 年内有效
8	授予日	授权日在本计划报中国证监会备案且中国证监会无异议、乐视网股东大会审议批准后由公司董事会确定。授权日应自公司股东大会审议通过股权激励计划之日起 30 日内，届时由公司召开董事会对激励对象进行授权，并完成登记、公告等相关程序
9	等待日	指股票期权授予后至股票期权可行权日之间的时间，本计划等待期为 1.5 年
10	可行权日	在本计划通过后，授予的股票期权自授权日起满 18 个月后可以开始行权
11	禁售约定	（1）激励对象为公司董事和高级管理人员的，其在任职期间每年转让的股份不得超过其所持有本公司股份总数的 25%；在离职后半年内，不得转让其所持有的本公司股份。 （2）激励对象为公司董事和高级管理人员的，将其持有的本公司股票在买入后 6 个月内卖出，或者在卖出后 6 个月内又买入，由此所得收益归本公司所有，本公司董事会将收回其所得收益
12	授予条件	激励对象未发生以下任一情形： （1）最近 3 年内被证券交易所公开谴责或宣布为不适当人员。 （2）最近 3 年内因重大违法违规行为被中国证监会予以行政处罚。 （3）具有《中华人民共和国公司法》规定的不得担任公司董事及高级管理人员情形。 （4）公司董事会认定其他严重违反公司有关规定的
13	行权条件	（1）根据公司薪酬与绩效考核相关管理办法，激励对象上一年度绩效考核合格。 （2）行权安排：本计划有效期为自股票期权授权日起 5.5 年。 本计划授予的股票期权自本期激励计划授予日起满 18 个月后，激励对象应在未来 48 个月内分四期行权，见附表 11-3。 本计划授予在 2012~2015 年的 4 个会计年度中，分年度进行绩效考核并行权，每个会计年度考核一次，以达到绩效考核目标作为激励对象的行权条件。各年度绩效考核目标见附表 11-4

续表

序号	要素	描述
14	激励对象的权利与义务	（1）激励对象应当按公司所聘岗位的要求，勤勉尽责、恪守职业道德，为公司的发展做出应有贡献。 （2）激励对象可以选择行使期权或者不行使期权，在被授予的可行权额度内，自主决定行使期权的数量。 （3）激励对象有权且应当按照激励计划的规定行权，并按规定锁定股份。 （4）激励对象按照激励计划的规定行权的资金来源为激励对象自筹资金。 （5）在行权期内，激励对象可以分次行权，但是必须及时向公司提交《行权申请书》并准备好交割款项。 （6）激励对象获授的股票期权不得转让、用于担保或偿还债务。 （7）激励对象因激励计划获得的收益，应按国家税收法规缴纳个人所得税及其他税费
15	限制约定	（一）当激励对象发生以下情况时，经公司董事会批准，在情况发生之日，对激励对象已获准行权但尚未行使的股票期权终止行权，其未获准行权的期权作废，并且公司可要求激励对象返还其已行权的股票期权收益。 （1）违反国家法律法规、《公司章程》或公司内部管理规章制度的规定，或发生劳动合同约定的失职、渎职行为，严重损害公司利益或声誉，或给公司造成直接或间接经济损失。 （2）公司有充分证据证明该激励对象在任职期间，存在受贿、索贿、贪污、盗窃、泄露经营和技术秘密等损害公司利益、声誉等违法违纪行为，直接或间接损害公司利益。 （3）因犯罪行为被依法追究刑事责任。 （二）当激励对象发生以下情况时，在情况发生之日，对激励对象已获准行权但尚未行使的股票期权终止行权，其未获准行权的期权作废。 （1）成为独立董事、监事或其他不能持有公司股票或股票期权的人员。 （2）单方面提出终止或解除与公司订立的劳动合同或聘用合同。 （3）与公司所订立的劳动合同或聘用合同期满，个人提出不再续订。

续表

序号	要素	描述
15	限制约定	（4）因个人原因而致使公司提出解除或终止劳动合同（包括被公司辞退、除名等）。 （5）最近三年内被证券交易所公开谴责或宣布为不适当人选。 （6）最近三年内因重大违法违规行为被中国证监会予以行政处罚。 （7）具有《中华人民共和国公司法》规定的不得担任公司董事、高级管理人员情形的。 （8）因考核不合格或经总经理办公会认定不能胜任工作岗位或予以辞退的，且经公司董事会批准。 （9）薪酬与考核委员会认定的其他情况。 （三）当激励对象发生以下情况时，在情况发生之日，对激励对象已获准行权但尚未行使的股票期权继续保留行权权利，并在 6 个月内完成行权，其未获准行权的期权作废。 （1）劳动合同、聘用合同到期后，双方不再续签合同的。 （2）到法定年龄退休且退休后不继续在公司任职的。 （3）经和公司协商一致提前解除劳动合同、聘用合同的。 （4）因经营考虑，公司单方面终止或解除与激励对象订立的劳动合同、聘用合同的。 （5）薪酬与考核委员会认定的其他情况

附表 11-3 行权期约定

行权期	行权时间	可行权数量占获授期权数量比例
第一个行权期	自本次授权日起 18 个月后的首个交易日起至本次授权日起 30 个月内的最后一个交易日当日止	20%
第二个行权期	自本次授权日起 30 个月后的首个交易日起至本次授权日起 42 个月内的最后一个交易日当日止	20%
第三个行权期	自本次授权日起 42 个月后的首个交易日起至本次授权日起 54 个月内的最后一个交易日当日止	30%
第四个行权期	自本次授权日起 54 个月后的首个交易日起至本次授权日起 66 个月内的最后一个交易日当日止	30%

附表 11-4　行权对应的业绩考核目标

行权期	业绩考核目标
第一个行权期	相比 2010 年，2011 年度净利润增长不低于 35%，净资产收益率不低于 9%
第二个行权期	相比 2010 年，2012 年度净利润增长不低于 82%，净资产收益率不低于 10%
第三个行权期	相比 2010 年，2013 年度净利润增长不低于 146%，净资产收益率不低于 11%
第四个行权期	相比 2010 年，2014 年度净利润增长不低于 232%，净资产收益率不低于 12%

附表 11-5　2013 年 2 月期权对应的考核摘要

考核内容	说明	分数
职业素质、道德、心态、影响力	考核激励对象工作过程中所表现出的职业素质、道德、心态和对周围员工及利益相关者所展现出的工作热情和感染力	20 分
团队精神和领导力	考核激励对象在团队中的分工合作，为公司总体业绩目标或本部门业绩的实现作出的贡献；考核激励对象是否具有良好的领导素质，能否有效领导激励下属完成分管的工作；考核激励对象分管部门的团队精神、实力和业务发展态势	20 分
工作业绩	按目标管理考核成绩（指标业绩与目标管理成绩相结合）	60 分

具体考核办法：

（1）由被考核对象的直接上级、直接下级或相关人员进行评分，分值比例分别按直接上级 60%，直接下级或相关人员 40% 的权重进行计算。

（2）按照考核内容对激励对象的三方面考核内容进行评分。

（3）考核创新及超额工作加分。

考核期间有效果明显的工作创新或完成工作量较大的超额工作，经薪酬与考核委员会确认，获得额外加分，数值一般不超过 5 分。

（4）重大失误和违纪减分。

工作期间本人或下属发生重大差错或失误给公司造成经济损失数额较大或收受回扣、贪污等重大违纪行为应予减分 5 分以上，直至取消业绩分数。

2016 年 9 月第一期员工持股计划

2016 年 9 月第一期员工持股计划见表 11-11。

表 11-11　2016 年 9 月第一期员工持股计划

序号	要素	描述
1	激励对象	参加本员工持股计划的总人数约 28 人，其中公司监事和高级管理人员约 10 人，具体参与人数根据员工实际缴款情况确定。单一持有人所持有本员工持股计划份额所对应的标的股票数量不超过公司股本总额的 1%
2	激励模式	信托 - 员工持股计划
3	持股方式	本持股计划通过资管计划进行持股。华润信托为本员工持股计划的管理机构，根据中国证券监督管理委员会等监管机构发布的资产管理业务相关规则以及本员工持股计划相关法律文件的规定管理本员工持股计划，并维护本员工持股计划的合法权益，确保本员工持股计划的财产安全
4	激励总量	以集合计划的规模上限 51 000 万元和公司 2016 年 7 月 27 日的收盘价 48.50 元 / 股测算，集合计划所能购买和持有的标的股票数量上限约为 10 515 464 股。本集合计划为公司 5 亿元人民币股份增持计划的一部分，认购乐视网股份规模与 2015 年 9 月份高管增持金额合计保证不低于 5 亿元人民币
5	定　　价	按照公司 2016 年 7 月 27 日的收盘价 48.50 元 / 股测算
6	资金来源	参加对象参与本员工持股计划的资金来源为员工合法薪酬、自筹资金以及法律、法规允许的其他方式，本员工持股计划筹集资金总额为不超过 25 500 万元，具体金额根据实际出资缴款资金确定
7	股票来源	集合计划以二级市场购买、大宗交易等法律法规许可的方式取得并持有标的股票，持有的股票总数累计不超过公司股本总额的 10%；单一持有人所持有本员工持股计划份额所对应的标的股票数量不超过公司股本总额的 1%。集合计划将在本公司股东大会审议通过本员工持股计划后 1 个月内，通过二级市场购买、大宗交易等合法合规方式获得标的股票
8	锁 定 期	员工持股计划的锁定期即为集合计划的锁定期。集合计划通过二级市场购买、大宗交易等法律法规许可的方式所获得的标的股票的锁定期为 12 个月，自公司公告最后一笔标的股票过户至集合计划名下时起算

续表

序号	要素	描述
9	存续期	本员工持股计划的存续期为不超过 24 个月，自股东大会审议通过本员工持股计划之日起算。本员工持股计划的锁定期满后，在员工持股计划资产均为货币性资产时，本员工持股计划可提前终止。本员工持股计划的存续期届满后自行终止，也可按相关法律法规及合同约定在存续期满前提前终止或延长
10	计划变更规定	（一）员工持股计划的变更 在员工持股计划的存续期内，员工持股计划的变更须经出席持有人大会总人数的半数以上同意并提交公司董事会审议通过方可实施。 （二）员工持股计划的终止 本员工持股计划存续期届满后自行终止，并在 15 个工作日内完成清算，并按持有人持有的份额进行分配。 员工持股计划锁定期届满之后，集合计划资产均为货币资金时，本员工持股计划可提前终止。 若股东大会通过本员工持股计划后 6 个月内，集合计划未能通过二级市场、大宗交易购买等法律法规许可的方式完成标的股票的购买，则员工持股计划可经持有人会议及董事会审议通过后终止
11	限制约定	（1）在本员工持股计划存续期内，除本计划约定的特殊情况外，持有人所持有的本员工持股计划份额不得转让、退出、用于抵押或质押、担保或偿还债务。 （2）持有人丧失劳动能力的，其持有的员工持股计划份额不受影响。持有人达到国家规定的退休年龄而退休的，其持有的员工持股计划份额不做变更。持有人死亡的，其持有的员工持股计划份额不做变更，由其合法继承人继续享有。 在本持股计划存续期内，持有人与公司解除劳动关系的，持有人与公司解除劳动关系的情形包括但不限于： ① 持有人出现被追究刑事责任被公司解除劳动关系。 ② 持有人因违反公司管理制度被公司解除劳动关系。 ③ 持有人因辞职等原因与公司解除劳动关系。 ④ 持有人因劳动合同期限届满，个人决定不再续签而解除劳动关系

续表

序号	要素	描述
12	管理机构	持有人大会：本次员工持股计划由全体持有人组成。 管理委员会：持有人大会民主选举产生员工持股计划管理委员会，管理委员会是持有人大会的常设机构，代表全体持有人行使员工持股计划所涉股东权利或者权资产管理机构行使股东权利。 董事会对员工持股计划的资产管理机构进行选任。本公司委托华润信托管理本员工持股计划。公司授权董事会代替员工持股计划管理委员会与华润信托签署资产管理合同

评价与启示

乐视因为商业模式的问题，公司陷入巨大危机中。在 2011 年第一期期权激励计划中，等待期为 1.5 年。在 2013 年等待期结束后的第一个行权期内，共有 55 人离职，剩余 191 人选择行权，1.5 年内的激励对象离职比例为 22.35%，离职率有些异常。

随之，2016 年便选择了员工持股计划，本次计划主要目标是增加公司资本，2016 年财务公司的审计意见为“保留意见 + 强调事项”，2017 年的审计意见为“拒绝（无法）表示意见”，乐视股票大跌，所有股权激励计划全部“失效”，参与第一期员工持股计划的员工也损失惨重。

【案例 5】制造：美的集团业绩股票

公司简介

美的是一家横跨消费电器、暖通空调、机器人与自动化系统、智能供应链（物流）的科技集团，提供多元化的产品种类与服务，包括以厨房家电、冰箱、洗衣机及各类小家电为核心的消费电器业务；以家用空调、中央空调、供暖及通风系统为核心的暖通空调业务；以库卡集团、美的机器人公司等为核心的机器人及自动化系统业务；以安得智联为集成解决方案服务平台的智能供应链业务。

美的以“科技尽善，生活尽美”为企业愿景，将“联动人与万物，启迪美的世界”作为使命，恪守“敢知未来——志存高远、务实奋进、包容共协、变革创新”的价值观，整合全球资源，推动技术创新，每年为全球超过3亿用户及各领域的重要客户与战略合作伙伴提供满意的产品和服务，致力于创造美好生活。

美的于1968年成立于中国广东，业务与客户迄今已遍及全球。美的在世界范围内拥有约200家子公司、60多个海外分支机构及12个战略业务单位，在全球拥有约135 000名员工，业务涉及200多个国家和地区，结算货币达22种。同时，美的为全球领先机器人智能自动化公司德国库卡集团最主要股东（约95%）。

由于美的集团公司执行了十次股权激励计划，这里仅选取第二期美的集团合伙人计划作为展示。

股权激励基本信息

股权激励基本信息见表11-12。

表11-12　股权激励基本信息

公司名称	美的集团股份有限公司		
挂牌市场	深圳A股	上市时间	2013-09-18
股权激励模式	期权+限制性股份+合伙人计划	已执行批次	10次
批次	（一）5期期权计划 2014年1月第一期期权激励计划； 2015年4月第二期期权激励计划； 2016年5月第三期期权激励计划； 2017年3月第四期期权激励计划； 2018年3月第五期期权激励计划。 （二）4期集团合伙人计划 2016年3月第二期美的集团合伙人计划； 2017年3月第三期美的集团合伙人计划； 2018年3月第四期美的集团合伙人计划； 2018年3月第一期美的集团合伙人计划。 （三）1期限制性股票 2017年3月限制性股票激励计划		

2016 年 3 月第二期美的集团合伙人计划

2016 年 3 月第二期美的集团合伙人计划见表 11–13。

表 11-13　2016 年 3 月第二期美的集团合伙人计划

序号	要素	描述
1	激励目的	“新常态”下企业的经营管理和战略发展，核心是组织再造与企业创新。要成为跟上时代的企业，美的集团需要具备扁平、高效、精简的“小公司”的特质，需要具备奋斗、敬业与超强执行力的“创业公司”的特质，需要具备开放、进取、有激情、有事业冲动的“新公司”的特质。基于面向未来长期的发展和治理，构建创新的核心管理团队持股的长期激励机制，通过赋予持有人权利义务，将有效推动与促进公司“经理人”向“合伙人”的身份转变，凝聚一批具备共同价值观的时代奋斗者和事业带头人，弘扬企业家精神，促进公司长期稳健发展，实现全体股东利益一致。 持股计划的实质是“业绩股票”，且通过“持股计划”的安排以及“合伙人”特质而更长期化，实现责任共担、价值共享。 具体来说，持股计划的推出具有以下目的： （1）进一步完善公司治理机制，提升公司整体价值； （2）推动“经理人”向“合伙人”转变； （3）改善和创新薪酬激励结构
2	激励原则	（1）依法合规原则； （2）自愿参与原则； （3）长期服务原则； （4）利益共享原则； （5）风险自担原则
3	激励对象	美的集团自 2013 年上市以来，公司以“产品领先、效率驱动、全球经营”三大战略主轴为指引，深化转型，聚焦产品力与效率提升，企业盈利能力与经营质量持续增强。公司的核心管理团队是保障公司战略执行、业绩提升的决定力量，本期持股计划对象不超过以下范围： （1）公司的总裁、副总裁； （2）公司下属事业部及经营单位的总经理； （3）对公司经营与业绩有重要影响的核心责任人
4	激励模式	业绩股票（美的合伙人计划）

续表

序号	要素	描述
5	持股方式	资管计划
6	激励总量	本期计提的持股计划专项资金的总额为 8 050 万元。鉴于目前实际购买标的股票的日期、价格等存在不确定性，持股计划本期持有的股票数量尚不确定
7	个量确认	各持有人所对应的标的股票权益的额度及比例需在各期持股计划项下公司业绩考核指标达成之后，根据上一年度公司、事业部与经营单位业绩目标的达成情况及考核结果方可确定，届时公司将会另行公告
8	股票来源	持股计划投资范围为购买和持有美的集团的股票，股票来源为二级市场购买
9	资金来源	本期持股计划的资金来源为公司计提的持股计划专项基金，持股计划专项基金依据各期计划上一年度经审计合并报表净利润的一定比例计提，本期持股计划计提的专项基金为 8 050 万元，约占公司 2015 年度经审计的合并报表净利润的 0.6%
10	定价	激励对象考核达标后无偿获得公司的股票
11	存续期	本期持股计划存续期为自公司董事会审议通过之日起 4 年，存续期届满后，可由管理委员会提请董事会审议通过后延长
12	锁定期	标的股票的锁定期为不少于 12 个月，自公告完成标的股票购买起计算。法定锁定期满后，本期持股计划将严格遵守市场交易规则，遵守中国证监会、深交所关于信息敏感期不得买卖股票的规定
13	限售约定	（1）公司考核年度的业绩考核指标达成之后，根据考核年度公司、事业部及经营单位业绩目标的达成情况及考核结果确定持有人对应的标的股票额度，并将该等确定的标的股票额度的 40% 标的股票权益进行归属。 （2）持有人第一期标的股票权益归属完成之日起，满 1 年（12 个月）后，将该等确定的标的股票额度的 30% 标的股票权益进行归属。 （3）持有人第一期标的股票权益归属完成之日起，满 2 年（24 个月）后，将该等确定的标的股票额度的 30% 标的股票权益进行归属

续表

序号	要素	描述
14	限售规定	持有人享有的股票权益在归属锁定期届满后，由管理委员会委托资产管理机构集中出售归属锁定期届满的标的股票，将收益按持有人归属标的股票额度的比例进行分配。如存在剩余未分配的标的股票及其对应的分红（如有），也将统一由资产管理机构出售，收益归公司所有
15	限制约定	在本期持股计划存续期内，持有人发生如下情形之一的，管理委员会无偿收回持有人根据考核情况对应的全部标的股票权益（无论该等权益是否已经分期归属给持有人），并有权决定分配给其他持有人。 （1）触犯“公司红线”。 （2）锁定期内离任，离任审计过程中被发现任内有重大违规事项。 （3）存在管理委员会认定的严重违反公司内部管理制度等其他损害公司利益的情形
16	管理机构	持有人大会：本次员工持股计划由全体持有人组成。 管理委员会：持有人大会民主选举产生员工持股计划管理委员会，管理委员会是持有人大会的常设机构，代表全体持有人行使业绩股票计划所涉股东权利。 本期持股计划的解释权属于公司董事会

2017 年 3 月限制性股票激励计划

2017 年 3 月限制性股票激励计划见表 11-14。

表 11-14　2017 年 3 月限制性股票激励计划

序号	要素	描述
1	激励目的	为了进一步完善公司治理结构，健全公司激励机制，增强公司管理团队对实现公司持续、健康发展的责任感、使命感，确保公司发展目标的实现，公司依据《中华人民共和国公司法》《中华人民共和国证券法》《上市公司股权激励管理办法》《主板信息披露业务备忘录第 3 号—股权激励及员工持股计划》和其他相关法律、法规、规章和规范性文件以及《公司章程》制订本计划

续表

序号	要素	描述
2	激励原则	（1）本计划激励对象为对经营单位和部门承担主要管理责任的高层管理人员及董事会认为对公司经营业绩和未来发展有直接影响的其他管理人员。 （2）公平、公正、公开。 （3）激励和约束相结合，风险与收益相对称。 （4）股东利益、公司利益和员工利益一致，有利于公司的可持续发展。 （5）维护股东权益，为股东带来更高效、持续的回报
3	激励对象	本激励计划首次授予的激励对象共计 140 人，激励对象为对经营单位和部门承担主要管理责任的高层管理人员及董事会认为对公司经营业绩和未来发展有直接影响的其他管理人员
4	激励模式	限制性股票
5	激励总量	本次激励计划拟授予激励对象的限制性股票数量 2 979 万份，对应的标的股票数量 2 979 万股，占美的集团已发行股本总额的 0.46%
6	股份来源	公司将通过向激励对象定向发行股票作为本计划的股票来源
7	定价	首次授予限制性股票的授予价格为每股 16.86 元。为本计划草案摘要公布前 20 个交易日内的公司股票交易均价的 50% 即 16.86 元
8	有效期	本计划有效期为自限制性股票授予之日起至激励对象获授的限制性股票全部解除限售或回购注销之日止，最长不超过 60 个月
9	授予日	授予日在本计划经公司股东大会审议通过后由公司董事会确定
10	锁定期	本计划授予的限制性股票限售期自激励对象获授限制性股票完成登记之日起算，且授予完成日和首次解除限售日之间的间隔不得少于 12 个月。激励对象根据本激励计划获授的限制性股票在解除限售前不得转让、用于担保或偿还债务
11	限售约定	见附表 11-6
12	解售条件	见附表 11-7
13	财务影响	见附表 11-8

续表

序号	要素	描述
14	个人绩效	根据公司制定的《美的集团股份有限公司 2017 年限制性股票激励计划实施考核管理办法》，激励对象行权只有在前一年度个人考核及所在单位考核均为“达标”的，激励对象对应考核当年计划解除限售的限制性股票均可解除限售；所在经营单位层面业绩考核为“一般”的，激励对象对应考核当年计划解除限售的限制性股票中的 65% 可以解除限售，考核当年计划解除限售的限制性股票中的 35% 不得解除限售，由公司回购注销；所在经营单位层面业绩考核为“较差”的，激励对象对应考核当年计划解除限售的限制性股票均不得解除限售，由公司回购注销
15	限制约定	激励对象在本计划有效期结束前，发生职务变更、离职或死亡等情况后，按照以下规定处置： （1）激励对象因降职，不再符合参与本计划的职务要求，已解除限售的限制性股票继续有效，已获授但尚未解除限售的限制性股票将由公司回购并注销。 （2）激励对象发生下列情形之一的，已解除限售的限制性股票继续有效，已获授但尚未解除限售的限制性股票将由公司按本计划规定的条件进行解除限售。激励对象除不再受个人业绩条件限制之外，其他解除限售条件仍然有效。 ① 激励对象符合相关政策并经公司批准正常退休，且在本计划有效期内未从事与公司相同业务的投资及任职。 ② 激励对象因工丧失民事行为能力（其获授的限制性股票可由其监护人代其行使）。 ③ 激励对象因工死亡（其获授的限制性股票将由其指定的财产继承人或法定继承人继承）。 ④ 因重大疾病（以国家认定为“重疾”范围为准）在岗时间不足一年，导致个人层面业绩考核不达标的，经所在经营单位申请及公司审议后，按实际在岗时间相应折算当年度可解除限售的限制性股票数

附表 11-6　激励对象限售时间安排

解除限售安排	解除限售时间	解除限售比例
首次授予的限制性股票第一个解除限售期	自首次授予日起 12 个月后的首个交易日至首次授予日起 24 个月内的最后一个交易日当日止	1/3

续表

解除限售安排	解除限售时间	解除限售比例
首次授予的限制性股票第二个解除限售期	自首次授予日起 24 个月后的首个交易日至首次授予日起 36 个月内的最后一个交易日当日止	1/3
首次授予的限制性股票第三个解除限售期	自首次授予日起 36 个月后的首个交易日至首次授予日起 48 个月内的最后一个交易日当日止	1/3

附表 11-7　公司层面业绩考核解售条件

解除限售期	业绩考核指标
第一次解除限售期	2017 年的净利润不低于前三个会计年度的平均水平
第二次解除限售期	2018 年的净利润不低于前三个会计年度的平均水平
第三次解除限售期	2019 年的净利润不低于前三个会计年度的平均水平

附表 11-8　限制性股票激励的财务成本摊销

摊销期	第一个 12 个月	第二个 12 个月	第三个 12 个月	第四个 12 个月	合计
摊销金额（万元）	6 147.46	6 147.46	2 829.40	1 070.14	16 194.46

根据财务测算，首次授予 2 424 万份限制性股票总成本为 16 194.46 万元，在授予日后 48 个月内进行摊销。

评价与启示

美的股权激励计划考虑不可谓不长远，多种模式的激励计划构成了美的整体的激励计划，其中业绩股票激励性最强，主要针对公司的高管，高管只要完成对应的业绩要求，公司就会计提奖金激励，计提的奖励基金会用来购买公司的股票，并无偿赠予激励对象。

限制性股票的激励性次之，主要是期权激励的补充，因此采用的次数也最少，在全部 10 次股权激励方案中，只采用过一次。期权激励的激励性排在最后，是用于美的内部核心人员较为普遍的激励方式，共实施过 4 次。

2015 年，美的营业收入为 1 384 亿元，净利润为 127 亿元；2016 年营业收入为 1 590 亿元，净利润为 146 亿元，净利润较上年增长 15%；2017 年营业收入为 2 407 亿元，净利润为 172 亿元，净利润较上年增长 17%。

美的 2015 年每股价格为 20 元，到 2018 年每股市场价格约 40 元，3 年内，每股价格增长 100%，平均每年增长 33%，在 2019 年股市恢复后，预期激励对象的年化收益率会超过 35%。通过数据可以看出，美的激励计划取得了重大成功。

· 第四部分 ·

股权激励的要素

第十二章　股权激励的十大目的

股权激励的目的也被称为股权激励的目标。目标会指导我们如何上路，如何到达最终的目的地。如果目标不明确或有偏差，那么最终的结果就会有差池。从员工角度看，员工对股权激励是有“期望值”的，这个期望值在不同员工之间有所不同，如果股权激励的最终目标没有有效地管理好员工的期望值，那么，这个股权激励方案在最开始就是“失败的”。因此，万事开头，从制定目标开始。股权激励常见的目的和目标如下。

1. 企业半盈利半亏损，激励员工奋斗

在有些情况下，部分中小企业处于一种非常微妙的状态。如果企业稍微加一把劲，就可以盈利，但如果稍微松一口气，企业就不盈利。尤其是当企业人员达到一定规模时，企业家在管理上有所乏力，企业处于亏损与盈利的中间地带。此时，股权激励的作用，就能明显地体现出来。通过股权激励，被激励的员工都会视自己为企业的一分子，为自己的企业多努力一分，而这多努力的一分，就能让公司处于盈利状态。

2. 回报员工

改革开放以来，国家经济快速发展。搭班子合伙一起下海闯荡成为改革中的亮点。其中部分企业家或者合伙人的文化水平并不高，但也明白知恩图报这个道理。对于员工而言，也明白跟着一个好的经营者是明智的选择。当进入 21 世纪，部分企业的效益上来了，企业的收益超过千万。当

经营者（大股东）自己一年能拿几百万几千万时，也不能忘了一起闯荡的兄弟。这种利益共享天经地义，如若不然，就会落得一个不好的名声。此时的股权激励更多的目的是犒劳一起经历风雨的兄弟，共享收益，同时也落得一个好名声。

3. 充当高智商群体的润滑剂

大型公司内部的关系和沟通极为复杂。直线事业群、矩阵制组织架构中无法做到最完美的衔接。按照管理的基本原则，情商、人际管理是调节这些关系的重要润滑剂，但这些润滑剂源自每个成员自身。执行过股权激励之后，这些高智商人群之间就被另一条无形的线给串联起来了，这条线让这些高智商人群多了一份包容，多了一份忍耐。股权激励充当了这些高智商群体的润滑剂，让高智商群体之间的关系趋向于完美。

4. 来自人性的思考

自古以来，都不乏贪官和奸臣，对应的也会有类似的“不好德”的企业家，认为自己的所得都是自己的功劳，从来没有把其他能人或辛苦人放在心上。通过各种方式让员工做最难的工作，拿最少的薪水。但今天这个时代有所不同，高管可以跳槽，可以跳槽到竞争对手那里去。对于一些营销高管而言，如果和原有的企业闹得很不愉快，那么这些营销高管给原有企业带来的损失，将是不可估量的。如果营销高管总带着所有资源和其他高管跳槽到竞争对手，这是非常可怕的事情。痛苦会让人思考，留住一个能人的最终方式还是要“给够”，其中股权激励必不可少。

5. 来自管理层的压力

天下没有永远的朋友，只有永远的利益。公司效益不断地提升，公司人员规模也逐渐扩大，而人多就会产生授权和分权。对于一些大型公司而言，这些分子公司的总经理手中的“权”就逐渐大了起来，而其权力过大就会和总部的关系变得微妙。其中不乏出现分子公司或当权经理为自己谋福利的事情。

总部也缺乏有效的监控手段，如果挑明这件事情，那么就没有人来继续打江山。而如果不挑明这件事情，这些当权者私下总是做小动作，从而让管理陷入一种“僵局”中。总部和创始人也是如坐针毡。此时，与其让这种“灰色问题”存在，还不如让灰色问题透明化，那就是执行股权激励，鼓励各个能者在公司政策下可以拿到公司的收益，从而实现双赢。

6. 利益调节工具

在所有的股权激励模式中，有一种模式被称为“降落伞计划”，含义是让不符合公司发展的老员工平安合理地落地。如何做到呢？就是凭借限制性股权来执行。“在 1 年内离开原有岗位，并继续担任公司顾问，并获得 × 万股股份。如果不离开，则不进行奖励。”此时降落伞计划可以很好地处理老员工与新人的替换关系。如果这种关系处理不好，那么原有的老员工就会百般阻碍新人的工作；而处理得好，老员工就会给新人足够的支持，阻碍与支持新人的两种态度，带来的效果完全不一样。此时，降落伞计划起到了很好的利益调节作用，成为一种上好的管理工具。

7. 提升凝聚力，提高生产效率，提升薪酬竞争力，降低员工流失率

现金是即时交易工具，也就是在通过现金获取劳动力或生产资料后，这笔交易就结束了。而股权一般是非即时交易，这就容易产生凝聚力。凝聚力的产生需要固定的场景和时间沉淀，而股权激励的实施就提供了这种场景。股权激励作为非即时交易，可以有效提升员工的凝聚力，从而最终提升劳动生产效率，提升薪酬竞争力，降低员工流失率。

8. 上市前做动员准备或投资人要求

公司上市，就如同新娘子要出嫁了，要打扮得漂漂亮亮。这时需要全体员工的共同努力，在上市之前执行股权激励方案，除了考虑定价、税收、投资人要求外，最重要的是气势。上市是一个标志事件，标志着公司进入一个新的阶段，在新的阶段中，企业会面临着新的挑战，而股权激励会让员工的气势进入这个阶段的巅峰，好为下一个阶段的胜利做好准备。

9. 初创期减少支付成本

对于初创中小微企业而言，找到搭配适合的合伙人能让企业快速地迭代。人才一方面看能力，另一方面看匹配度。能人总是有本事的，对企业发展有关键的作用，但相应的，其薪酬也较高。在企业成长初期，无力支付较高的薪酬，但可以用部分股权来进行支付，从而降低了企业的财务成本。

10. 面向员工融资

对于发展中期的部分企业而言，其处于一个尴尬的转型境地，财务现金流紧张，企业处于一个瓶颈期。此时企业如果有一笔资金进入，就可以再次焕发生机。此时如果资金断裂，企业将有可能就此走下坡路或者失控。

此时在员工对企业有信心的情况下，可以通过股权激励，释放一定比例的股权，面向员工融资，一个几百万的现金流入可能就会让这家企业复活生机。

11. 有哪些错误的股权激励目的

（1）别人都在做股权激励，我也要做。

有些企业家在听过股权激励的相关课程，或者看到自己的同行在试行股权激励之后，也随之心血来潮，也要做股权激励方案。而企业是否适合做股权激励，主要看企业当前的情况是否适合，如果适合，就可以做。如果不适合，就要调整内部的环境或等待最佳的时机，再进行股权激励。盲目跟风只会破坏企业内部原有的文化和环境，从而让企业进入下一个情景中。当战略管理、人力资源管理、绩效管理、阿米巴在中国流行时，初学企业都是一片狂热。之后部分企业就会遇到应用难、实践难、水土不服的问题，认真理解和掌握激励的本质是实施股权激励的前提。

（2）干不下去了，股权激励是融资的一个手段。

有些企业在陷入困局时，企业家可能会孤注一掷。部分企业家无法接受自己的失败，有的甚至无法正确看待自己的失败，此时就会走一些极端。比如，面向员工融资就是一种策略，通过画大饼式的愿景描绘，吸纳员工的资金继续运营企业，而此时企业可能已经回天乏力，此时的股权激励只是企业家孤注一掷的最后一点筹码。企业在破产或企业家消失不见时，员工的血汗钱就没有了，这对员工来讲，是巨大的损失。

（3）股权激励是“欺骗”求职者的一种手段。

对于一些“不好德”的企业家而言，做股权激励完全是被动的。当有些求职者提出对应的条件后，企业家既想留住这个能人，又不想给出真正的股权，此时就会“应付”。第一种是口头承诺，如“公司后期有统一的政策和规划，按后期统一的政策和规划执行”。第二种，给出一个无法兑现和实现的股权激励方案，如公司的业绩达到某种指标之后，就可以获得对应的股权激励。这些方式都将股权激励给用偏了，不可取。

第十三章　定激励对象 / 持股方式

1. 股权激励可以有哪些对象

从广义上看，凡是对公司有利的所有人员，都可以成为公司的股权激励对象。比如，投资者、员工、上游供应商、下游经销商、消费者、同行等五类激励对象。其中，公司和投资者之间的激励行为一般表现为《对赌协议》。公司和同行之间的激励发生案例较少，一般多以收购、合并等方式进行。公司和员工之间表现为股权激励。公司和上下游企业之间表现为股权激励和股权合作等。

从狭隘的角度来看，只有和公司签订劳动合同的正式员工才能够成为公司的激励对象。对于上市公司而言，激励对象更多地偏向在职的劳动合同员工，因为对于成熟期的企业而言，股权激励更多的目标是激励现在，而不是激励过去，因此多会忽略不在职的员工。对于中小民营企业成长期而言，企业主要的目的是通过股权激励来激励现在，现在还没有成果，当然要激励能够留到未来的员工，因此会偏重当前在职的员工，已经离职的员工对公司的贡献是远远不够的，不在考虑范围内。

2. 内部激励对象应该是哪些职位

按照 20/80 定理，公司 80% 的业绩是由公司 20% 的员工创造的，因此股权激励一般不能使用平均主义和大锅饭，要重点激励前 20% 的员工。按照现代公司的职系、职位、职级进行划分，见表 13-1。

表 13-1　按照现代公司的职系、职位、职级进行划分

序号	职系	职位等
1	管理系列	总裁、副总裁等 CXO 级 总监级 经理级（部分）
2	技术系列	P5 以上
3	营销系列	P5 以上
4	产品系列	P5 以上
5	……	……

按照传统的企业，公司的人才划分见表 13-2。

表 13-2　按照传统的企业，公司的人才划分

序号	人才类型	说明
1	功臣	跟随企业一起打江山，可能能力并不出彩，但态度良好，是公司的功臣
2	能人	公司的现有核心人员，一般按照职位的等级来进行划分
3	亲人	民营企业中，家族企业是必不可少的类型。亲人之间靠血缘关系维系，信任程度远远高于“外人”，无论功与过，多少都是要给的，有的可以私下给

在进行具体的股权激励比例确定时，可以根据划分方式的不同给予一定的权重，以达到一定的平衡。

另外，针对更小规模（10~20 人）的企业而言，没有明显的上下级之分，此时排序法也是一种参考方式。即企业家将第一位员工的名字写在一张小卡片上，将员工按照重要性到不重要性进行排序。最终确定前 20%~30% 的员工即可。

3. 激励对象如何分层

激励对象的分层是指对公司的激励对象按照层次实施不同的激励政策。因为往往公司的少数高层拿到了公司最大比例的薪酬，而公司的业绩是靠全体人员共同努力而来的，此时需要对中层做出对应的激励，但其激励的

力度和模式与高层有所不同，以此达到利益上的平衡。以十万人的全球分子公司集团为例进行激励对象的分层。

表 13-3　以十万人的全球分子公司集团为例进行激励对象的分层

序号	激励对象层次	激励模式
1	各分子公司总经理	可持股总部股权
2	各分子公司骨干人员	享有所在分子公司分红权
3	总部入选高管	可持有总部期权
4	总部骨干人员	享有总部分红权
5	项目经理及项目骨干	持有项目收益及延期支付

对于一些中小微企业而言，则不存在分层这种情况，一个激励方案可以涵盖全部的激励对象。而对大型集团公司而言，其激励对象的多元性决定了股权激励方案的多元性。

4. 什么样的外部人员可以被激励

什么情况下需要用股权引入外部资源？这需要一个度。如果公司内部的资源及发展都非常稳定，那么基本不需要外部的资源。如果内部的资源远远无法支撑公司的发展，那么就需要引入外部资源。外部资源的资源引入有三种方式。第一种就是现金模式，通过现金或其他现金等值物引入该资源。第二种是资源互换，如专利技术的相互授权、人才人员的相互共享等。第三种，就是用股权整合外部资源。

如果外部资源整合得好，与公司之间产生一段关系，那么公司的发展可能会得益于这些外部资源。这些人员根据公司的需要，可以适当地被激励。外部资源主要包含如下三类。

（1）拥有雄厚资本的人。

（2）拥有丰富资源的人。

（3）拥有超人智慧的人。

凡是一切能够为企业创造价值的人，都可以进行考虑。但相应的，对其退出机制也要做认真的考虑。

5. 上市公司规定了哪些人可以成为激励对象

《上市公司股权激励管理办法》（以下简称《办法》）第八条规定：

激励对象可以包括上市公司的董事、高级管理人员、核心技术人员或者核心业务人员，以及公司认为应当激励的对公司经营业绩和未来发展有直接影响的其他员工，但不应当包括独立董事和监事。外籍员工任上市公司董事、高级管理人员、核心技术人员或者核心业务人员的，可以成为激励对象。

2018 年，《办法》做出修订，规定了在公司任职的关键外籍人员可以成为激励对象，去掉了“在境内工作的外籍人员”的限制。这是我国公司全球化的表现。

6. 法律规定哪些人不能成为激励对象

《办法》第八条：单独或合计持有上市公司 5% 以上股份的股东或实际控制人及其配偶、父母、子女，不得成为激励对象。

下列人员也不得成为激励对象。

（1）单独或合计持有上市公司 5% 以上股份的股东或实际控制人及其配偶、父母、子女，不得成为激励对象。

（2）最近 12 个月内被证券交易所认定为不适当人选。

（3）最近 12 个月内被中国证监会及其派出机构认定为不适当人选。

（4）最近 12 个月内因重大违法违规行为被中国证监会及其派出机构行政处罚或者采取市场禁入措施。

（5）具有《中华人民共和国公司法》规定的不得担任公司董事、高级管理人员情形的。

（6）法律法规规定不得参与上市公司股权激励的。

（7）中国证监会认定的其他情形。

7. 在非上市公司对激励对象是否有限制

在非上市公司中，对股权激励对象基本没有限制。在实股激励中，除了不具有民事行为的人员、工商黑名单的人员外，都可以在工商股东名册中登记。

在《关于完善股权激励和技术入股有关所得税政策的通知》（财税〔2016〕101 号）中，符合非上市公司的股权激励实行递延纳税政策。享受递延纳税政策，其中条件之一是："激励对象人数累计不得超过本公司最近 6 个月在职职工平均人数的 30%。"该通知对激励对象的人数做出了一个限制。对于有些中小微企业而言，如果其股权激励的办法不涉及转让税务，则可以不受本条款的约束。对于有些中小企业而言，如果其股权激励涉及股权转让的问题，则可以考虑该税收规定，做出激励对象人数上限的限制。并根据实际情况，做出其他不涉及转让税收的股权激励补充方案。

8. 激励对象超过 50 人、超过 200 人怎么处理

《中华人民共和国公司法》对股东人数的限制规定，有限责任公司股东不得超过 50 人，非上市股份公司股东不得超过 200 人，因此非上市公司股权激励对象往往限于高管和核心技术人员。实践中，有的公司为了符合《中华人民共和国公司法》的限制规定，通过设立代持股机构（如公司、合伙企业、资管计划等）来容纳更多的股东或合伙人，因此，在确定激励对象的人数时，应留意上述限制规定，避免股东人数成为公司未来上市的法律障碍。

9. 员工持股方式有哪些

在本股权系列第二本股权架构中，对持股的方式做出了总结。主要分为直接持股和间接持股两种方式，在间接持股方式中，多以壳公司、有限合伙企业、资管计划等方式作为间接持股的平台。

直接持股。激励对象以自然人身份直接持有公司股权，这种模式在民营企业中较为常见。在上市公司中也存在，但不是主要的持股方式。

间接持股。激励对象通过其他组织主体间接持有公司股权，激励对象人数众多时可以采用该模式。

混合持股。部分激励对象以自然人身份直接持股，部分激励对象通过间接持股主体持股。一般出现这种情况，多与公司的股权历史相关。当企业在不同情景、执行不同股权激励方案情况下，会出现不同的持股方式。

10. 持股主体有限合伙企业与壳公司的主要区别

持股主体有限合伙企业与壳公司的主要区别见表 13-4。

表 13-4　持股主体有限合伙企业与壳公司的主要区别

	有限合伙企业	壳公司（有限责任公司）
进入机制	引入新的合伙人，除合伙协议另有约定外，应当经全体合伙人一致同意	引入新股东，需要召开股东会，由代表表决权 2/3 以上股东审议通过
合伙协议修改	修改合伙协议，应当经全体合伙人一致同意，但是，合伙协议另有约定的除外	修改公司章程，由代表表决权 2/3 以上股东审议通过
税收	生产经营所得和其他所得不缴纳所得税，由合伙人分别缴纳个人所得税	需要缴纳企业所得税，同时自然人股东获得现金分红需要缴纳个人所得税
企业事务管理	由 GP（普通合伙人）执行合伙事宜，LP（有限合伙人）不执行合伙事宜，对外不得代表有限合伙企业	股东会由全体股东组成。股东会是公司权力机构，股东按照持股比例依法行使职权

第十四章　定激励总量和个量

股权激励的数量有两个含义：一个是激励对象的总量占全部股权数量的比例；另一个是每个激励对象应该持有多少股权比例。总量比较好确定，但个量的确定，则是一门艺术，它决定了激励的力度和控制权的安排问题。

1. 对非上市公司的股权激励数量有何约定

从某种意义上看，股权是股东的私人资产，其分配、转让、处置等都由其所有者的意志决定。因此，在法律无规定无约定的情况下，企业家有权利以自己的意志处理自己的股权。对于非上市公司而言，股权激励的比例没有成文的约定，企业可以根据情况来确定最终的激励总额。

2. 《办法》对上市公司的股权数量约定

《办法》第十四条规定：

上市公司全部在有效期内的股权激励计划所涉及的标的股票总数累计不得超过公司股本总额的 10%。非经股东大会特别决议批准，任何一名激励对象通过全部在有效期内的股权激励计划获授的本公司股票，累计不得超过公司股本总额的 1%。

《办法》第十五条规定：

上市公司在推出股权激励计划时，可以设置预留权益，预留比例不得超过本次股权激励计划拟授予权益数量的 20%。

上市公司应当在股权激励计划经股东大会审议通过后 12 个月内明确预留权益的授予对象；超过 12 个月未明确激励对象的，预留权益失效。

那么，这里就有一个疑问，为何激励比例不得超过总股本的 10%？这里面有两个原因。一个原因是，公司达到上市条件时，其资产较大，虽然只有 10% 的比例，但换算为现金来看，其数额也非常巨大。另一个原因是，股权的立法参考了国际的惯例，在“三权分立”的公司治理结构中，如果激励对象获得的激励股份过多，则可能会产生激励对象损害原有股东的情况，因此需要设立激励数量的上限。另外，设立上限在国有企业中的意义更明显，国企的股权属于国家，属于全体人民，不可能释放太多的股权给予任期的管理者，因此必须要有上限。

3. 确定股权激励数量的基本原则

激励对象有权利享有任职公司的股权，而不是享有非任职公司的股权，这是一个常识问题。无论是何种股权激励模式，其激励的最终目的都需要尽可能和初始目的相同。如果执行过程中和初始目的有很大的不同，那么这个股权激励注定是失败的。

某企业家有多家公司，计划做出激励计划，见表 14-1。

表 14-1　某企业家的激励计划

企业	企业市值（亿元）	激励比例	激励股份来源
互联网 A 公司	2	3%	A 公司
其他 B 公司	200	7%	A 公司

这个激励计划注定会夭折，因为 B 公司的市值是 200 亿元，得到的却是市值 2 亿元 A 公司的股权，B 公司的高管和 A 公司没有任何关系，并且 A 公司的业绩及市值也和 B 公司的高管无关，此时 B 公司高管就会对该项股权激励计划感到可笑。一方面是因为 A 公司和自己无关，另一方面是所能获得的激励收益太少了。最终这个计划就不了了之。

这并非极端的案例，在股权的改革浪潮中，我的公司每年都会遇到几起这样的案例。老板很精明，总感觉自己会吃亏，就拿出了一家盈利微弱或资产低的公司做股权激励，但这违背了股权激励的基本原则——最终双方的利益是否一致！如果不一致，那么，股权激励的用法就偏了，就达不到真正的目的。从长期看，不能达到原有的目标，就可能让员工进一步认清公司的“假激励”意图。

4. 确定总量的原则是什么

具体来说，不同的公司在确定股权激励总量时要综合考虑的几个因素见表 14-2。

表 14-2　不同的公司在确定股权激励总量时要综合考虑的因素

序号	因素	解释
1	公司股权规划	公司在资本、融资方面有着整体的规划，股权激励在其中有一定的位置，从统筹上考虑安排激励的总量
2	政策考虑	如《办法》规定了股权激励的总量不超过 10%
3	同行数据参考	考虑同行的激励总量的比例，可以作为本行业，本公司的参考。如果和同行的数据差异太大，将会很容易引起“不平衡感”
4	人力依附性	如果公司处于绝对优势地位，那么总量也会少一些。但如果公司处于高人力依附性地位，处于弱势地位，那么总量就要多一些
5	公司总资产	公司的资产越多，激励的总量比例会越少。如果资产很少，那么激励的总量自然会多一些
6	控制权安排	在股权的生死线中，累计有 10% 投票权的股东可以提出公司破产的申请。激励总量及控制权之间有一定的关系，需要考虑进行安排
7	福利程度	如果公司的福利一直较好，能够满足和激励员工的需求，那么激励总量可以少一些。如果公司没什么福利，那么激励总量可以多一些

5. 行业中激励总量的可参考数据

行业中激励总量的可参考数据见表 14-3。

表 14-3 行业中激励总量的可参考数据

公司类型	参考股权比例	说明
拟上市公司、上市公司	5%~10%	上市公司受到《办法》的限制，一般不超过 10%
资产较高的公司	1%~5%	由于公司的资产较多，其 1% 的股份可能就价值好几个亿，因此激励的总量不会太多
普通正常公司	10%~30%	一般性公司，若没有什么特殊的事项，其股权激励比例一般不超过 1/3
互联网资本战略公司	10%~20%	资本战略的公司一般需要融资 1~3 轮，因此不会释放太多的股份给予员工，否则会出现股权分散而无法继续融资之路的困局，激励总量一般水平为 10%，部分企业激励总量会达到 15%，少数企业激励总量会达到 20%
互联网非资本战略公司	10%~50%	部分公司主营业务较好，不需要资本的介入，但严重依赖人才，此时会根据人才的期望值进行股权激励，激励总量不等。一般在执行股权激励之后，不会再进行融资
传统制造加工企业	5%~50%	根据激励目的的不同，其激励模式和总量不同。传统制造加工业多为人员密集型或资产密集型企业，如果该企业发展较好，可能按照股权激励总量的正常值进行。如果该企业发展不好，可能会释放很多比例来进行融资
病毒式分子公司扩张或基于股权的商业模式设计类公司	50%~90%	基于股权的商业模式设计的某些公司，股权是公司的战略工具之一，目标是通过股权实现公司的快速扩张，因此其较高比例的股权释放多为战略意义，激励意义次之

6. 确定个量的原则是什么

在确定股权激励的总量和批次之后，此时就可以确定每个激励对象的具体股权比例了。但每个激励对象的绩效产出和历史贡献不同，因此需要加以区分。个人的股权激励数量受到何种因素的影响，见表 14-4。

表 14-4　个人的股权激励数量受到何种因素的影响

序号	因素	解释
1	职位和级别	一般职位越高，级别越高，那么得到的股权激励比例将会越多
2	过往绩效	对于同等岗位同等级别的激励对象而言，其过往的绩效也是考虑因素之一。但这个因素需要企业具有完整的绩效管理系统，明确记载着公司激励对象的过往绩效情况
3	工龄	工龄一般是常见的考虑要素，工龄越大，其权重越大
4	收入规划	为激励对象设计的未来的收入规划，会考虑其未来的收入和现有股权激励比例的关系
5	学历或证书	在国有上市公司、国企中，该项是考虑要素之一，在民营企业中，该项忽略不计
6	激励对象比例	一般被激励对象的比例不超过全体员工的 30%，考虑该要素对整体利益带来的影响

7. 确定个量的方法——总分法

总分法是较为简单的确定方法。即：在确定激励总量、激励对象数量的情况下，根据激励对象的差异，将股权激励比例赋予每个激励对象。

假如：某企业计划做股权激励，总量为 5%，激励对象为 5 人，职位分别为 1 名总工、2 名工程副总工、2 名经济副总工。

此时，可以简单地做出划分，即总工的比例为 1.4%，4 名副总工的比例各为 0.9%。由于能当上总工和副总工，其学历、在职时间几乎相差无几，就不再做另外的安排。

如：某企业计划做股权激励，总量为 10%，激励对象为 120 人，每人的股权比例是多少?

选择权重的要素，选择在职时间、职位作为决定要素，设计两个要素的权重，见表 14–5。

表 14-5　设计两个要素的权重

在职时间	权重	岗位级别	权重
入职满 10 年以上	1	总裁、副总裁	2
入职 5~10 年之间	0.8	CXO	1
入职 3~5 年之间	0.7	总监	0.7
入职 1~3 年内	0.6	经理	0.3
不满 1 年	0.5		

在确定要素权重之后，将 120 名激励对象的权重列出，如某 CXO 入职满 3 年，其**股权比例 = 测试数** ×0.7×1。通过不断地调整测试数，使得 120 名的股权激励对象比例总和趋向 10%，此时可以确定每个激励对象的具体激励比例。

8. 确定个量的方法——未来价值法

这种方法的应用和股权激励的模式紧密相关，因激励模式的不同而导致计算过程有所不同。未来价值法，就是以测算未来的激励对象的收益，反之推算现有的被激励对象的数量，从而确定现有的股权激励比例。

（1）以分红权激励模式为例。假设在餐饮行业，某厨师长的年薪为 10 万元，所在门店年净利润为 100 万元，给该厨师长的激励模式为分红激励，那么，应该给该厨师长多少比例的分红权比较合适？

根据咨询的经验，这里有一个感觉阈值需要确定，就是厨师长获得多少年终奖会感到被激励？在心理学上，激励也是可以被量化的。比如厨师长年终分红总额为 1 000 元，那么肯定不会有被激励的感觉。如果年终分红总额为 10 万元，厨师长就能够感受到被激励。因此，根据我们的咨询经验和数据库，认为餐饮行业的高管感到激励的感觉阈值为年薪的 10%~30%。在本案例中取值 30%。

解：厨师长能感觉到被激励的分红额度为：10 万元 ×30%=3 万元

占全部净利润的比例为：3 万元 ÷100 万元 =3%，即给予厨师长的年终分红的比例为 3% 较为合适。

如果该公司是一家互联网公司，激励的对象是公司的营销总监，年薪为 20 万元，公司年净利润为 200 万元，激励模式同样是分红权激励。此时，我们认为互联网高管的被激励阈值为年薪的 50%~200%，求该营销总监的分红权比例是多少。

解：营销总监能感觉到被激励的分红比例取值为 50%

营销总监能感觉到被激励分红额度为：20 万元 ×50%=10 万元

占全部净利润的比例为：10 万元 ÷200 万元 =5%，即给予营销总监的分红比例为 5% 较为合适。

（2）以上市公司的期权为例。此时我们来衡量被激励对象的感觉阈值是基于未来的几年时间，因此所用的衡量激励感觉阈值有所不同。一般用计划造出多少个百万富豪、多少个千万富豪、多少个亿万富豪来衡量。

首先明确期权收益的公司公式：

期权收益 =（未来卖出股权的价格 − 买入股权的价格）× 股权数量

假设某互联网公司，现有公司按照市盈率估值为 2 亿元，预期在 5 年后估值 10 亿元。初始设置总股本为 2 亿股，预计 5 年后总股本为 3 亿股。某总监一直跟随公司创业，计划通过对该总监进行股权激励几年后，可以达到千万级别的收益。行权的价格（买入股权的价格）为 1.33 元 / 股。求该总监的股权数量。

解：设定该总监的股权收益为 1 000 万元

5 年后公司每股价格：10 亿元 ÷3 亿股 =3.33 元 / 股

该总监每股可以获利：3.33 元 / 股 −1.33 元 / 股 =2 元 / 股

该总监最少可获得的股权数量为：1 000 万元 ÷2 元 / 股 =500 万股

500 万股占现有总股本的 2.5%。

因此，可以看出，未来价值法的测算方式要比总分法更加确定，其方法的核心就是精准地掌握被激励对象的激励感觉阈值。如果激励额度太大，就会给公司带来一定的财务压力；如果激励额度太小，则起不到激励的作用。

9. 股权激励中控制权安排的问题

这个问题同样和激励模式密切相关。从控制权角度来看，股权可以分为两类：一类是“不带有”控制权的股权，如分红权、虚拟股权等；另一类是“带有”控制权的股权，如工商注册股、市场上流通的股票等。

对于“不带有”控制权的股权在转让、继承和扭转之后，该部分股权依然“不带有”控制权。

对于“带有”控制权的股权，若有对控制权安排的需求，可以通过《委托股权管理协议》《一致行动人》等协议或其他方式进行控制，但在转让、继承和扭转之后，原有的控制协议可能会作废，被转让、继承和扭转后的股权可能就“恢复”了控制权，此时需要在原有协议中进行明确约定或后续过程中重新进行约定。

对于股份上市有限公司，同股同权，天经地义。员工获得激励的股权之后，可以在市场上自由地买卖，其股权的控制权也随之扭转。一般对该部分股权不做限制，也很难做出限制。一般对激励对象的持有较多股权激励的关键人物进行一定的控制。

通过对激励对象的股权做出一定的控制权安排，并联合总体股权控制权的安排，最终形成了公司整体的控制权体系。

10. 上市公司股数是如何调整的

若激励对象在行权前公司有资本公积转增股本、派送股票红利、股票拆细、配股或缩股等事项，应对股票期权数量进行相应的调整。调整方法如下：

（1）资本公积转增股本、派送股票红利、股票拆细。

$$Q = Q_0 \times (1 + n)$$

其中，Q_0 为调整前的股票期权数量；n 为每股的资本公积转增股本、派送股票红利、股票拆细的比率（每股股票经转增、送股或拆细后增加的股票数量）；Q 为调整后的股票期权数量。

（2）配股。

$$Q = Q_0 \times P_1 \times (1 + n) / (P_1 + P_2 \times n)$$

其中，Q_0 为调整前的股票期权数量；P_1 为股权登记日当日收盘价；

P_2 为配股价格；n 为配股的比例（配股的股数与配股前公司总股本的比例）；Q 为调整后的股票期权数量。

（3）缩股。

$$Q = Q_0 \times n$$

其中，Q_0 为调整前的股票期权数量；n 为缩股比例（1 股公司股票缩为 n 股股票）；Q 为调整后的股票期权数量。

第十五章　定价格/估值

股权激励的价格和数量是决定激励效果的两个重要因素，一般放在一起综合考虑。价格和数量最终综合决定了激励对象的收益情况。

收益 =（卖出价 − 买入价）× 股权数量

从购买者角度看，价格有购买价格和行权价格之分。购买价格是指激励对象购买公司股权时的每股价格；行权价格是指激励对象行使权利时购买或卖出公司股权的每股价格。两者价格的本质含义相同，但行权价格含义更加广泛。

从财务成本角度看，价格有成本价格、溢价价格、低于成本价格之分。成本价格一般是指按照净资产为基础核算的每股价格，溢价价格一般是指按照公司估值为基础核算的每股价格；低于成本价格，一般是指低于每股净资产的价格。

对于企业而言，则需要考虑如下问题：激励对象要不要花钱购买？以什么样的价格购买？

1. 哪些激励模式是不需要激励对象花钱购买的

激励模式是否需要花钱购买，见表 15−1。

表 15-1　激励模式是否需要花钱购买

激励模式	是否需要花钱购买	非上市公司 是否可以为 0 元	上市公司 是否可以为 0 元
股票期权	是	可以	否
期股	是	可以	否
业绩股权	是	可以	否

续表

激励模式	是否需要花钱购买	非上市公司 是否可以为 0 元	上市公司 是否可以为 0 元
干股	是 / 否	可以	可以
限制性股权	是	可以	否
虚拟股权	是 / 否	可以	可以
股票增值权	—	—	—
延期支付	—	—	—

其中，股票增值权和延期支付不需要花钱购买，因此其价格为 0 元。干股和虚拟股权的情形要视具体的模式而论，干股现在一般收取风险抵押金，这笔资金可以看作购买股权要付出的行为。对于偏分红的虚拟股权模式而言，一般也不需要花钱购买，但对于偏实股形式的虚拟股权则需要花钱购买。

除此之外的其他激励模式都需要花钱购买，不过在有的情形下，激励对象可以以 0 元的价格进行购买，0 元的含义代表有支付这个行为或动作，不同于不支付。

有些情况下，0 元的价格只是相对激励对象而言，对公司而言则不是 0 元的成本，公司可能对该笔激励费用进行了买单，代表着激励对象获取的股权是有价格的。

2. 公司估值和价格之间的关系

公司的每股价格 = 公司市值 ÷ 公司总股本

公司价值 = 公司股本数量 × 每股价格

公司市值主要是指上市公司在资本市场上公司的总市值。估值则更多地应用于非上市公司，即通过各种估值方法对公司进行估值。“企业市值”和“企业估值”在本书中统称为“企业价值”。

其中，净资产是指企业资产总额减去负债总额后的净额，可以理解为企业的“成本价值”，上市后的市值一般要远远大于净资产，是企业的“溢出价值”。简单理解，某个产品生产成本价是 10 元 / 个，销售价是 15 元 / 个，其中 10 元是成本价，15 元是销售价。

理解每股价格与企业价值之间的关系是为股权定价的基础。

3. 《办法》中上市公司对股权激励价格的约定

《办法》第二十六条

出现本办法第十八条、第二十五条规定情形，或者其他终止实施股权激励计划的情形或激励对象未达到解除限售条件的，上市公司应当回购尚未解除限售的限制性股票，并按照《中华人民共和国公司法》的规定进行处理。对出现本办法第十八条第一款情形负有个人责任的，或出现本办法第十八条第二款情形的，回购价格不得高于授予价格；出现其他情形的，回购价格不得高于授予价格加上银行同期存款利息之和。

第二十三条　限制性股票

上市公司在授予激励对象限制性股票时，应当确定授予价格或授予价格的确定方法。授予价格不得低于股票票面金额，且原则上不得低于下列价格较高者：

（一）股权激励计划草案公布前 1 个交易日的公司股票交易均价的 50%。

（二）股权激励计划草案公布前 20 个交易日、60 个交易日或者 120 个交易日的公司股票交易均价之一的 50%。上市公司采用其他方法确定限制性股票授予价格的，应当在股权激励计划中对定价依据及定价方式做出说明。

第二十九条　股票期权

上市公司在授予激励对象股票期权时，应当确定行权价格或者行权价格的确定方法。行权价格不得低于股票票面金额，且原则上不得低于下列价格较高者：

（一）股权激励计划草案公布前 1 个交易日的公司股票交易均价。

（二）股权激励计划草案公布前 20 个交易日、60 个交易日或者 120 个交易日的公司股票交易均价之一。

上市公司采用其他方法确定行权价格的，应当在股权激励计划中对定价依据及定价方式做出说明。

4. 上市公司如何定价

上市公司一方面要遵守《办法》对激励价格的规定，另一方面要进行激励收益的测算。其中，期权的定价是基于方案公布时的每股价格，那么只有公司的市值是高增长型的，激励对象才能获利，否则就达不到既定的效果。另外，限制性股票的定价不得低于方案公布时每股价格的 50%，其对激励对象的激励效果要远远强于期权激励。

在假设企业的市值是高成长的情况下，此时的定价是基于未来的市值的。如果定价过低，那么激励对象可以轻松行权获得较高的收益，达不到约束的效果。如果定价过高，就容易打击激励对象的积极性，导致“激励”的作用不理想，企业应当结合自身情况综合考虑。

5. 非上市公司如何定价

非上市公司在股权激励定价方面没有法律的单独规定，因此其定价也较为灵活。

未来价值法中，数量和价格都是关键的核算要素，通过已知的条件可以推算出未知的条件，沿用以上案例，示例如下。

（1）以分红权激励模式为例。

假设在餐饮行业，某厨师长的年薪为 10 万元，所在门店年净利润为 100 万元，给该厨师长的激励模式为分红激励，给予的股权比例为 3%，预计每年分红 3 万元，请问该厨师长应该花多少钱购买该分红权?

由于分红不需要激励对象花钱购买，但为了提升激励对象的感觉，特设定购买金额，厨师长年薪 10 万元和每年分红 3 万元，考虑到厨师长的风险承受能力，如果设定 3 万元的购买金，这个额度就太低了；如果设定 3 倍 9 万元的购买金，这个额度就太高了。此时就可以设定 6 万元的购买价格。即 6 万元可以享有 3% 的分红权，每 1% 的分红权定价为 2 万元。离职时，购买金全额退还。这种定价法主要考虑激励对象的风险承担能力，可以概括为激励对象风险承受定价法。

（2）以非上市公司的期权为例。

某互联网公司，现有公司估值 2 亿元，总股本 2 亿股，1 元 / 股。预测 5 年后公司总股本将达到 3 亿股，估值将达到 10 亿元，每股价格 3.33 元，授予 2.5% 的期权，并保证在 5 年后该总监的收入不低于 1 000 万元，求该总监行权价格。

设行权价格为 x 元 / 股。

（$3.33-x$）元 / 股 ×2 亿股 ×2.5%=1 000 万元

解 x=1.33 元

即授予该总监的期权价格不得高于 1.33 元。

通过这种定价的方法，可以推算出激励方案到底是“保健”作用大，还是“激励”作用大。下面再介绍几种定价的方法，以供参考。

6. 企业估值方法——风险承受法

企业的激励对象长期在公司工作，能从直觉上对公司的价值做出感知。当公司的定价公布时，激励对象会评估这个价格值不值。如果价格过高，可能会出现激励对象不买账，或者不愿意购买太多的情况。这表示，公司的股权定价超过了激励对象的风险承受能力。

某企业计划对总经理做出股权激励，公司的净资产约 100 万元，每年的利润约 50 万元，计划授予总经理 10% 的股权，购买价格为 100 万元（估值为 1 000 万元）。总经理听了这个方案后，直接拒绝了老板的好意，拒绝的原因就是股权太贵了。持有 10%，每年的分红为 5 万元，花 100 万元购买股权，需要 10 年才能回本，无法接受。而总经理最多给这家企业估值 300 万元，10% 的股权最多出 30 万元购买。

7. 企业估值方法——市场评估定价法

市场评估法分为两种。一种是风险投资给予的价格，风投在投资过程中，会横向对整个产业做出评估，因此风投给的价格是认真评估过的。因此，公司最近 6 个月内的风投估值是一个可参考的数据。

另一种则是寻找和本公司类似规模的同等企业，收集对应的财务数据，包含市场估值、销售额、净利润、市场占有率等数字，通过这些财务数值构建新的财务模型，将本公司的基本财务数据带入，就可求出本公司的价值。

8. 企业估值方法——净资产法

净资产是指公司的总资产与总负债的差额，反映着公司现有的价值。虽然这种定价方法不能充分反映出公司的价值，却是最容易理解的一种定价方法。如某公司的净资产为 2 000 万元，设定股本为 2000 万股，每股的股价就是 1 元。

在净资产的基础上，可以设定溢价的价值。如公司的净资产为 1 000 万元，可以按照 0.5~2 倍的比例确定公司的激励价格。如系数为 1.5 倍，则公司的股权价值可以确定为 1 500 万元，原则上不能高于激励对象的风险承受能力。

另外，在净资产的基础上，结合销售额和净利润对公司的价值进行确认。如某公司净资产为 1 000 万元，年销售额为 2 000 万元，净利润为 500 万元，设定三者的权重比例为 4 ： 3 ： 3，则公司的价值为 1 000×0.4+2 000×0.3+500×0.3=1 150（万元）。

9. 企业估值方法——净现金流量折现法

现金流量折现法是通过预测公司将来的现金流量并按照一定的贴现率计算公司的现值，从而确定股票发行价格的定价方法。投资股票为投资者带来的收益主要包括股利收入和最后出售股票的差价收入。

这种方法是较为专业的估算方法，但需要公司更多的财务数据，这些信息和数据不仅烦琐，而且有些很难估计，最终的数据分析容易受到主观意愿度的影响。

使用此法的关键是，第一，预期企业未来存续期各年度的现金流量。第二，要找到一个合理的公允的折现率，折现率的大小取决于取得的未来现金流量的风险，风险越大，要求的折现率就越高；反之亦然。

10. 企业估值方法——市盈率定价法

国内的风险投资市场，P/E 法是比较常见的估值方法。通常我们所说的上市公司市盈率有两种：一种是历史市盈率，也就是过去一年的财务市盈率值；另一种是基于当年财务预测的市盈率值。

投资人投资的是一个公司的未来，他们用 P/E 法估值：

公司估值 = 预测市盈率 × 公司未来 12 个月利润。

对于上市公司而言，市盈率都是公开透明可查的，因此针对拟上市公司或非上市公司，根据自身的规模情况，结合参考市盈率的折扣来进行估值，见表 15-2。

表 15-2 结合参考市盈率的折扣来进行估值

同行上市公司平均市盈率	自身情况	打折比例	结果
50	同等规模未上市的	0.75	37.5
50	规模中等的	0.4~0.5	20~25
50	规模较小的	0.2~0.25	10~12.5

这些“结果”是什么含义呢？比如，某互联网行业，该行业在 A 股上市公司的平均市盈率为 50 倍，该公司是一家中等规模的企业，此时可以按照 20 倍的市盈率来进行估值。假设该企业在 2018 年全年的利润为 2 000 万元，此时该企业可以估值 2 000 万元 ×20 倍 =4 亿元。

对于投资者而言，可以采用正常的市盈率确定公司的价值，但对于激励对象而言，这种方法确定的公司价值“较高”，一般在此基础上下调公司的价值。

11. 保本付息的价格的意义

有的企业在实施股权激励调研时发现，激励对象并不看好公司，对公司没有信心，不愿意出钱购买。此时，为了提高激励对象的风险承受能力，公司创始人会提出“保本付息”的计划，即如果收益低于某个值，创始人会补足亏损的部分。这种方案代表着企业的高度自信。这对员工来说，是稳赚不赔的计划，大大提升了员工的承受能力，但同时也增大了公司的财务风险，一般建议慎用。

12. 在股权定价上有哪些“促销方法”

无论是何种定价方式，其最终的结果都仅供参考。对于非上市公司而言，一般多种定价方法综合应用，然后对不同人出不同的价格。

如某企业的净资产价格为 1 000 万元，此时该企业的定价策略如下：

面对公司高管和员工，按照 500 万元的价值出售，即实行“买一送一”的策略。

面对创始人周边的一些好友愿意投资入股的，按照 2 000 万元的价值定价。

面对公司供应链上下游，按照 3 000 万元的价值定价。

面对风险投资和 PE，公司按照 5 000 万元的价值定价。

这里的“买一送一”主要考虑激励对象的风险承受能力，另外，根据测算可以核算出激励对象的潜在收益。此时促销的目的主要是给员工营造“占便宜”的氛围。

第十六章　定出资方式

在有些激励模式中，激励对象是需要花钱购买公司的股权。如果这笔资金在激励对象的承受范围内，不会出现太大的问题，但当这笔资金超出激励对象承受能力时，那么可能会出现激励对象无力行权的情况。尤其在上市公司中，激励对象需要花费数千万现金购买股权，个人是无力承担这笔费用的，此时如何出资就成了一个问题。

在美国上市公司中，面对巨额的股权激励费用时，公司可以为激励对象提供贷款或担保服务，以保证激励对象“有能力”行权。在我国，则有所不同。

1. 《办法》对出资方式的规定

《办法》第二十一条规定：激励对象参与股权激励计划的资金来源应当合法合规，不得违反法律、行政法规及中国证监会的相关规定。上市公司不得为激励对象依股权激励计划获取有关权益提供贷款以及其他任何形式的财务资助，包括为其贷款提供担保。

第二十二条规定：限制性股票在解除限售前不得转让、用于担保或偿还债务。

第二十八条规定：激励对象获授的股票期权不得转让、用于担保或偿还债务。

这些规定否定了两个资金来源的渠道：一个是公司不可以借款给激励对象或有其他任何形式的财务资助；另一个是所获得权益不得用于担保或偿还债务。因此，上市公司激励对象出资多以自筹资金为主。

2. 非上市公司的出资方式

对于非上市公司股权激励并无明确法规约定，因此只要是符合常理的出资方式都是可行的。另外，非上市公司的资产相对上市公司较小，其金额也不巨大，其资金的来源也容易解决。非上市公司的资金可以通过自筹资金、借款、薪酬抵扣、分红抵扣等方式来实现。

3. 激励对象自筹资金和分期付款

这是最常见的方式，即激励对象拿出自己的一部分资金用来认购公司的股权。对于看涨股权而言，无论多贵，激励对象都会想方设法购买。对于看跌股权而言，无论多便宜，激励对象也不一定愿意购买。

对于企业而言，如果是看涨股权，资金额超出激励对象的承受范围，可以考虑让激励对象分期付款。分期付款是大额商品常用的方法，这样可以减少激励对象的资金压力。

4. 大股东或公司贷款、质押贷款

对于上市公司而言，其中公司贷款或其他任何形式的财务资助是不可行的。但大股东借款不等于公司借款，大股东借款给激励对象是可行的。虽然这条路可行，却很少有这样的实践案例。一方面是因为金额巨大，大股东无力承担，另一方面则有着替激励对象间接“承担”风险的意味。因此，这种“亏本”的买卖很少发生。

股权质押贷款也是一项较为尴尬的渠道。上市公司的股权具有高价值、高流通性的特征，其股权质押贷款较为容易，但激励对象所持有的权益却不能进行抵押贷款。对于非上市公司而言，其股权价值相对较低，流通性较差，很难获得质押贷款，因此非上市公司的股权质押之路不通。

5. 年终奖抵扣、薪酬抵扣、分红抵扣

企业需要向激励对象发放薪酬、年终奖、分红等。结合分期付款，企业可以和激励对象商议，将激励对象的部分收益用于抵扣应付股权购买金。

其中，干股、期股、虚拟股权、限制性股份的分红都是每年发放的，可以用于抵扣。通过各种方式抵扣和分期设置，可以有效地提高激励对象的风险承担能力。

例如，某企业的激励对象需要花费 20 万元购买公司股权，则企业设计的分期付款方式见表 16-1。

表 16-1 企业设计的分期付款方式

应付股金	第一年应付 10 万元	第二年应付 10 万元
薪酬抵扣	每月薪酬扣除 2 000 元 全年合计 2.4 万元	每月薪酬扣除 3 000 元 全年合计 3.6 万元
年终奖抵扣	年终奖预计 5 万元	年终奖预计 6 万元
自筹资金	剩余部分自掏腰包	剩余部分自掏腰包

6. 激励模式设计

干股、虚拟股权等激励方式不需要激励对象出资，因此，企业可以先实施这些激励模式，一方面可以提升企业对股权激励的运营能力，另一方面可以协助激励对象积累财富。在激励对象获得足够收益之后，可再实行期权、限制性股权等激励方式。

第十七章　定股份来源

股份来源是指激励对象的股份来自哪里，如可以来自大股东转让、增资增发等。不同的来源对原有股东的控制权、分红权、现金流有不同影响，因此，要选择合适的股份来源。

1. 上市公司规定的股票来源

《办法》第十二条拟实行股权激励的上市公司，可以下列方式作为标的股票来源：

（一）向激励对象发行股份；

（二）回购本公司股份；

（三）法律、行政法规允许的其他方式。

2. 非上市公司的股份来源

非上市公司的股份来源较为丰富，主要为股份预留、注册股份转让、大股东转让、增发、无偿赠与等方式。在实际操作中，除了虚股、延期支付等模式不涉及股份来源之外，其他实股的激励模式都会涉及股份来源的问题。在上市公司中，多以维护“市值”为主，无论何种股份来源，多以回购、增发为主。非上市公司中，法律法规无严格要求，因此，可以多种模式共同组合使用，只要不违反《中华人民共和国公司法》禁止性规定即可。

3. 注册股份修改与转让

（1）注册股份修改。这是非上市公司中非常“奇葩”的一种方式，即不通过增资，也不通过增资或减资，也不通过股权转让等手续，直接通过公司章程修改股东名称和出资比例，然后到工商局重新进行登记。有点类似“注销”原有企业，然后重新根据新的股东名册注册企业。这种案例发生得极少，就目前情况来看，这种操作方式很难通过工商局的审核。

（2）注册股份转让。对于内部股东之间，可以进行股权转让，且不需要过半数股东同意，因此针对已经是股东的激励对象而言，在协商好价格之后，可以直接进行股权转让，从而增加激励对象的股份。

4. 股份预留

随着资本市场的成熟，风险投资会要求创始人在最开始预留一部分股权，目的就是为了方便以后的股权激励，且不会因为股权激励而稀释风险投资的股权。在进行预留时，有如下两种方式。第一种方式是公司成立时预留，即大股东或指定的第三方（如有限合伙、其他股东等）持有该部分股权，在后期确定股权激励对象之后，将该部分股权转让给激励对象即可。第二种方式是，在公司转增股本时，预留一部分股权，预留的股份由指定的股东代持。

预留股份和增资是两种不同的股份来源。预留股份主要以股权转让为核心，资金在股东与股东之间流动，资金不进入公司中，可以增加大股东的现金收入，另外，大股东可以以低于公司净资产的价格向激励对象发售股份。

增资是指新增公司的注册资本、公司的股本的现金增加。资金由激励对象手中流入公司。一般增资的价格不能低于公司的净资产每股价格，或不能低于风投要求的“最新一轮的估值”的每股价格，否则就会产生股份支付的问题。两种股份来源都各有优劣。

5. 定向增发

对于非上市公司而言，增发是常见的、较为简单的股份来源方式，即可以看着激励对象“投资”公司，成为公司的新股东，公司的注册资金和股本增加。

定向增发，是上市公司的股份来源主要方式，即向证监会申请一定数量的定向发行的额度，不用通过发改委的审批，获准之后增发的股权，就可满足激励对象将来行权的需要。

6. 无偿赠与和大股东转让

非上市公司中，大股东转让或原有全体股东转让，是股份来源的常见方式之一，尤其在大股东绝对控股的公司中常见，一般定价不会太高，激励对象主要以享有持有股权的分红权为主。其中无偿赠与相当于价格“接近为0”的股权激励方案，即激励对象可以“无偿”获得大股东转让的股份。

这里的“接近0”意思是指股权价格不等于0，如果等于0，相当于无偿赠与，而在《中华人民共和国合同法》第一百八十六条中，规定了“赠与人在赠与财产的权利转移之前可以撤销赠与”。因此，多数股权转让合同中会以1元的价格形式存在。另外，股权转让涉及税收的问题，虽然合同以1元价格转让，但税务局会按股权的实际价值进行评估，按照其差价的20%收取所得税。如果金额不高，则一般由公司承担；如果金额较高，则可以由激励对象和公司共同承担。

上市公司中，大股东转让会有一定的风险问题和持续性问题，一般不作为股权激励的来源。以期权为例，风险问题主要在于，上市公司的市值较高，其相对财务风险也较高，当大股东遇到个人财务问题时，其所保证的转让股权激励额度可能会受到影响，员工达到行权期时，可能无股票可以行权，而造成激励对象收益的损失。而期权的激励长达数年，这种概率是有可能发生的。

持续性问题在于，上市公司大股东的股份在经过多次稀释之后，其股权的数量也“相对较少”，或许可以通过大股东转让进行一轮激励，但无法长久持续。

7. 公司回购

非上市公司中，很少用公司回购的方式作为股份激励的来源。但回购或第三方回购是上市公司股份的重要来源。

《中华人民共和国公司法》第一百四十二条规定，公司不得收购本公司股份，但是将股份奖励给本公司职工可以除外。所回购的股份不得超过已发行总额的 5%；用于收购的资金应当从公司的税后利润中支出；所收购的股份应当在一年内转让给职工。

这是“库存股”的简化版本，相对 2006 年以前，解决了公司不能回购股份奖励给激励对象的问题。但是缺陷也较为明显，就是需要在一年内将股份奖励给员工。这对公司长期激励的计划不利。

第十八章　定绩效考核

1. 哪些激励模式中需要做绩效考核

激励模式中是否需要做绩效考核见表 18-1。

表 18-1　激励模式中是否需要做绩效考核

激励模式	非上市公司	上市公司
股票期权	不需要	需要
期股	需要或不需要	需要
业绩股权	需要	—
干股	不需要	—
限制性股权	需要	需要
虚拟股权	不需要	—
股票增值权	需要	—
延期支付	需要或不需要	—

是否将绩效考核和股权所得挂钩，没有绝对的做法。考核代表着“约束”，不考核则代表着“激励”。以干股为例，其本身的激励效果就一般，如果此时再加上考核，其激励效果将会更差，如果这个方案只有“保健作用”，那么这个方案就很难达到“激励作用”的目的。

再如，期股激励，原则上讲，只要员工按照当前公司的估值购买公司的股权，该员工完全可以以“投资者”的身份进入，此时当然不需要进行绩效考核。但如果公司的股权价值较高，处于绝对看涨股权的情况下，此时就可以进行股权考核。

总之，除了现有《办法》的约定外，是否要进行绩效考核需要视股权激励的目标而定，视最终的激励保健效果而定。

2. 《办法》对绩效管理的规定

《办法》第十条规定：

上市公司应当设立激励对象获授权益、行使权益的条件。拟分次授出权益的，应当就每次激励对象获授权益分别设立条件；分期行权的，应当就每次激励对象行使权益分别设立条件。激励对象为董事、高级管理人员的，上市公司应当设立绩效考核指标作为激励对象行使权益的条件。

《办法》第十一条规定：

绩效考核指标应当包括公司业绩指标和激励对象个人绩效指标。相关指标应当客观公开、清晰透明，符合公司的实际情况，有利于促进公司竞争力的提升。上市公司可以公司历史业绩或同行业可比公司相关指标作为公司业绩指标对照依据，公司选取的业绩指标可以包括净资产收益率、每股收益、每股分红等能够反映股东回报和公司价值创造的综合性指标，以及净利润增长率、主营业务收入增长率等能够反映公司盈利能力和市场价值的成长性指标。以同行业可比公司相关指标作为对照依据的，选取的对照公司不少于 3 家。激励对象个人绩效指标由上市公司自行确定。上市公司应当在公告股权激励计划草案的同时披露所设定指标的科学性和合理性。

因此，上市公司对高管做绩效考核有法律固定，并且相关的考核信息应当披露。

3. 考核的三个层面是什么

考核从人力资源角度看，分为三个层面，三个层面的侧重点不同，其约束效果也不同。三个层面分别是公司级考核、部门级考核和个人考核。

在实操过程中，经常会将公司级考核与个人考核进行组合，其中，公司级考核多为硬性的财务指标，如果整个公司级的考核都没有达标，那么个人的绩效考核直接归 0。个人考核指标不会过于“数据化”，多有主观或强制排序的意识在里面。

当然，在非上市公司中，只进行个人的考核也是常用的方法，通过《业绩目标责任书》《业绩股份协议》《绩效考核协议》等协议，对激励对象形成约束。

另外，部门级考核代表着公司高层对绩效考核给了足够的操作空间，部门级考核更加强调团队是一个整体，整个团队的业绩要达标，而非强调个人的绩效。对于部门负责人而言，则可以根据部门级的考核要求，对个人提出个性化的、强操作的、好沟通的绩效要求，从而促进整个部门绩效的提升。

4. 设立绩效指标的流程和步骤是什么

绩效考核是绩效管理的一环。绩效考核在大型公司中是重要的管理工具，可以有效地管理员工的注意力和对各业务单位做出评价。一般情况下，绩效考核要求管理者对绩效考核有足够丰富的经验，否则得到的结果可能会非常不理想，从而降低股权激励的“激励”效果。

第一步，首先要确定股权激励方案是否需要进行绩效考核。

第二步，确定绩效考核的方式。

绩效考核的方式有很多种，如目标管理法、KPI 考核法、OKR 考核法、360 度评价、平衡记分卡、基于素质的考核方法、基于标杆的考核方法等。不同的考核方式适用于不同的企业和不同的场景，一个适合企业的考核方式，会助力企业向更好的方向发展。

第三步，确定考核方法具体指标。每个考核方法都代表着一种思路，其具体的评价指标需要结合企业岗位做出调整，如总经理和保安的考核指标肯定不同，考核指标的数量、质量、数据化程度决定着绩效考核的成败，在设立时要严格按照科学的方法进行设立。

第四步，确定考核的周期。一般考核周期有月、季、半年、年度之分，根据不同的岗位和情况适用不同的考核周期。

第五步，反复培训和试运行。绩效考核是绩效管理关键的一环，对于高人力资源行业或员工处于优势地位的企业而言，绩效考核的实施一般会遇到阻力，管理者要通过各种方法，来延缓、降低、消除这个阻力，这需要花费足够长的时间。因此，培训的作用就能体现出来了，可以轮番邀请员工就“假设自己是老板，觉得绩效考核有用吗”主题做演讲。在阻力不大的情况下，就可以正式运行该绩效考核，让员工适应这种管理方法和节奏。对于“强激励”方案的企业而言，其阻力会小很多，可以忽略试运行的阶段，直接上线绩效考核即可。

第六步，正式实施。在绩效考核得到员工的初步认同后，就可以正式实施。并在绩效管理的整个环节中，对绩效考核的弊病进行密切关注，并对整个绩效管理做出修正和改进。

5. 绩效管理中会计类指标有哪些

绩效管理中会计类指标见表 18-2。

表 18-2　绩效管理中会计类指标

举例	会计类指标就是财务会计指标，如销售额、销售增长率、净利润值、经济增加值（EVA）、净资产收益率（ROE）、总资产报酬率（ROA）、资本回报率（ROI）、每股净收益、净收益率等
优点	（1）直观，易于操作，客观性和可理解性强。 （2）影响因素较为明确，经营者的可控程度强。 （3）当资本市场有效性较差时，会计指标比股价等市场指标更能反映企业价值的变动
缺点	（1）对于上市公司，有些会计指标可能会受到经理人操纵，从而歪曲公司的真实经营业绩。 （2）会计指标的计量是以“实现”为前提的，它对经营成果的反映是滞后的，从某种程度上看，无法真实反映经理人在过去一段时间内的业绩，容易诱发激励对象的短期投机行为。 （3）大多数会计指标并未考虑股权投资的机会成本等因素

6. 市场类指标有哪些

市场类指标见表 18-3。

表 18-3　市场类指标

举例	包括市场总价值、每股价格、市净率、市盈率等指标。以公司股票的公允价值作为评价企业价值增长的标准
优点	（1）股票市场指标是企业未来现金流的贴现值，指标值反映了市场对企业未来的预期。所以其最大的优点是面向未来，关注企业的长远发展。 （2）业绩评价相对简单，由股价独立决定，易于计算和确认，不易受到经理人的人为操纵
缺点	（1）受资本市场有效性影响非常大，在有效性较差的资本市场中，市场指标难以真实反映企业价值的变化，有可能出现经理人努力工作，企业价值增长了，但是股价大跌的情况。 （2）市场指标难以调动经理人执行特定公司战略或实现特定财务目标的积极性

7. 非财务类指标有哪些

非财务类指标见表 18-4。

表 18-4　非财务类指标

举例	包含市场占有率、顾客满意度、人力资本准备度、关键员工流失率、个人素质、项目完成程度、流程建设效果。非财务类指标不同于财务类指标的结果性，非财务类指标描述的是事物的性质和方向，反映的是经营过程
优点	非财务类指标反映了企业经营过程的信息，促进了财务类指标的实现，因此非财务类指标更能反映出企业的真实情况。相对于财务类指标注重“过去”的特点，非财务类指标面向的是“未来”
缺点	（1）非财务类指标的确定带有很大的主观性，难以定量化的特点使得不能单独使用非财务类指标来完成对经理人的业绩评价。 （2）非财务类指标很容易受到经理人的操纵。 （3）非财务类指标有时会和财务类指标相矛盾，比如过于注重顾客满意度和员工满意度会造成成本上升、利润下降等问题

8. 基于 BSC 的业绩指标库

基于 BSC 的业绩指标库见表 18-5。

表 18-5　基于 BSC 的业绩指标库

<table>
<tr><th></th><th>战略目标</th><th>常用指标</th></tr>
<tr><td rowspan="3">财务</td><td>股东价值持续增长</td><td>销售额
成本
经济增加值（EVA）
每股盈余
股票价格
市盈率
价格 / 收益比
净资产增长率
净利润增长率
总资产收益率
投资回报率</td></tr>
<tr><td>资产运营</td><td>流动资产周转率
应收账款周转率
净现金流量</td></tr>
<tr><td>偿债能力</td><td>资产负债率
速动比率
流动比率
坏账率</td></tr>
<tr><td rowspan="3">股东与客户</td><td>与董事会关系</td><td>董事会运行机制正常程度
董事收入
与董事活动次数</td></tr>
<tr><td>与股东关系</td><td>与股东会的会议次数
股东满意度
非正式股东活动次数</td></tr>
<tr><td>与客户关系</td><td>客户数量
顶级客户占比
人均消费额
市场占有率
顾客满意度
销售增长率</td></tr>
</table>

续表

	战略目标	常用指标
管理梳理	财务系统	公司整个财务制度完成程度
	人力资源系统	公司整个人力资源系统完成程度
	管理流程	公司信息化系统完善程度，公司流程顺畅程度
	综合	关键管理问题及解决程度
学习与成长	研发技术	研发投入百分比 专利数量，被采用的专利数量 新产品开发周期 产品竞争力
	人力资源	高管入职率 储备干部数量 关键人员流失率
	发展企业文化	员工满意度调查 员工幸福感调查 员工培训投入比 员工的收入增长率

BSC 也被称为平衡记分卡，这种考核方式来自 1987 年的 Analog Device 公司实践。Analog Device 结合公司的商业模式及未来趋势走向，并针对公司战略，制定了四个维度的评价指标，分别是财务方面、顾客方面、内部过程方面和学习创新方面。

由于这四个维度及指标可以较好地反映出企业的发展状况，体现财务和非财务指标的平衡、长期目标和短期目标的平衡、外部和内部的平衡，结果和过程的平衡，因此 BSC 被世界 500 强广泛使用。

表 18-5 中，列出了 BSC 中常用的评价指标，企业在应用 BSC 时，需结合企业情况，选择能够充分反映企业发展状况的指标。对于上市公司而言，具体的指标制定可以参考同行上市公司公布的《绩效考核管理办法》，对于非上市公司而言，一般建议指标不超过 5 个，过多的指标会导致评价不够集中，无法重点反映考核者的水平。

第十九章　定时间 / 批次

1. 有关时间的定义是什么

有关时间的定义见表 19−1。

表 19-1　有关时间的定义

序号	词汇	解释
1	批次	主要是指股权激励分几个批次执行，股权激励非一次性交易，而是多次的交易，需要做出计划
2	授予日	授权日又称授予日，即公司向激励对象授予股权激励的日期。也可以简单地理解为股权证书发放的日期或签订激励协议中的开始日期
3	有效期	有效期是指整个股权激励计划的期限。以“现在交易”为主的激励模式是没有有效期的，当激励对象成为公司股东后，可以永久拥有所持有的公司股权。 以“未来交易”为主的激励模式，如期权、限制性股份、业绩股份等模式，一般都有有效期，如果错过交易窗口时间，则计划作废。 对于非实股的激励模式而言，如干股、偏分红性质的虚拟股权等模式，其有效期等于激励对象在职岗位时间，离职后失效
4	行权	在期权模式中，行权的含义是指激励对象按照约定的价格和时间购买公司的股权，主要指买入。在期股模式中，行权是指激励对象按照约定自主将股权卖出，主要指卖出。因此行权主要指激励对象“买入”和“卖出”的行为
5	行权日	是指激励对象拥有行使权利的开始时间。在期权激励模式中，是指激励对象有权买入股份的权利
6	行权期	是指激励对象拥有行使权利的时间区间

续表

序号	词汇	解释
7	失效日	失效日和授予日相对，是整个股权激励计划的失效的最后一天
8	等待期	等待期和禁售期 / 锁定期相对，等待期是指激励对象在行权之间需要等待的时间
9	禁售期 / 锁定期、限售期	禁售期、锁定期意思基本相同，是指激励对象在该期间不可进行销售或转让股权的行为。 限售期是指激励对象在行权期间，只能有限地进行行权，如每年最多只能转让 30% 的股票等
10	窗口期	窗口期，一般指一个时间段。在这个时间段内可以行使某些权力或禁止行使某些权力

在较为严格的激励方案中，针对每一个时间词汇或其他关键的词汇，都需要进行说明和做出界定，以避免含义歧义。

2. 2016〔101〕号文件对激励的时间有何约定

《关于完善股权激励和技术入股有关所得税政策的通知》适用于非上市公司，主要核心思想是对股权所得税进行递延，但非上市企业要享受这些政策，需要遵守一定的条件，其中部分条件对禁售期做出了约定。

2016〔101〕号文件中对股权激励的时间的约定，见表 19-2。

表 19-2　2016〔101〕号文件中对激励的时间的约定

法律名称	《关于完善股权激励和技术入股有关所得税政策的通知》
适用公司	非上市公司
必要条件	非必须遵守。 享受递延纳税政策的非上市公司股权激励（包括股票期权、股权期权、限制性股票和股权奖励，下同）须同时满足以下禁售期和有效期条件
禁售期	股票(权)期权自授予日起应持有满3年,且自行权日起持有满1年。 限制性股票自授予日起应持有满 3 年，且解禁后持有满 1 年。 股权奖励自获得奖励之日起应持有满 3 年。上述时间条件须在股权激励计划中列明
有效期	股票（权）期权自授予日至行权日的时间不得超过十年

3. 《办法》对激励时间的规定有哪些

《办法》对激励时间的规定见表 19–3。

表 19-3 《办法》对激励时间的规定

条目	时间	规定
第十三条	有效期	股权激励计划的有效期从首次授予权益日起不得超过十年
第二十四条	等待期	限制性股票，授予日与首次解除限售日之间的间隔不得少于 12 个月
第二十五条	锁定期	限制性股票，在限制性股票有效期内，上市公司应当规定分期解除限售，每期时限不得少于 12 个月，各期解除限售的比例不得超过激励对象获授限制性股票总额的 50%。当期解除限售的条件未成就的，限制性股票不得解除限售或递延至下期解除限售，应当按照本办法第二十六条规定处理
第三十条	等待期	期权，股票期权授权日与获授股票期权首次可行权日之间的间隔不得少于 12 个月
第三十一条	锁定期	期权，在股票期权有效期内，上市公司应当规定激励对象分期行权，每期时限不得少于 12 个月，后一行权期的起算日不得早于前一行权期的届满日。每期可行权的股票期权比例不得超过激励对象获授股票期权总额的 50%。当期行权条件未成就的，股票期权不得行权或递延至下期行权，并应当按照本办法第三十二条第二款规定处理

4. 股权激励一般做多少批次较为适合

股权激励是动态的，会随着公司高管的迭代而迭代，因此，在几十年的发展过程中，会进行多次的股权激励，每次股权激励可能分多期执行。多次多期的股权激励都是为了满足公司发展而增长的激励需求。相反的，如果公司没有规划好股权激励的批次，可能会造成“激励额度用完”的问题。

股权激励的批次和激励模式密切相关。以干股为例，在这个激励政策中，进入和退出都是提前规划好的，能够有效地激励在职的所有高管人员，不会遗漏任何一名在职的高管人员。因此，这种激励模式可以看作“只有一个批次”，无论高管如何迭代，都不会影响干股激励模式的实施。

股权激励的批次和公司的发展战略密切相关。如公司是发展型战略，在未来 3 年内会持续引入 20~30 名高管，为平衡内部利益，这些高管也应当持有相应的股份。此时就需要最少要进行两个批次的激励计划：一个是针对现有团队的；另一个是预留股权部分，是针对后加入高管团队的。

因此，股权激励的批次设计原则是，要能够符合公司激励对象的迭代，并持续产生“激励”作用。

5. 具体授予时机如何确定

只要公司有股权激励的需求，在制定好股权激励方案之后，就可以向符合条件的激励对象授予。有些时候，为了讨一个好日子，会在节日前后、公司纪念意义日向激励对象授予。

在企业整个发展过程中，以下几个时间点也是股权激励实施的关键时间点。

（1）公司上市时。公司上市后，一般激励成本相对上市前将会增加，因此在上市前进行股权激励要有效得多，激励对象也能获得较大的收益。若在上市后进行股权激励，激励对象相对行权的成本较高，获得的收益相对要少一些。

（2）公司融资时。风投对公司会做详细的考察，其中股权架构合规和股权激励是重点考察的两个内容。风投偏好有股权激励预留和已经执行过股权激励的公司。

（3）公司变革或改革时。公司在变革或改革过程中，一般会遇到阻力，此时股权激励的实施可以有效地减少这些阻力，可以将变革和股权激励交叉实施，以完成原有的战略目标。

（4）经济或公司低潮期。当经济处于低潮期或公司面临巨大挑战时，公司将会面临更大的压力，此时实行股权激励可以进一步提升公司的凝聚力和减少公司的现金流压力。

对于激励对象而言，其授予的几个关键事件点如下：

第一个是入职时。在成熟实施股权激励方案的公司中，对于引入的一些高级人才，股权是每个高级人才的标配，因此，在入职时或试用期转正后，会签订相应的股权协议，以进行股权授予。

第二个是升职或取得重大成果时。升职会直接带来加薪和福利调整，对于特殊升职或有特殊贡献的人员，同样可以发放股权作为奖励，以鼓励激励对象更加努力工作。

第三个是年后绩效达标时。按照约定，在有些激励模式中，如果考核达标，那么可以按照之前的约定进行股权激励。

第四个是新任务下达前。在面对一些新任务或较难任务时，可以对关键核心的人员做出激励，以便能够激发员工屡战屡败、屡败屡战的奋斗精神。

6. 有效期如何设置

对于以“现在交易”为核心的激励模式，其有效期为永久。而类似干股、虚拟股权等激励模式的激励方案，其有效期为激励对象的在职时间。这里重点讨论以“未来”交易为核心的激励模式，有效期的设置对激励效果有重要影响。

有效期代表着对激励对象激励程度的时间长度，如果时间过短，则可能会出现“前期激励过头，后期激励不足”的问题，无法有效地长期绑定核心员工。

如果时间过长，则可能会出现“激励难以实现”的问题。尤其在高人力资源行业中，可以采用多种激励模式，持续地激励和绑定公司关键人才。

因此，每轮的股权激励的有效期应当设置在 5~10 年之间，可以通过多轮多期的激励来长期绑定激励对象。

第二十章　定规定与退出机制

1. 股权激励方案涉及哪些规定

股权激励方案的限制约定主要体现在授予条件、行权条件、退出机制等方面。授予条件主要是指激励对象满足授予条件和不违反约定性条件。行权条件是指公司或个人情况达到预期的水平，可以保证股权激励实施的前提条件。退出机制，主要是指股东和投资人如何退出、如何继承、如何收益的问题。这些规定在大方向上基本一致，部分细节问题可以结合公司的具体情况而定。

2. 期权授予条件

期权授予条件如下。

（1）激励对象没有发生以下事项：严重违反公司管理制度，给公司造成巨大的经济损失，或给公司造成严重的消极影响，受到公司行政处分的。

（2）《办法》《中华人民共和国公司法》中规定不得成为激励对象的情形。

3. 行权条件有哪些规定

在行权期，激励对象行使已获授的期权除满足上述期权授予的条件外，还必须同时满足以下条件：

（1）公司未发生以下任一情形。

最近一个会计年度财务会计报告被注册会计师出具否定意见或者无法表示意见的审计报告。

最近一年内因重大违法违规行为被中国证监会、全国中小企业股份转让系统予以行政处罚。

中国证监会、全国中小企业股份转让系统认定的其他情形。

（2）公司业绩考核要求。

本激励计划的第一个行权期不设公司业绩考核要求，第二个行权期的业绩考核要求是公司20×× 年度主营业务净利润达到人民币 ×× 万元，第三个行权期的业绩考核要求是公司20×× 年度主营业务净利润达到人民币 ×× 万元。

（3）个人情况和业绩考核要求。

激励对象在等待期内持续在公司或子公司任职或持续为公司或子公司提供服务，且持续符合上述期权授予条件，不存在上一年度业绩考核不达标的情形。

最近三年内因重大违法违规行为被中国证监会、全国中小企业股份转让系统予以行政处罚。

具有《中华人民共和国公司法》规定的不得担任公司董事、监事及高级管理人员的情形。

公司董事会认定其他严重违反公司有关规定的。

各激励对象的业绩考核指标由董事会负责制定和审核。

4. 规定—失去行权资格的限制性约定有哪些情况

激励对象发生如下情形之一的，经董事会批准，在情况发生之日，激励对象已获准行权但尚未行使的期权终止行权，其未获准行权的期权由公司注销，公司有权以行权价格回购其持有的持股平台的合伙份额。

（1）违反法律、法规、规章、规范性文件或《公司章程》、子公司章程、公司或子公司内部规章管理制度的规定，或者发生违反劳动合同、劳务合同或其他合同 / 协议约定的失职、渎职、违约行为，严重损害公司或子公司利益或声誉，给公司或子公司造成直接或间接损失。

（2）在公司、子公司任职期间，存在受贿、索贿、贪污、盗窃、挪用或侵占公司或子公司财产、泄露公司经营和技术秘密等损害公司或子公司利益、声誉等的违法违纪行为，直接或间接损害公司或子公司利益。

（3）因犯罪行为被依法追究刑事责任。

（4）被证券交易所公开谴责或宣布为不适当人选。

（5）因重大违法违规行为被中国证监会、股权系统予以行政处罚。

（6）以欺诈、胁迫等手段或乘人之危，使公司或子公司在违背真实意思的情况下订立劳动合同、劳务合同或其他合同 / 协议的。

（7）成为公司独立董事或其他不能持有公司股票或股票期权的人员。

（8）与公司或子公司之间的劳动合同、劳务合同或其他合同 / 协议到期后，双方不再续签合同的。

（9）经与公司或子公司协商一致提前解除劳动合同、劳务合同或其他合同 / 协议的。

（10）主动从公司或子公司辞职或与公司或子公司解除合同 / 协议的。

（11）公司或子公司依法单方终止或解除与激励对象的劳动合同、劳务合同或其他合同 / 协议的。

（12）董事会认定的其他情形。

5. 规定—继承是如何规定的

激励对象发生如下情形之一的，在情况发生之日，对激励对象已获准行权但尚未行使的期权继续保留行权权利，但激励对象或其法定继承人应在 90 日内完成行权，其未获准行权的期权由公司注销：

（1）退休且退休后不继续在公司或子公司任职的。

（2）因丧失劳动能力而离职，因执行职务导致丧失劳动能力的除外。

（3）死亡，因执行职务导致死亡的除外。

（4）董事会认定的其他情形。

6. 规定—继续有效的行权条件有哪些

激励对象发生如下情形之一的，其所获授期权不做调整，仍按本激励计划的规定执行。

（1）退休但仍在公司或子公司任职，且符合本激励计划规定的激励对象条件的。

（2）丧失劳动能力但仍在公司或子公司任职且符合本激励计划规定的激励对象条件的，或因执行职务导致丧失劳动能力的。

（3）激励对象因执行职务导致死亡的。

（4）公司安排激励对象至关联公司任职的。

（5）职务变动但仍在公司或子公司任职，且符合本激励计划规定的激励对象条件的。

（6）董事会认定的其他情形。

7. 规定—职务变更，股权如何处理

（1）激励对象职务发生变更，但仍为公司的核心技术（业务）人员，或者被公司委派到控股公司、参股公司或分公司任职，则已获授的股票期权不做变更。

（2）激励对象因不能胜任工作岗位、触犯法律、违反职业道德、泄露公司机密、失职或渎职等行为损害公司利益或声誉而导致的职务变更，经公司董事会批准，应取消激励对象尚未行权的股票期权。

（3）激励对象成为其他不能持有公司股票或股票期权的人员，则应取消其所有尚未行权的股票期权。

8. 规定—解雇或辞职如何处理

激励对象因为个人考核不合格、不能胜任工作，触犯法律、违反职业道德、泄露公司机密、失职或渎职等行为严重损害公司利益或声誉而被公

司解聘或因劳动合同到期不与公司续约或主动离职等原因离开公司的，自离开之日起所有未行权的股票期权即被取消。

激励对象因执行职务负伤而导致丧失劳动能力的，其所获授的股票期权不做变更，仍可按规定行权。激励对象非因执行职务负伤而导致丧失劳动能力的，自情况发生之日起所有未行权的股票期权即被取消。

9. 对股权激励模式有什么规定

在多元化的股权模式中，激励对象在满足一定的条件下，会触发新的激励方案，此时会有 “旧有收益失效”，重新享受“新收益”的情况。

如在干股加银股的激励方案中，所有激励对象都享受 3 年的干股分红，在 3 年之后，激励对象个人考核达标的情况下，激励对象在享受干股三年的基础上，其干股可以按照 1 ： 1 的比例转换为银股，并享受股东权利和股东义务，公司在 30 个工作日内为激励对象办理工商注册登记手续。

这些规定都可以由企业自主约定。

10. 从员工角度看，有哪些退出方式

从公司角度设计的退出机制更多在于风险管理，而从员工角度看，其退出的可能性代表着其收益的可能性。股权的收益分为分红权和增值权，其中增值权部分必须通过“转让”才能获得收益，不能“转让”代表着无法享受其增值收益。

因此，“转让”包含的渠道包含内部股东之间转让、原有股东回购、外部投资者回购、公司回购、IPO 上市转让等 5 种情况。另外，最差的收益方式是公司进行清算，这是所有股东不愿意看到的。每种转让的具体含义见表 20-1。

表 20-1　每种转让的具体含义

序号	词汇	含义
1	内部股东之间转让	只有在内部股权价值较高的情况下，会出现这种情况，部分激励对象为改善生活，变现部分股权，在不违反公司限制性规定和符合公司转让的条件下，激励对象可以将持有的股权转让给其他激励对象，通过其中差价获取收益
2	原有股东回购	同内部股东之间转让类似，不过转让对象变成了原有股东，原有股东持有公司股权份额较多，相对现金充沛
3	外部投资者回购	随着股权价值上升，各个投资者非常看好公司的股权增值潜力，在增资的基础上，可以通过回购老股东或激励对象的股份而获得更多的股份和股东权利，此时激励对象可以在符合条件的情况下退出，一般可以获得不错的收益
4	公司回购	公司回购对员工而言，是一种不错的退出机制。公司回购有两种情况。一种是公司业绩太好了，公司为减少不必要的额外支出，做出回购的决定，此时激励对象可以受益。另一种情况却相反，公司的股权非常混乱，业绩较差，公司回购是为了稳定股价和公司大局，激励对象也会就此受益
5	IPO 上市转让	这是最理想的一种收益方式。IPO 是指公司的股权可以在国家规定的证券市场上进行流通，激励对象持有的股票在过了锁定期之后，可以将股票转让给股民，通过转让的差价获得收益
6	清　　算	这是所有股东最不愿意看到的一种退出方式。即公司负债较高，无力持续运营，公司资不抵债，只能进行清算。公司在支付优先债权人资金后，最终向股东支付公司的剩余价值，此时一般剩余价值较低，激励对象可能会出现“亏损”的情况

· 附录 ·

《上市公司股权激励管理办法》

中国证券监督管理委员会令

第126号

《上市公司股权激励管理办法》已经2016年5月4日中国证券监督管理委员会2016年第6次主席办公会议审议通过，现予公布，自2016年8月13日起施行。

中国证券监督管理委员会主席

2016年7月13日

第一章　总则

第一条　为进一步促进上市公司建立健全激励与约束机制，依据《中华人民共和国公司法》（以下简称《公司法》）、《中华人民共和国证券法》（以下简称《证券法》）及其他法律、行政法规的规定，制定本办法。

第二条　本办法所称股权激励是指上市公司以本公司股票为标的，对其董事、高级管理人员及其他员工进行的长期性激励。上市公司以限制性股票、股票期权实行股权激励的，适用本办法；以法律、行政法规允许的其他方式实行股权激励的，参照本办法有关规定执行。

第三条　上市公司实行股权激励，应当符合法律、行政法规、本办法和公司章程的规定，有利于上市公司的持续发展，不得损害上市公司利益。上市公司的董事、监事和高级管理人员在实行股权激励中应当诚实守信、勤勉尽责，维护公司和全体股东的利益。

第四条　上市公司实行股权激励，应当严格按照本办法和其他相关规定的要求履行信息披露义务。

第五条　为上市公司股权激励计划出具意见的证券中介机构和人员，应当诚实守信、勤勉尽责，保证所出具的文件真实、准确、完整。

第六条　任何人不得利用股权激励进行内幕交易、操纵证券市场等违法活动。

第二章　一般规定

第七条　上市公司具有下列情形之一的，不得实行股权激励。

（一）最近一个会计年度财务会计报告被注册会计师出具否定意见或者无法表示意见的审计报告；

（二）最近一个会计年度财务报告内部控制被注册会计师出具否定意见或无法表示意见的审计报告；

（三）上市后最近 36 个月内出现过未按法律法规、公司章程、公开承诺进行利润分配的情形；

（四）法律法规规定不得实行股权激励的；

（五）中国证监会认定的其他情形。

第八条　激励对象可以包括上市公司的董事、高级管理人员、核心技术人员或者核心业务人员，以及公司认为应当激励的对公司经营业绩和未来发展有直接影响的其他员工，但不应当包括独立董事和监事。在境内工作的外籍员工任职上市公司董事、高级管理人员、核心技术人员或者核心业务人员的，可以成为激励对象。单独或合计持有上市公司 5% 以上股份的股东或实际控制人及其配偶、父母、子女，不得成为激励对象。下列人员也不得成为激励对象：

（一）最近 12 个月内被证券交易所认定为不适当人选；

（二）最近 12 个月内被中国证监会及其派出机构认定为不适当人选；

（三）最近 12 个月内因重大违法违规行为被中国证监会及其派出机构行政处罚或者采取市场禁入措施的；

（四）具有《公司法》规定的不得担任公司董事、高级管理人员情形的；

（五）法律法规规定不得参与上市公司股权激励的；

（六）中国证监会认定的其他情形。

第九条　上市公司依照本办法制定股权激励计划的，应当在股权激励计划中载明下列事项：

（一）股权激励的目的；

（二）激励对象的确定依据和范围；

（三）拟授出的权益数量，拟授出权益涉及的标的股票种类、来源、数量及占上市公司股本总额的百分比；分次授出的，每次拟授出的权益数量、涉及的标的股票数量及占股权激励计划涉及的标的股票总额的百分比、占上市公司股本总额的百分比；设置预留权益的，拟预留权益的数量、涉及标的股票数量及占股权激励计划的标的股票总额的百分比；

（四）激励对象为董事、高级管理人员的，其各自可获授的权益数量、占股权激励计划拟授出权益总量的百分比；

其他激励对象（各自或者按适当分类）的姓名、职务、可获授的权益数量及占股权激励计划拟授出权益总量的百分比；

（五）股权激励计划的有效期，限制性股票的授予日、限售期和解除限售安排，股票期权的授权日、可行权日、行权有效期和行权安排；

（六）限制性股票的授予价格或者授予价格的确定方法，股票期权的行权价格或者行权价格的确定方法；

（七）激励对象获授权益、行使权益的条件；

（八）上市公司授出权益、激励对象行使权益的程序；

（九）调整权益数量、标的股票数量、授予价格或者行权价格的方法和程序；

（十）股权激励会计处理方法、限制性股票或股票期权公允价值的确定方法、涉及估值模型重要参数取值合理性、实施股权激励应当计提费用及对上市公司经营业绩的影响；

（十一）股权激励计划的变更、终止；

（十二）上市公司发生控制权变更、合并、分立以及激励对象发生职务变更、离职、死亡等事项时股权激励计划的执行；

（十三）上市公司与激励对象之间相关纠纷或争端解决机制；

（十四）上市公司与激励对象的其他权利义务。

第十条　上市公司应当设立激励对象获授权益、行使权益的条件。拟分次授出权益的，应当就每次激励对象获授权益分别设立条件；分期行权的，应当就每次激励对象行使权益分别设立条件。激励对象为董事、高级管理人员的，上市公司应当设立绩效考核指标作为激励对象行使权益的条件。

第十一条　绩效考核指标应当包括公司业绩指标和激励对象个人绩效指标。相关指标应当客观公开、清晰透明，符合公司的实际情况，有利于促进公司竞争力的提升。上市公司可以公司历史业绩或同行业可比公司相关指标作为公司业绩指标对照依据，公司选取的业绩指标可以包括净资产收益率、每股收益、每股分红等能够反映股东回报和公司价值创造的综合性指标，以及净利润增长率、主营业务收入增长率等能够反映公司盈利能力和市场价值的成长性指标。以同行业可比公司相关指标作为对照依据的，选取的对照公司不少于 3 家。激励对象个人绩效指标由上市公司自行确定。上市公司应当在公告股权激励计划草案的同时披露所设定指标的科学性和合理性。

第十二条　拟实行股权激励的上市公司，可以下列方式作为标的股票来源：

（一）向激励对象发行股份；

（二）回购本公司股份；

（三）法律、行政法规允许的其他方式。

第十三条　股权激励计划的有效期从首次授予权益日起不得超过十年。

第十四条　上市公司可以同时实行多期股权激励计划。同时实行多期股权激励计划的，各期激励计划设立的公司业绩指标应当保持可比性，后期激励计划的公司业绩指标低于前期激励计划的，上市公司应当充分说明其原因与合理性。上市公司全部在有效期内的股权激励计划所涉及的标的股票总数累计不得超过公司股本总额的 10%。非经股东大会特别决议批准，任何一名激励对象通过全部在有效期内的股权激励计划获授的本公司股票，累计不得超过公司股本总额的 1%。

本条第二款所称股本总额是指股东大会批准最近一次股权激励计划时公司已发行的股本总额。

第十五条　上市公司在推出股权激励计划时，可以设置预留权益，预留比例不得超过本次股权激励计划拟授予权益数量的 20%。上市公司应当在股权激励计划经股东大会审议通过后 12 个月内明确预留权益的授予对象；超过 12 个月未明确激励对象的，预留权益失效。

第十六条　相关法律、行政法规、部门规章对上市公司董事、高级管理人员买卖本公司股票的期间有限制的，上市公司不得在相关限制期间内向激励对象授出限制性股票，激励对象也不得行使权益。

第十七条　上市公司启动及实施增发新股、并购重组、资产注入、发行可转债、发行公司债券等重大事项期间，可以实行股权激励计划。

第十八条　上市公司发生本办法第七条规定的情形之一的，应当终止实施股权激励计划，不得向激励对象继续授予新的权益，激励对象根据股权激励计划已获授但尚未行使的权益应当终止行使。在股权激励计划实施过程中，出现本办法第八条规定的不得成为激励对象情形的，上市公司不得继续授予其权益，其已获授但尚未行使的权益应当终止行使。

第十九条　激励对象在获授限制性股票或者对获授的股票期权行使权益前后买卖股票的行为，应当遵守《证券法》《公司法》等相关规定。上市公司应当在本办法第二十条规定的协议中，就前述义务向激励对象作出特别提示。

第二十条　上市公司应当与激励对象签订协议，确认股权激励计划的内容，并依照本办法约定双方的其他权利义务。上市公司应当承诺，股权激励计划相关信息披露文件不存在虚假记载、误导性陈述或者重大遗漏。所有激励对象应当承诺，上市公司因信息披露文件中有虚假记载、误导性陈述或者重大遗漏，导致不符合授予权益或行使权益安排的，激励对象应当自相关信息披露文件被确认存在虚假记载、误导性陈述或者重大遗漏后，将由股权激励计划所获得的全部利益返还公司。

第二十一条　激励对象参与股权激励计划的资金来源应当合法合规，不得违反法律、行政法规及中国证监会的相关规定。上市公司不得为激励对象依股权激励计划获取有关权益提供贷款以及其他任何形式的财务资助，包括为其贷款提供担保。

第三章　限制性股票

第二十二条　本办法所称限制性股票是指激励对象按照股权激励计划规定的条件，获得的转让等部分权利受到限制的本公司股票。限制性股票在解除限售前不得转让、用于担保或偿还债务。

第二十三条　上市公司在授予激励对象限制性股票时，应当确定授予价格或授予价格的确定方法。授予价格不得低于股票票面金额，且原则上不得低于下列价格较高者。

（一）股权激励计划草案公布前 1 个交易日的公司股票交易均价的 50%；

（二）股权激励计划草案公布前 20 个交易日、60 个交易日或者 120 个交易日的公司股票交易均价之一的 50%。上市公司采用其他方法确定限制性股票授予价格的，应当在股权激励计划中对定价依据及定价方式作出说明。

第二十四条　限制性股票授予日与首次解除限售日之间的间隔不得少于 12 个月。

第二十五条　在限制性股票有效期内，上市公司应当规定分期解除限售，每期时限不得少于 12 个月，各期解除限售的比例不得超过激励对象获授限制性股票总额的 50%。当期解除限售的条件未成就的，限制性股票不得解除限售或递延至下期解除限售，应当按照本办法第二十六条规定处理。

第二十六条　出现本办法第十八条、第二十五条规定情形，或者其他终止实施股权激励计划的情形或激励对象未达到解除限售条件的，上市公司应当回购尚未解除限售的限制性股票，并按照《公司法》的规定进行处理。对出现本办法第十八条第一款情形负有个人责任的，或出现本办法第十八条第二款情形的，回购价格不得高于授予价格；出现其他情形的，回购价格不得高于授予价格加上银行同期存款利息之和。

第二十七条　上市公司应当在本办法第二十六条规定的情形出现后及时召开董事会审议回购股份方案，并依法将回购股份方案提交股东大会批准。回购股份方案包括但不限于以下内容：

（一）回购股份的原因；

（二）回购股份的价格及定价依据；

（三）拟回购股份的种类、数量及占股权激励计划所涉及的标的股票的比例、占总股本的比例；

（四）拟用于回购的资金总额及资金来源；

（五）回购后公司股本结构的变动情况及对公司业绩的影响。律师事务所应当就回购股份方案是否符合法律、行政法规、本办法的规定和股权激励计划的安排出具专业意见。

第四章 股票期权

第二十八条 本办法所称股票期权是指上市公司授予激励对象在未来一定期限内以预先确定的条件购买本公司一定数量股份的权利。激励对象获授的股票期权不得转让、用于担保或偿还债务。

第二十九条 上市公司在授予激励对象股票期权时，应当确定行权价格或者行权价格的确定方法。行权价格不得低于股票票面金额，且原则上不得低于下列价格较高者：

（一）股权激励计划草案公布前 1 个交易日的公司股票交易均价；

（二）股权激励计划草案公布前 20 个交易日、60 个交易日或者 120 个交易日的公司股票交易均价之一。

上市公司采用其他方法确定行权价格的，应当在股权激励计划中对定价依据及定价方式作出说明。

第三十条 股票期权授权日与获授股票期权首次可行权日之间的间隔不得少于 12 个月。

第三十一条 在股票期权有效期内，上市公司应当规定激励对象分期行权，每期时限不得少于 12 个月，后一行权期的起算日不得早于前一行权期的届满日。每期可行权的股票期权比例不得超过激励对象获授股票期权总额的 50%。当期行权条件未成就的，股票期权不得行权或递延至下期行权，并应当按照本办法第三十二条第二款规定处理。

第三十二条 股票期权各行权期结束后，激励对象未行权的当期股票期权应当终止行权，上市公司应当及时注销。

出现本办法第十八条、第三十一条规定情形，或者其他终止实施股权激励计划的情形或激励对象不符合行权条件的，上市公司应当注销对应的股票期权。

第五章 实施程序

第三十三条 上市公司董事会下设的薪酬与考核委员会负责拟订股权

激励计划草案。

第三十四条　上市公司实行股权激励，董事会应当依法对股权激励计划草案作出决议，拟作为激励对象的董事或与其存在关联关系的董事应当回避表决。董事会审议本办法第四十六条、第四十七条、第四十八条、第四十九条、第五十条、第五十一条规定中有关股权激励计划实施的事项时，拟作为激励对象的董事或与其存在关联关系的董事应当回避表决。董事会应当在依照本办法第三十七条、第五十四条的规定履行公示、公告程序后，将股权激励计划提交股东大会审议。

第三十五条　独立董事及监事会应当就股权激励计划草案是否有利于上市公司的持续发展，是否存在明显损害上市公司及全体股东利益的情形发表意见。独立董事或监事会认为有必要的，可以建议上市公司聘请独立财务顾问，对股权激励计划的可行性、是否有利于上市公司的持续发展、是否损害上市公司利益以及对股东利益的影响发表专业意见。上市公司未按照建议聘请独立财务顾问的，应当就此事项做特别说明。

第三十六条　上市公司未按照本办法第二十三条、第二十九条定价原则，而采用其他方法确定限制性股票授予价格或股票期权行权价格的，应当聘请独立财务顾问，对股权激励计划的可行性、是否有利于上市公司的持续发展、相关定价依据和定价方法的合理性、是否损害上市公司利益以及对股东利益的影响发表专业意见。

第三十七条　上市公司应当在召开股东大会前，通过公司网站或者其他途径，在公司内部公示激励对象的姓名和职务，公示期不少于十天。监事会应当对股权激励名单进行审核，充分听取公示意见。上市公司应当在股东大会审议股权激励计划前 5 日披露监事会对激励名单审核及公示情况的说明。

第三十八条　上市公司应当对内幕信息知情人在股权激励计划草案公告前 6 个月内买卖本公司股票及其衍生品种的情况进行自查，说明是否存在内幕交易行为。知悉内幕信息而买卖本公司股票的，不得成为激励对象，法律、行政法规及相关司法解释规定不属于内幕交易的情形除外。泄露内幕信息而导致内幕交易发生的，不得成为激励对象。

第三十九条　上市公司应当聘请律师事务所对股权激励计划出具法律意见书，至少对以下事项发表专业意见：

（一）上市公司是否符合本办法规定的实行股权激励的条件；

（二）股权激励计划的内容是否符合本办法的规定；

（三）股权激励计划的拟订、审议、公示等程序是否符合本办法的规定；

（四）股权激励对象的确定是否符合本办法及相关法律法规的规定；

（五）上市公司是否已按照中国证监会的相关要求履行信息披露义务；

（六）上市公司是否为激励对象提供财务资助；

（七）股权激励计划是否存在明显损害上市公司及全体股东利益和违反有关法律、行政法规的情形；

（八）拟作为激励对象的董事或与其存在关联关系的董事是否根据本办法的规定进行了回避；

（九）其他应当说明的事项。

第四十条　上市公司召开股东大会审议股权激励计划时，独立董事应当就股权激励计划向所有的股东征集委托投票权。

第四十一条　股东大会应当对本办法第九条规定的股权激励计划内容进行表决，并经出席会议的股东所持表决权的 2/3 以上通过。除上市公司董事、监事、高级管理人员、单独或合计持有上市公司 5% 以上股份的股东以外，其他股东的投票情况应当单独统计并予以披露。上市公司股东大会审议股权激励计划时，拟为激励对象的股东或者与激励对象存在关联关系的股东，应当回避表决。

第四十二条　上市公司董事会应当根据股东大会决议，负责实施限制性股票的授予、解除限售和回购以及股票期权的授权、行权和注销。上市公司监事会应当对限制性股票授予日及期权授予日激励对象名单进行核实并发表意见。

第四十三条　上市公司授予权益与回购限制性股票、激励对象行使权益前，上市公司应当向证券交易所提出申请，经证券交易所确认后，由证券登记结算机构办理登记结算事宜。

第四十四条　股权激励计划经股东大会审议通过后，上市公司应当在60日内授予权益并完成公告、登记；有获授权益条件的，应当在条件成就后60日内授出权益并完成公告、登记。上市公司未能在60日内完成上述工作的，应当及时披露未完成的原因，并宣告终止实施股权激励，自公告之日起3个月内不得再次审议股权激励计划。根据本办法规定上市公司不得授出权益的期间不计算在60日内。

第四十五条　上市公司应当按照证券登记结算机构的业务规则，在证券登记结算机构开设证券账户，用于股权激励的实施。激励对象为境内工作的外籍员工的，可以向证券登记结算机构申请开立证券账户，用于持有或卖出因股权激励获得的权益，但不得使用该证券账户从事其他证券交易活动。尚未行权的股票期权，以及不得转让的标的股票，应当予以锁定。

第四十六条　上市公司在向激励对象授出权益前，董事会应当就股权激励计划设定的激励对象获授权益的条件是否成就进行审议，独立董事及监事会应当同时发表明确意见。律师事务所应当对激励对象获授权益的条件是否成就出具法律意见。上市公司向激励对象授出权益与股权激励计划的安排存在差异时，独立董事、监事会（当激励对象发生变化时）、律师事务所、独立财务顾问（如有）应当同时发表明确意见。

第四十七条　激励对象在行使权益前，董事会应当就股权激励计划设定的激励对象行使权益的条件是否成就进行审议，独立董事及监事会应当同时发表明确意见。律师事务所应当对激励对象行使权益的条件是否成就出具法律意见。

第四十八条　因标的股票除权、除息或者其他原因需要调整权益价格或者数量的，上市公司董事会应当按照股权激励计划规定的原则、方式和程序进行调整。律师事务所应当就上述调整是否符合本办法、公司章程的规定和股权激励计划的安排出具专业意见。

第四十九条　分次授出权益的，在每次授出权益前，上市公司应当召开董事会，按照股权激励计划的内容及首次授出权益时确定的原则，决定授出的权益价格、行使权益安排等内容。当次授予权益的条件未成就时，上市公司不得向激励对象授予权益，未授予的权益也不得递延下期授予。

第五十条　上市公司在股东大会审议通过股权激励方案之前可对其进行变更。变更需经董事会审议通过。上市公司对已通过股东大会审议的股权激励方案进行变更的，应当及时公告并提交股东大会审议，且不得包括下列情形。

（一）导致加速行权或提前解除限售的情形；

（二）降低行权价格或授予价格的情形。

独立董事、监事会应当就变更后的方案是否有利于上市公司的持续发展，是否存在明显损害上市公司及全体股东利益的情形发表独立意见。律师事务所应当就变更后的方案是否符合本办法及相关法律法规的规定、是否存在明显损害上市公司及全体股东利益的情形发表专业意见。

第五十一条　上市公司在股东大会审议股权激励计划之前拟终止实施股权激励的，需经董事会审议通过。上市公司在股东大会审议通过股权激励计划之后终止实施股权激励的，应当由股东大会审议决定。律师事务所应当就上市公司终止实施激励是否符合本办法及相关法律法规的规定、是否存在明显损害上市公司及全体股东利益的情形发表专业意见。

第五十二条　上市公司股东大会或董事会审议通过终止实施股权激励计划决议，或者股东大会审议未通过股权激励计划的，自决议公告之日起3个月内，上市公司不得再次审议股权激励计划。

第六章　信息披露

第五十三条　上市公司实行股权激励，应当真实、准确、完整、及时、公平地披露或者提供信息，不得有虚假记载、误导性陈述或者重大遗漏。

第五十四条　上市公司应当在董事会审议通过股权激励计划草案后，及时公告董事会决议、股权激励计划草案、独立董事意见及监事会意见。上市公司实行股权激励计划依照规定需要取得有关部门批准的，应当在取得有关批复文件后的2个交易日内进行公告。

第五十五条　股东大会审议股权激励计划前，上市公司拟对股权激励方案进行变更的，变更议案经董事会审议通过后，上市公司应当及时披露董事会决议公告，同时披露变更原因、变更内容及独立董事、监事会、律师事务所意见。

第五十六条　上市公司在发出召开股东大会审议股权激励计划的通知时，应当同时公告法律意见书；聘请独立财务顾问的，还应当同时公告独立财务顾问报告。

第五十七条　股东大会审议通过股权激励计划及相关议案后，上市公司应当及时披露股东大会决议公告、经股东大会审议通过的股权激励计划，以及内幕信息知情人买卖本公司股票情况的自查报告。股东大会决议公告中应当包括中小投资者单独计票结果。

第五十八条　上市公司分次授出权益的，分次授出权益的议案经董事会审议通过后，上市公司应当及时披露董事会决议公告，对拟授出的权益价格、行使权益安排、是否符合股权激励计划的安排等内容进行说明。

第五十九条　因标的股票除权、除息或者其他原因调整权益价格或者数量的，调整议案经董事会审议通过后，上市公司应当及时披露董事会决议公告，同时公告律师事务所意见。

第六十条　上市公司董事会应当在授予权益及股票期权行权登记完成后、限制性股票解除限售前，及时披露相关实施情况的公告。

第六十一条　上市公司向激励对象授出权益时，应当按照本办法第四十四条规定履行信息披露义务，并再次披露股权激励会计处理方法、公允价值确定方法、涉及估值模型重要参数取值的合理性、实施股权激励应当计提的费用及对上市公司业绩的影响。

第六十二条　上市公司董事会按照本办法第四十六条、第四十七条规定对激励对象获授权益、行使权益的条件是否成就进行审议的，上市公司应当及时披露董事会决议公告，同时公告独立董事、监事会、律师事务所意见以及独立财务顾问意见（如有）。

第六十三条　上市公司董事会按照本办法第二十七条规定审议限制性股票回购方案的，应当及时公告回购股份方案及律师事务所意见。回购股份方案经股东大会批准后，上市公司应当及时公告股东大会决议。

第六十四条　上市公司终止实施股权激励的，终止实施议案经股东大会或董事会审议通过后，上市公司应当及时披露股东大会决议公告或董事会决议公告，并对终止实施股权激励的原因、股权激励已筹划及实施进展、终止实施股权激励对上市公司的可能影响等作出说明，并披露律师事务所意见。

第六十五条　上市公司应当在定期报告中披露报告期内股权激励的实施情况，包括：

（一）报告期内激励对象的范围；

（二）报告期内授出、行使和失效的权益总额；

（三）至报告期末累计已授出但尚未行使的权益总额；

（四）报告期内权益价格、权益数量历次调整的情况以及经调整后的最新权益价格与权益数量；

（五）董事、高级管理人员各自的姓名、职务以及在报告期内历次获授、行使权益的情况和失效的权益数量；

（六）因激励对象行使权益所引起的股本变动情况；

（七）股权激励的会计处理方法及股权激励费用对公司业绩的影响；

（八）报告期内激励对象获授权益、行使权益的条件是否成就的说明；

（九）报告期内终止实施股权激励的情况及原因。

第七章　监督管理

第六十六条　上市公司股权激励不符合法律、行政法规和本办法规定，或者上市公司未按照本办法、股权激励计划的规定实施股权激励的，上市公司应当终止实施股权激励，中国证监会及其派出机构责令改正，并书面通报证券交易所和证券登记结算机构。

第六十七条　上市公司未按照本办法及其他相关规定披露股权激励相关信息或者所披露的信息有虚假记载、误导性陈述或者重大遗漏的，中国证监会及其派出机构对公司及相关责任人员采取责令改正、监管谈话、出具警示函等监管措施；情节严重的，依照《证券法》予以处罚；涉嫌犯罪的，依法移交司法机关追究刑事责任。

第六十八条　上市公司因信息披露文件有虚假记载、误导性陈述或者重大遗漏，导致不符合授予权益或行使权益安排的，未行使权益应当统一回购注销，已经行使权益的，所有激励对象应当返还已获授权益。对上述事宜不负有责任的激励对象因返还已获授权益而遭受损失的，可按照股权激励计划相关安排，向上市公司或负有责任的对象进行追偿。董事会应当按照前款规定和股权激励计划相关安排收回激励对象所得收益。

第六十九条　上市公司实施股权激励过程中，上市公司独立董事及监事未按照本办法及相关规定履行勤勉尽责义务的，中国证监会及其派出机构采取责令改正、监管谈话、出具警示函、认定为不适当人选等措施；情节严重的，依照《证券法》予以处罚；涉嫌犯罪的，依法移交司法机关追究刑事责任。

第七十条　利用股权激励进行内幕交易或者操纵证券市场的，中国证监会及其派出机构依照《证券法》予以处罚；情节严重的，对相关责任人员实施市场禁入等措施；涉嫌犯罪的，依法移交司法机关追究刑事责任。

第七十一条　为上市公司股权激励计划出具专业意见的证券服务机构和人员未履行勤勉尽责义务，所发表的专业意见存在虚假记载、误导性陈述或者重大遗漏的，中国证监会及其派出机构对相关机构及签字人员采取责令改正、监管谈话、出具警示函等措施；情节严重的，依照《证券法》予以处罚；涉嫌犯罪的，依法移交司法机关追究刑事责任。

第八章　附则

第七十二条　本办法下列用语具有如下含义。

标的股票：指根据股权激励计划，激励对象有权获授或者购买的上市公司股票。

权益：指激励对象根据股权激励计划获得的上市公司股票、股票期权。

授出权益（授予权益、授权）：指上市公司根据股权激励计划的安排，授予激励对象限制性股票、股票期权的行为。

行使权益（行权）：指激励对象根据股权激励计划的规定，解除限制性股票的限售、行使股票期权购买上市公司股份的行为。

分次授出权益（分次授权）：指上市公司根据股权激励计划的安排，向已确定的激励对象分次授予限制性股票、股票期权的行为。

分期行使权益（分期行权）：指根据股权激励计划的安排，激励对象已获授的限制性股票分期解除限售、已获授的股票期权分期行权的行为。

预留权益：指股权激励计划推出时未明确激励对象、股权激励计划实施过程中确定激励对象的权益。授予日或者授权日：指上市公司向激励对象授予限制性股票、股票期权的日期。授予日、授权日必须为交易日。

限售期：指股权激励计划设定的激励对象行使权益的条件尚未成就，限制性股票不得转让、用于担保或偿还债务的期间，自激励对象获授限制性股票完成登记之日起算。

可行权日：指激励对象可以开始行权的日期。可行权日必须为交易日。

授予价格：上市公司向激励对象授予限制性股票时所确定的、激励对象获得上市公司股份的价格。

行权价格：上市公司向激励对象授予股票期权时所确定的、激励对象购买上市公司股份的价格。

标的股票交易均价：标的股票交易总额 / 标的股票交易总量。

本办法所称的“以上”“以下”含本数，“超过”“低于”“少于”不含本数。

第七十三条　国有控股上市公司实施股权激励，国家有关部门对其有特别规定的，应当同时遵守其规定。

第七十四条　本办法适用于股票在上海、深圳证券交易所上市的公司。

第七十五条　本办法自 2016 年 8 月 13 日起施行。原《上市公司股权激励管理办法（试行）》（证监公司字〔2005〕151 号）及相关配套制度同时废止。

关于修改《上市公司股权激励管理办法》的决定

中国证券监督管理委员会

第 148 号

《关于修改〈上市公司股权激励管理办法〉的决定》已经 2018 年 1 月 15 日中国证券监督管理委员会 2018 年第 1 次主席办公会议审议通过，经国务院同意，现予公布，自 2018 年 9 月 15 日起施行。

中国证券监督管理委员会　主 席

2018 年 8 月 15 日

一、第八条第一款修改为："激励对象可以包括上市公司的董事、高级管理人员、核心技术人员或者核心业务人员，以及公司认为应当激励的对公司经营业绩和未来发展有直接影响的其他员工，但不应当包括独立董事和监事。外籍员工任职上市公司董事、高级管理人员、核心技术人员或者核心业务人员的，可以成为激励对象。"

二、第四十五条第二款修改为："激励对象为外籍员工的，可以向证券登记结算机构申请开立证券账户。"

本决定自 2018 年 9 月 15 日起施行。

· 后记 ·

股权发展的新机会

过去的富豪来自房地产，现在的富豪来自互联网，而未来的富豪来自股权投资，这说明了股权在市场上非常积极活跃。股权设计作为企业的顶层设计的核心层，是企业做大做强绕不开的一个话题，而我和股权的故事则刚刚开始。

互联网引领经济发展

1998年，中国互联网门户网站兴起，中国进入真正意义上的互联网时代。到2018年，互联网迎来了20岁生日。在这20年中，因为互联网的巨大魅力，诞生了多个行业风口，比如门户网站、搜索引擎、团购、O2O、B2C等。互联网具有无限的可能，只要能够把握好趋势，在这些风口中，就能轻松掘取一桶金。而传统行业在互联网的影响下，也开始积极转型，更多的“互联网+”引领了2010年的经济潮流。像美团、淘宝、京东、小米、今日头条，无不是“互联网+”中的佼佼者。

但在2015~2016年，整个互联网和移动互联网出现了瓶颈。这些瓶颈主要来自三个原因。

第一，互联网及互联网的转型基本完成了，巨头局面已经形成，很难再有什么电商能和阿里叫板，也很难有什么社交平台能和腾讯叫板。而传统企业没有转型或转型失败的，都受着巨大的煎熬。

第二，PC电脑和智能手机的用户量已经饱和，新用户的开发基本达到极限，只能在现有一片红海中去挖掘客户。

第三，市场红利到头了。第一个红利是人口红利的消失，中国的劳动力成本不断上升，且老龄化也越来越严重。第二个红利是房地产的红利，在中国城镇化、棚户区改造进程中，房地产形成一个巨大的市场。第三个红利是消费红利，消费产生了经济发展新的驱动力。

所以，这是整个中国经济和互联网经济面临的问题。接下来，经济会在很长一段时间内呈现“L”形的经济走势。从企业角度来看，企业的优势和驱动力应该是什么？这个时候企业的核心竞争力就应该由市场驱动力改成管理驱动和创新驱动。过去随便做做就能赚钱的时代已经一去不复返了，企业的精细化管理、创新管理、90后管理应上升到一个更高的层次。而创新也逐渐成为企业重视的事情，谁能够在管理、创新、商业模式上破局，谁就能够成为下一个王者。

互联网行业的下半场

在这样的经济局势下，整个中国的管理水平就会亟待提高，而如何提升管理水平呢？答案有两个方向：第一个就是用顶尖的人才，但人才的总量就那么多，并不是每个企业都有机会用到顶尖的人才；第二个就是使用先进的管理工具，像OA系统、ERP系统、财务系统、CRM系统都是用来提升管理水平的工具。

而第二个方向是有机会的。中国整个ToB行业还处于萌芽期，处于萌芽期的原因和我国的经济国情密切相关。中国的发展较晚，在短短几十年类走完西方几百年走过的工业革命历史，部分行业的发展完全还不够成熟，从中美两国的数据对比（表1）中，就可以看出来。（统计数据截止到2017年年末）

表1　中美经济基础数据对比

国家	中国	美国
人口	13.82亿	3.25亿
企业数量	市场主体1亿+ 企业组织3 000万家+	7 600万家
GDP	82.71万亿元	131.85万亿元
全球500强数量	126家	120家
中小企业寿命	2.5年	7年

从基础数据对比，就能看出来，美国单个企业的平均商业周期教长，基本是中国的3倍，在这种生存周期中，企业将拿出所有的资源用来竞争发展，当企业发展出现瓶颈的时候，他们只能进行内部管理提升和技术创新，用来

提升效率、降低成本。因此，如果一个软件能够提高效率，无论多么复杂，都会有企业愿意尝试和买单。这就为 ToB 市场的兴起奠定了基础。

另外,中国的GDP是美国的62%,做出这么多GDP,靠的是4.25倍的人力。这表明中国企业的效率远远低于美国企业效率，也说明中国企业整体管理水平不够精细化，或者说还没有到精细化的阶段。而这都是 ToB 行业兴起的表现。

换句话说，在中国的以往时期，企业家只要有冒险精神，就能够掘得第一桶金，在如此好赚钱的情况下，谁会用一个又复杂又贵的软件呢？企业家对这些成本性支出没有兴趣。

从宏观上看，决定国家综合竞争力的关键因素包含教育、政治、军事、技术等要素。从微观上看，ToB 行业的兴起是国家综合竞争力增强的一个重要表现，ToB 主要服务企业组织，用来提升国家企业组织的效率和管理水平。

中国的互联网上半场的 20 年，是 ToC 行业的天下，中国经济市场孕育出众多的 C 端巨头企业，如阿里、腾讯、百度、美团、滴滴等。而中国互联网的下半场的 20 年，则是 B 端行业的天下。

这个趋势，不可阻挡。

中国 B 端开始发力

在美国，互联网的科技巨头中，简单分为两类，一类以 C 端为代表，如 facebook、亚马逊、Spotify 等企业，占据了整个互联网市值的一半。另一类以 B 端为代表，占据了互联网市值的另一半。如销售管理软件 salesforce，其市值约 1 000 亿美元；人力资源管理软件 workday 估值约 300 亿美元；ERP 软件 SAP 公司估值 2 500 亿美元。

在中国，B 端则开始发力。2014 年，B 端企业受到资本追捧；2015 年，共发生 937 起 ToB 项目融资，投资金额达 398 亿元。2015 年被称为“中国企业服务元年”。2016 年，ToB 行业投资共发生 740 件，投资金额达 382.7 亿元。其中市场较为有名的代表有钉钉、企业微信、纷享销客、阿里云、TalkingData 等企业级应用。

其中，要说发展最快、注册量最高的B端企业当属钉钉，钉钉是阿里巴巴的旗下品牌。截至2018年，钉钉的注册用户超过1亿，注册的企业家组织超过700万，稳稳地占据了B端市场份额的领导者地位。钉钉基础功能是免费的，因此吸引力了众多中小组织的使用。另外，钉钉最大特色是开放性，在钉钉内部的应用市场中，已经接入了上百家第三方ToB应用和数十万模板，这些应用满足了多元化用户的多元化需求。在整体经济环境压力以及钉钉推广的情况下，预测注册用户和企业家组织会持续上涨，并形成以钉钉为核心的办公生态圈。

股权发展的新机会

趋势，意味着机会。

2018年受邀在阿里巴巴向企业家分享股权设计与股权激励机制，与康帕斯集团（钉钉最大服务商）就股权咨询互联网化、股权SaaS系统、股权批量服务等方面进行了讨论。

互联网产品和产品互联网化代表的是产品历史的巨大差异，互联网产品诞生于互联网浪潮中，天生带着互联网的基因。产品互联网化，这代表着这类产品或服务早就存在，这些产品在面对新时代趋势轮回的作用下，会有新的发展。

在传统的管理咨询行业，“面对面沟通”“辅助执行”“非标准化”“地域明显”“周期长”“需求多元化”是典型的特征，而互联网化的管理咨询则不具备这些特征，互联网以“批量服务”“标准场景”“可快速复制”为特点，这就为传统咨询产品互联化带来了极大的挑战。

战略咨询、财务咨询、营销咨询、产业咨询、组织咨询、IT咨询、股权咨询等服务中，我们相信这些咨询产品在互联网中是有机会的，但这个机会以什么样的形式展现，则是互联网下半场的重要内容。

随着经济的发展，股权设计与股权激励逐渐成为新时代企业的标配，其咨询需求将会进一步提升，这就为股权SaaS的诞生奠定了基础。在所有的横向咨询产品中，股权咨询和财务咨询是相对标准化较强的产品，整体